Frank Schwarz, Roberta Simeoni

ROM

054ro Abb.: fs

*„Eine Stadt wie eine Hummel –
mit einem großen schweren
Körper und winzigen Flügeln.
Sie dürfte gar nicht fliegen können,
aber irgendwie tut sie es trotzdem.“*
Luciano de Crescenzo

IMPRESSUM

Frank Schwarz, Roberta Simeoni

ROM

Reise Know-How Verlag Peter Rump GmbH
Osnabrücker Str. 79, 33649 Bielefeld

9., neu bearbeitete und komplett aktualisierte Auflage 2010

Gestaltung
Umschlag: M. Schömann, P. Rump (Layout); K. Werner (Realisierung)
Inhalt: K. Werner
Fotos: siehe Bildnachweis Seite 208
Karten: Ingenieurbüro B. Spachmüller, amundo media GmbH
Lektorat (Aktualisierung): Dhaara P. Volkmann

Druck und Bindung
Fuldaer Verlagsanstalt GmbH & Co. KG

ISBN 978-3-8317-1987-7
Printed in Germany

Dieses Buch ist erhältlich in jeder Buchhandlung Deutschlands, der Schweiz, Österreichs, Belgiens und der Niederlande. Bitte informieren Sie Ihren Buchhändler über folgende Bezugsadressen:

Deutschland: Prolit GmbH, Postfach 9, D-35461 Fernwald (Annerod) sowie alle Barsortimente
Schweiz: AVA-buch 2000, Postfach, CH-8910 Affoltern
Österreich: Mohr Morawa Buchvertrieb GmbH, Sulzengasse 2, A-1230 Wien
Niederlande, Belgien: Willems Adventure, www.willemsadventure.nl

Wir freuen uns über Kritik, Kommentare und Verbesserungsvorschläge:
info@reise-know-how.de

Alle Informationen in diesem Buch sind von den Autoren mit größter Sorgfalt gesammelt und vom Lektorat des Verlages gewissenhaft bearbeitet und überprüft worden.
Da inhaltliche und sachliche Fehler nicht ausgeschlossen werden können, erklärt der Verlag, dass alle Angaben im Sinne der Produkthaftung ohne Garantie erfolgen und dass Verlag wie Autoren keinerlei Verantwortung und Haftung für inhaltliche und sachliche Fehler übernehmen.
Die Nennung von Firmen und ihren Produkten und ihre Reihenfolge sind als Beispiel ohne Wertung gegenüber anderen anzusehen.
Qualitäts- und Quantitätsangaben sind rein subjektive Einschätzungen der Autoren und dienen keinesfalls der Bewerbung von Firmen oder Produkten.

INHALT

DAS BESTE AUF EINEN BLICK 7

Das alte Rom an einem Tag 8
Rom an einem Wochenende 9
Rom in fünf Tagen 11
Zur richtigen Zeit am richtigen Ort 14

AUF INS VERGNÜGEN 19

Rom für Citybummler 20
Rom für Architektur- und Kunstfreunde 22
Rom für Kauflustige 27
Rom am Abend 31
Rom für Genießer 35
Rom zum Träumen und Entspannen 49
Rom für den Nachwuchs 51
Auf den Spuren der Illuminati 54

AM PULS DER STADT 59

Das Antlitz der Metropole 60
Von den Anfängen bis zur Gegenwart 61
Leben in Rom 69
Die Römer und ihr Alltag 71

ROM ENTDECKEN 75

Im Zentrum des alten Rom 76

1 Piazza Venezia, Altar des Vaterlandes ★★ 76
2 Palazzo Venezia ★ 77
3 Kapitol (Monte Capitolino) ★★★ 78
4 Die Kaiserforen (Foro di Cesare) ★★ 79
5 Kolosseum (Colosseo) ★★★ 80
6 Domus Aurea ★★★ 82
7 Konstantinsbogen (Arco di Costantino) 84
8 Palatin (Monte Palatino) ★★★ 84
9 Forum Romanum (Foro Romano) ★★★ 87

Von San Paolo bis zum Zentralfriedhof 89

10 San Paolo fuori le mura 90
11 Pyramide und FAO-Gebäude 90
12 San Clemente ★★★ 91
13 Museum des italienischen Widerstandskampfes ★★ 91
14 San Giovanni in Laterano ★★ 92
15 Porta Maggiore 93
16 San Lorenzo ★★ 93
17 Campo Verano ★ 94

Vom Aventin nach Testaccio 95

18 Bocca della Verità und Santa Maria in Cosmedin ★★ 95
19 Circus Maximus (Circo Massimo) 96
20 Piazza dei Cavalieri di Malta ★★ 97
21 Die Aurelianische Mauer 97
22 Der Fremdenfriedhof (Cimitero Protestante) ★★ 98
23 Monte Testaccio ★★ 99

Il Villaggio degli Ebrei – das römische Judenviertel 100

24 Ehemaliges Getto ★ 102
25 Synagoge 102
26 Archäologiepark ★ 103

Zwischen Via del Corso und Campo de' Fiori 104

27 Via del Corso ★★★ 104
28 Palazzo Doria Pamphilj 105
29 Piazza Colonna ★ 105
30 Goethemuseum 105
31 Palazzo Montecitorio 106
32 Grabmal des Augustus 106
33 Ara Pacis ★ 106
34 Piazza Maddalena 107
35 Pantheon ★★★ 107
Einkaufen 108
36 Piazza della Minerva 109
37 Palazzo Madama 109
38 Piazza Navona ★★★ 109

39 Museo di Roma ★ 110
40 Palazzo Altemps ★★ 111
41 Campo de' Fiori ★★★ 111
Einkaufen 115
42 Palazzo Farnese, Via Giulia 115

Zwischen Piazza del Popolo und Piazza Barberini 117

43 Piazza del Popolo ★★ 118
44 Santa Maria del Popolo ★★ 118
45 Pincio ★★ 119
46 Villa Borghese ★★★ 119
47 Via Veneto 120
48 Piazza Barberini ★★ 120
49 Santa Maria della Vittoria ★★★ 121
50 Fontana di Trevi ★★★ 121
51 Palazzo del Quirinale 122
52 Santa Maria Maggiore ★★★ 122
53 Piazza di Spagna, Spanische Treppe ★★★ 123
Einkaufen 124
Kulinarisches 124

Trastevere 125

54 Trödelmarkt in Porta Portese ★ 126
55 Santa Cecilia in Trastevere ★★★ 126
56 Villa Farnesina ★★ 127
57 Botanischer Garten (Orto Botanico) ★ 127
58 Santa Maria in Trastevere ★★★ 128
59 Folkloremuseum (Museo del Folklore) ★★★ 129
60 Monte Gianicolo ★★★ 129
Kulinarisches 129

Engelsburg und Vatikan 130

61 Engelsburg (Castel Sant' Angelo) ★★★ 130
62 Via della Conciliazione 131
63 Petersplatz 131
64 Petersdom (Basilica di San Pietro) ★★★ 133
65 Vatikanische Museen (Musei Vaticani) ★★★ 136

Unterwegs auf der Via Appia 142

66 Caracalla-Thermen (Terme di Caracalla) ★★★ 144
67 Via di Porta San Sebastiano 145
68 Caffarellatal ★★ 146
69 Fosse Ardeatine ★★ 148
70 Katakomben von San Callisto (Catacombe di San Callisto) ★★★ 148

EUR 152

Kulinarisches 154

Ausflug Richtung Meer 156

71 Ostia Lido 156
72 Ostia Antica ★★★ 157
73 Fiumicino 160

PRAKTISCHE REISETIPPS 161

An- und Rückreise 162
Autofahren in Rom 166
Barrierefreies Reisen 167
Diplomatische Vertretungen 169
Elektrizität 169
Informationsquellen 169
Internetund Internetcafés 170
Medizinische Hilfe 172
Musikszene 173
Notfälle 174
Öffnungszeiten 174
Post 175
Preise und Kosten 175
Radfahren 176
Roma Archeologia Card und Roma pass 176
Schwule und Lesben 177
Sicherheit 178
Stadtführungen 179
Stadtrundfahrten 180
Theater 180
Telefon 181
Übernachten 181
Verkehrsmittel 187
Wetter und Reisezeit 190

ANHANG 191

Kleine Sprachhilfe Italienisch 192
Literaturtipps 197
Register 202
Über die Autoren 208
Bildnachweis 208

CITYATLAS 209

Legende der Karteneinträge 234
Zeichenerklärung 240

KARTEN UND PLÄNE

Gastronomie im Überblick 46
Der Palatin 85
Forum Romanum 86
Detailkarte I: Via Appia 150
Detailkarte II: EUR 155
Unterkünfte im Überblick 184
Umgebung 210
Metroplan vorderer Umschlag
Blattschnitt hinterer Umschlag

EXKURSE ZWISCHENDURCH

Altrömische Kochkunst 36
Smoker's Guide 41
Ein deutscher Koch erobert Rom 44
Die römischen Parks 49
Rom am Rand – die Borgate 62
Der Brand von Rom (64 n. Chr.) 66
Der Behördengänger 68
Italienische Handzeichen 70
Ein römischer Tag 72
Die Römer und die Touristen 73
Die Renaissance 77
Archäologie und Politik 83
Geschichte der Juden in Rom 101
Gian Lorenzo Bernini: Meister des Barock 112
Kontrolliertes Chaos – unterwegs auf Roms Straßen 116
Der kleinste Staat der Welt 132
Raffael 136
Die Schweizergarde 138
Der deutsche Papst 140
Fosse Ardeatina 147
Das Urchristentum 149
Massagen am Strand – ein Tag in Ostia 158

CITYATLAS UND CITY-FALTPLAN

Die im Buch beschriebenen Sehenswürdigkeiten, Restaurants, Hotels, Cafés usw. sind in den Detailkarten bzw. im Cityatlas und City-Faltplan von Rom eingetragen.

Örtlichkeiten ohne Angabe des Planquadrats liegen außerhalb des im Buch abgebildeten Kartenmaterials.

ORIENTIERUNGSSYSTEM

Zur schnelleren Orientierung tragen alle Hauptsehenswürdigkeiten und Lokalitäten die gleiche Nummer sowohl im Text als auch im Kartenmaterial:

6 Die Hauptsehenswürdigkeiten werden im Abschnitt „Rom entdecken“ beschrieben und mit einer fortlaufenden magentafarbenen Nummer gekennzeichnet, die auch im Kartenmaterial eingetragen ist.

Stehen die Nummern im Fließtext, verweisen sie auf die jeweilige Beschreibung der Sehenswürdigkeit im Kapitel „Rom entdecken“.

192 Mit Symbol und fortlaufender Nummer werden die sonstigen Lokalitäten wie Cafés, Geschäfte, Hotels, Infostellen usw. gekennzeichnet.

[I9] Die Angabe in eckigen Klammern verweist auf das Planquadrat im Cityatlas, in diesem Beispiel auf das Planquadrat I9. Enthält die Planquadratangabe eine römische Ziffer, z. B. [II J6], verweist diese auf die jeweilige Detailkarte. Steht in der eckigen Klammer lediglich das Planquadrat, so befindet sich die Örtlichkeit außerhalb der Detailkarten, aber innerhalb des Cityatlas.

BEWERTUNG DER SEHENSWÜRDIGKEITEN

★★★ auf keinen Fall verpassen
★★ besonders sehenswert
★ wichtige Sehenswürdigkeit für speziell interessierte Besucher

Latest News

Unter **www.reise-know-how.de** werden regelmäßig aktuelle Ergänzungen und Änderungen der Autoren und Leser zum vorliegenden Buch bereitgestellt.
Sie sind auf der Produktseite dieses CityGuides abrufbar.

00#ab Abb.: ca

DAS BESTE AUF EINEN BLICK

In Rom kann man die Uhr vergessen und sich von einer Sehenswürdigkeit zur nächsten treiben lassen. Wer jedoch in seiner knappen Zeit möglichst viele Höhepunkte erleben oder das Wichtigste nicht verpassen möchte, findet in diesem Abschnitt unsere Empfehlungen für eine abwechslungsreiche Gestaltung des Aufenthalts von einem Tag bis zu einer Woche Dauer. Neben den touristischen Highlights kommen natürlich auch Gaumenfreuden und Ruhepunkte nicht zu kurz.

DAS ALTE ROM AN EINEM TAG

Sie sind nur einen Tag in Rom und wollen das Wichtigste sehen? Kommen Sie mit auf eine Zeitreise, auf einen Rundgang durch das republikanische und kaiserliche Rom mit seinen Marktplätzen, Kaiserpalästen und Vergnügungsstätten.

002ro Abb.: fs

MORGENS

Frühstück auf der **Terrasse des Nationaldenkmals** ❶ im Caffè Vittoriano. Der sogenannte „Altar des Vaterlandes“, der zur Erinnerung an die Kämpfe um die Einheit Italiens Ende des 19. Jahrhunderts errichtet wurde, liegt am absoluten Mittelpunkt Roms, symbolträchtig, wie sollte es auch anders sein. Das Café auf der Terrasse des Denkmals ist erst vor wenigen Jahren eröffnet worden und ist wegen des herrlichen Blicks über die Dächer von Rom bei Einheimischen wie Touristen gleichermaßen beliebt.

Von hier aus kann man an einem Vormittag das **Kapitol** ❸ besichtigen, das nur wenige Schritte von dem Caffè entfernt ist. Auf dem Kapitolshügel befinden sich die von *Michelangelo* errichteten Paläste, in denen heute die **Kapitolinischen Museen** mit einer umfangreichen Sammlung altrömischer und etruskischer Kunst- und Alltagsgegenstände aufwarten.

Hinter dem Museum führt ein kleiner Weg zu einem Aussichtspunkt, von wo man den besten Überblick über das **Forum Romanum** ❾ hat. Hier breiten sich etwa 1000 Jahre römischer Geschichte vor dem Betrachter aus.

MITTAGS

An der ruhigen Piazza Margana, nur wenige Schritte von der Piazza Venezia, kann man in der **Taverna degli amici** (s. S. 45) gute römische Küche genießen. In der warmen Jahreszeit kann man auch draußen sitzen. Mo. Ruhetag.

Nach dem Essen beginnt der Rundgang durch die Kaiserzeit. Der Weg führt über die Via Fori Imperiali entlang der ehemaligen **Kaiserforen** ❹, die einen Einblick in das Alltagsleben der alten Römer ermöglichen. Von weitem sieht man schon das **Kolosseum** ❺, in dem in der römischen Kaiserzeit die Gladiatorenkämpfe

◄ *Das Forum Romanum ❾: Geschichte, so weit das Auge reicht* stattfanden. Für die Besichtigung des Amphitheaters sollte man sich eine Stunde Zeit nehmen.

Vor dem Kolosseum sollte man sich noch den **Triumphbogen des Konstantin** 7 ansehen. Danach geht es in 5 Minuten zu Fuß zum Eingang des **Palatin** 8. Auf diesem Hügel wurde das alte Rom gegründet. Zu sehen sind herrliche **Kaiserpaläste** und die sogenannte **Romulus-Hütte.**

Zum Schluss der Tour durch das alte Rom kann man noch die Kirche **San Clemente** 12 sichtigen. Das Gebäude vereinigt verschiedene Epochen der römischen Stadtgeschichte unter einem Dach. Ganz unten befinden sich die Fundamente eines Wohnhauses aus der Kaiserzeit, darüber eine frühchristliche Kirche und ganz oben die Kirche San Clemente aus dem 12. Jahrhundert.

ABENDS

Nach dieser Zeitreise durch die römische Geschichte sind Sie wieder im Hier und Jetzt angekommen und können den Tag in einer typisch römischen Trattoria beschließen. Die **Taverna dei Quaranta** (s. S. 85) befindet sich nur wenige Schritte von San Clemente entfernt und bietet bodenständige römische Küche zu vernünftigen Preisen.

Romantische Gemüter können im **Park der nahe gelegenen Villa Celimontana** (s. S. 34) noch einen abendlichen Spaziergang genießen. Im Sommer werden hier regelmäßig Jazzkonzerte veranstaltet.

ROM AN EINEM WOCHENENDE

Welches Liebespaar träumt nicht von einem Wochenende in der Ewigen Stadt mit nächtlichen Spaziergängen durch die dämmrige Altstadt, von verträumten Plätzen und romantischen Restaurants. Mit den nun folgenden Tipps wird das Wochenende unvergesslich.

003ro Abb.: fs

► *Uralte Hausfassaden und das frischeste Gemüse der Stadt: der Campo de' Fiori* 41

1. TAG: QUER DURCH DIE ALTSTADT

Morgens

Frühstück auf dem **Campo de' Fiori** 41, Roms beliebtestem Marktplatz. Der Markt ist am schönsten am frühen Morgen, deshalb lohnt es sich, früh aufzustehen. Guten Cappuccino gibt es in dem **Café** in der Via dei Baulari. Danach geht's gleich auf den Markt, um die Gemüsehändler und ihre Kundschaft beim Feilschen und Lamentieren über die viel zu hohen Preise zu beobachten. Wer sich etwas mit nach Hause nehmen möchte, sollte vielleicht einmal an einem Käsestand nach einem lange gelagerten Käse aus Schafsmilch fragen.

Bummeln Sie dann vorbei an der Piazza Farnese über die **Via Giulia** 42, eine der romantischsten Straßen Roms, bis zur **Piazza Navona** 38. Der Platz ist ein völliger Kontrast zum rustikalen Campo, mit überschäumendem Barock ausgestattet und in seiner Schönheit atemberaubend.

Mittags

Gegenüber dem Torso des Pasquino gibt es im **Cul de Sac 1** (s. S. 48) viele leckere Kleinigkeiten zu essen.

Danach geht es zu Fuß zum **Pantheon** 35, dem besterhaltenen Tempel aus römischer Zeit. Schräg gegenüber gibt es im **Tazza d'Oro** (s. S. 40), zu Deutsch „Die goldene Tasse", einen ausgezeichneten Espresso, den man sich nicht entgehen lassen sollte.

Nun führt der Weg in das „Goldene Dreieck", die exklusive und sündhaft teure Einkaufsmeile Roms rund um die **Via Condotti** [G6].

Abends

Spazieren Sie an der **Fontana di Trevi** 50 entlang, sicherlich einer der romantischsten Plätze in Rom. Besonders am Abend treffen sich hier die römischen Liebespaare an dem prächtigen barocken Brunnen, der einst einer der wichtigsten Schauplätze in dem Film „La dolce Vita" mit *Anita Ekberg* und *Marcello Mastroianni* war. Ausklingen lassen kann man den Tag in **Harrys Bar** (s. S. 32) auf der Via Veneto. Hier ist noch etwas von dem Flair der 1950er-Jahre zu spüren, für das die Straße einst berühmt war.

2. TAG: VON TRASTEVERE ZUM VATIKAN

Morgens

Am Sonntagmorgen ist Markt in Trastevere. Nicht irgendein Markt, sondern der weit über die Grenzen der Stadt hinaus bekannte **Flohmarkt von Porta Portese** 54. Hier wird auch die Porchetta verkauft, ein typisch römischer Imbiss: Mit Kräutern gefülltes, in Scheiben geschnittenes Spanferkel, in einem Brötchen serviert. Ansonsten gibt es Bekleidung, Schuhe, Antiquitäten und alles nur Erdenkliche.

Nach dem Marktbesuch geht es über die Viale di Trastevere mitten hinein in den romantischen Stadtteil Trastevere mit seinen verwinkelten Gassen und bröckelnden Hausfassaden. Die **Santa Maria in Trastevere** 58, an dem gleichnamigen Platz gelegen, ist eine der ältesten und schönsten Kirchen Roms.

Mittags

In der **Bar San Calisto** (s. S. 32) treffen sich meistens Einheimische. Ein idealer Ort für einen echt italienischen Cappuccino.

Ein kleiner Verdauungsspaziergang führt zum Tiberufer (Lungotevere), von wo man den Bus zum **Vatikan** nehmen kann. Besuchen Sie zuerst den **Petersdom** 64.

Danach geht es um die Ecke in die Viale Vaticano, wo sich der Eingang zu den **Vatikanischen Museen** 65 befindet. Am

057ro Abb.: apt

letzten Sonntag im Monat ist der Eintritt übrigens frei, dafür gibt es aber lange Warteschlangen. Das in Form einer Grabkammer gestaltete **Ägyptische Museum** (Museo Egiziano) sollten Sie sich nicht entgehen lassen, ebenso wie die **Stanzen des Raffael,** eine Zimmerflucht, deren Wände mit den wahrscheinlich berühmtesten Fresken der Welt bemalt sind. Danach geht's in die **Sixtinische Kapelle,** wo *Michelangelos* erhabenes Deckenfresko „Die Erschaffung der Welt" die Besucher beeindruckt.

Abends

Auf der **Dachterrasse des Hotels Atlante Star** (s. S. 40) in der Via Vitteleschi kann man das Wochenende bei einem Aperitif ausklingen lassen. Von hier hat man eine der schönsten Aussichten auf die von *Michelangelo* geschaffene Kuppel des Petersdoms.

ROM IN FÜNF TAGEN

Wer fünf Tage in Rom bleiben kann, liegt schon weit über der durchschnittlichen Aufenthaltsdauer in der ewigen Stadt: Nur drei Tage lang hält sich der Reisende im Schnitt in Rom auf. Carpe diem, wie der Lateiner sagt, nutze den Tag. Wir zeigen Ihnen, wie Sie (fast) ganz Rom in einer Woche sehen können.

1. TAG: DAS ALTE ROM

Beginnen Sie den Tag mit einer Besichtigung des **Kolosseums** 5, der Vergnügungsstätte der alten Römer.

▲ *Blick durch den Konstantinsbogen zum Kolosseum* 5

Die Eintrittskarten gelten für Kolosseum und **Palatin** ❽, also geht's gleich weiter auf den Hügel, auf dem die Gründer Roms ihre ersten Hütten errichteten und später die Kaiser ihre Paläste erbauen ließen. Gleich nebenan auf dem **Forum Romanum** ❾ trieben sie Handel, machten Weltpolitik und hielten Gericht, die römischen Aristokraten der Republik und der Kaiserzeit.

Zum Abschluss des Tages kann man noch über die Via dei Fori Imperiali bis hin zur **Piazza Venezia** ❶ spazieren. Rechts und links der Straße liegen die **Kaiserforen** ❹, das sind von den jeweiligen Herrschern errichtete große Markthallen und Plätze.

Auf der **Terrasse des Nationaldenkmals** an der Piazza Venezia, einem riesigen weißen Marmorklotz aus dem 19. Jahrhundert, gibt es ein schönes Café, das einen herrlichen Ausblick über die Dächer Roms und einen schönen Tagesausklang bietet.

2. TAG: VILLA BORGHESE UND ALTSTADT

Heute ist Museumstag: In der **Galleria Borghese** ㊻ im gleichnamigen Park gibt es eine der sicherlich berühmtesten Kunstsammlungen der Welt zu sehen. Sie umfasst Werke von *Tizian, Raffael, Caravaggio* und *Bernini.* Danach kann man noch einen Spaziergang im **Park** der Villa Borghese unternehmen. Ein Tipp für Familien: Es gibt einen kleinen See, auf dem man mit dem Boot fahren kann, und einen Zoo. Seit neuestem kann man bei entsprechendem Wetter sogar mit einem Fesselballon in luftige Höhen steigen, von wo man einen atemberaubenden Ausblick auf die Stadt hat.

Am Nachmittag geht's von der **Spanischen Treppe** ㊸, einem der schönsten Barockplätze der Stadt, über die **Via Condotti** [G6] durch das „Goldene Dreieck", die teuerste Einkaufsmeile Roms.

Im **Caffè Greco** (s. S. 40), wo schon *Goethe* einst seinen Kaffee trank, kann man eine Pause einlegen.

Danach führt der Weg über die Via del Corso zum **Palazzo Montecitorio** ㉛, wo das italienische Parlament tagt. Von dort aus schlendert man eine Viertelstunde lang bis zur **Piazza Navona** ㊳ mit dem berühmten Vierströmebrunnen von *Bernini.*

Den Tag kann man in einem der In-Lokale rund um den Platz, zum Beispiel in der **Caffè della Pace** (s. S. 32), ausklingen lassen. Oder gehen Sie ins **Navona Notte** (s. S. 43), gleich hinter der Piazza Navona. Hier gibt es seit 20 Jahren das gleiche Menü: Als Vorspeise Muscheln, als Hauptgericht Nudeln oder Pizza, das Ganze für unschlagbare 10 €.

3. TAG: VATIKAN UND TRASTEVERE

Morgens geht's gleich in die **Vatikanischen Museen** ㊿, möglichst schon um neun Uhr, so vermeidet man die Schlangen vor den Kassen. Besuchen Sie am besten zuerst die **Sixtinische Kapelle,** weil die immer besonders überlaufen ist. Keinesfalls versäumen sollte man den Besuch der **Stanzen des Raffael,** von dem Renaissancekünstler ausgemalte Zimmerfluchten, und das **Ägyptische Museum,** das einer Grabkammer nachempfunden ist.

Danach schlendert man um die Ecke zum **Petersplatz** 63 mit den herrlichen Kolonnaden von *Bernini* und dann geht's in den **Petersdom** 64.

Vom Vatikan aus kann man mit dem Bus nur wenige Stationen bis nach Trastevere fahren. Bummeln Sie durch die engen Gassen des Stadtviertels zur **Kirche Santa Cecilia** 55, die einer frühchristlichen Märtyrerin gewidmet ist.

Wenn es dann langsam Abend wird, flaniert man entlang der Via della Lungaretta zum Brunnen vor der Piazza Santa Maria [E9] in **Trastevere.** In Trastevere ist abends immer, vor allen Dingen am Wochenende, viel los. Lassen Sie sich in einer der vielen Trattorien nieder, Sie werden es nach dem anstrengenden Tag sicherlich genießen.

4. TAG: UNTERWEGS AUF DEM TIBER UND AUF DER VIA APPIA

Morgens: Ab neun Uhr ist der **Bus n' Boat-Bus** („Stadtrundfahrten", s. S. 180) unterwegs. Damit können Sie sich noch einmal die wichtigsten Sehenswürdigkeiten der Stadt ansehen (Kolosseum, Vatikan etc.). Danach fährt der Bus zu einer der Anlegestellen der **Tiberfähren**, von denen Sie einen ganz anderen Blick auf Rom genießen können.

Nachmittags geht's mit dem Bus Nr. 218 zur **Via Appia** (s. S. 142). Die im 3. Jahrhundert v. Chr. erbaute Straße gehört zu den romantischen Höhepunkten einer Romreise. Der Rand der Straße wird gesäumt von den Grabmälern der römischen Familien. Das Ganze ist eingebettet in eine archaische Landschaft aus Schirmpinien und Zypressen. Am schönsten ist es am Sonntag, wenn die Straße für den Autoverkehr gesperrt wird.

5. TAG: EUR UND OSTIA

Vormittags steht ein Ausflug in den Süden der Stadt an: Zuerst geht's nach **EUR** (s. S. 152), eine auf dem Reißbrett entworfene, faschistische Musterstadt, die wegen der Kriegswirren erst nach dem 2. Weltkrieg fertig gebaut wurde. Wer sich für die Architektur der Moderne im Italien des 20. Jahrhunderts interessiert, sollte hier gewesen sein. An dem künstlichen See kann man einen schönen Spaziergang unternehmen; der Stadtteil ist vorbildlich für seine Grünflächen und zählt heute zu den beliebtesten und teuersten Wohngebieten Roms. Im **Museo della Civilità Romana** (s. S. 26) kann man ein detailgetreues Modell des alten Rom bewundern.

Danach geht's mit der U-Bahn weiter nach **Ostia** 71. Am Meer kann man

005ro Abb.: fs

▶ *Faschistische Architektur in EUR (s. S. 152)*

in den endlosen Dünenlandschaften außerhalb Ostias einen Spaziergang unternehmen. Mittagessen gibt es bei **Peppino al Mare** (s. S. 37), einem der beliebtesten Treffpunkte der Römer am Meer, mit dem frischesten Fisch in Ostia.

Am Nachmittag kann man sich den Ausgrabungsstätten von **Ostia Antica** 72 widmen. Die Hafenstadt des alten Rom bot einst 50.000 Einwohnern eine Heimat und wurde erst im 19. Jahrhundert wieder ausgegraben.

Abends empfiehlt sich ein Spaziergang entlang der **Uferstraße Ostias** 71 (Lungomare). In den Strandbädern gibt es einige Bars, in denen man am Strand einen Aperitif zu sich nehmen kann. Besonders nett ist es im Mediterraneo; hier findet man auch ein gutes, aber leider teures Restaurant (Lungomare Carlo Duilio 40; Tel. 06 56471080; Mo. Ruhetag; mittags durchgehend geöffnet, abends von Mo.–Mi. geschlossen, www.med-osttia.com).

ZUR RICHTIGEN ZEIT AM RICHTIGEN ORT

MÄRZ

- Am 19. März wird die **Festa di San Giuseppe** (Josephstag) gefeiert. Im Stadtviertel Trionfale findet ein Straßenfest statt, wo *frittelle* (kleine Pfannkuchen) und Schmalzgebäck angeboten werden. Die *frittelle* bekommt man im März in sämtlichen guten Bäckereien der Stadt.
- **Ostern** ist für die gläubigen Katholiken in Rom natürlich das wichtigste Fest

▲ *Zu den Festen dürfen Kaiser und Legionäre nicht fehlen*

des Jahres, vor allem am Ostersonntag, wenn der Papst auf dem Petersplatz den Segen „Urbi et Orbi" erteilt. In Italien ist der Karfreitag übrigens kein Feiertag. Am Ostermontag, der in Italien *Pasquetta* genannt wird (= Osterchen), sind aber die meisten Geschäfte geschlossen und es wird gerne in einem Restaurant mit der ganzen Familie gefeiert. An diesem Tag wird es für Nichtrömer schwierig, irgendwo etwas zu essen zu bekommen, weil alles schon reserviert ist. Bei schönem Wetter sitzen die Römer am Ostermontag am liebsten in den Restaurants der Strandbäder von Ostia.

APRIL

› Am **21. April** feiert Rom seinen Geburtstag. Angeblich soll an diesem Tag *Romulus* eine Mauer um die erste Siedlung auf dem Palatin gezogen haben. An diesem und den darauf folgenden Tagen finden etliche Veranstaltungen statt, die das alte Rom wiederauferstehen lassen: Essen wie die alten Römer, altrömische Musik und die Tänze der Vestalinnen sind nur einige Beispiele.

MAI

› Der **1. Mai** wird in Rom traditionellerweise mit den Umzügen der großen Gewerkschaften CGIL und UIL begangen. Einen legendären Ruf in ganz Italien hat das Konzert auf der Piazza San Giovanni vor dem Lateranspalast. Wer am 1. Mai in Rom ist und gerne Rockmusik und eine Million Menschen um sich herum hat, sollte auf jeden Fall hingehen. Am gleichen Tag werden auch die Strandbäder in Ostia 71 geöffnet. Nicht zuletzt ist es eine alte Sitte, am 1. Mai *fave e pecorino* zu essen. Das sind die zarten Kerne der Saubohne mit lange gelagertem Schafskäse. Die Bohnen werden roh zusammen mit einem Stück Käse in den Mund geschoben.

JUNI

› Am 24. Juni ist die **Festa di San Giovanni** (Johannistag). Rund um die Kirche San Giovanni in Laterano werden Buden aufgebaut, an denen Süßigkeiten und Korbwaren verkauft werden.

› Von Anfang bis Mitte Juli wird entlang des Tiber die **Teverexpò** organisiert. Hier werden Kunsthandwerk und gastronomische Produkte aus den verschiedenen Provinzen Italiens vorgestellt. Das Fest findet nur am Abend statt und es müssen 6 € Eintritt bezahlt werden.

JULI

› Die **Festa de Noantri** findet um den 15. Juli herum auf der Viale di Trastevere statt. Früher war es das Fest der Bewohner von Trastevere. *Noantri* bedeutet im römischen Dialekt *noi altri*, „wir anderen", das Volk. Mittlerweile aber ist das Fest zu einem reinen Verkaufsmarkt verkommen und selbst die italienische Fluggesellschaft Alitalia macht auf ihren Romtickets Werbung für das „Volksfest". Die Politiker jedoch haben das Problem erkannt und versuchen dem Fest wieder das ihm zustehende Flair einer Volksparty zu verleihen. Sehr schön ist das Abschlussfeuerwerk am Tiberufer.

AUGUST

› In den heißen Sommermonaten wird Rom zwar bevorzugt „die Verlassene“ genannt, weil jeder Römer, der es sich leisten kann, aus der Hitze an die Strände in der Umgebung flüchtet. Von Juni bis Anfang September sorgt aber der **Estate Romana** („Römischer Sommer“) dafür, dass die Zurückgebliebenen sich nicht allein gelassen fühlen müssen. Seit 1976 bereits versuchen die Kommunalpolitiker im Sommer das Leben wieder in die Stadt zurückzuholen und das mit großem Erfolg. Unzählige Aktivitäten finden dann während der heißen Sommertage statt: Konzerte in den Amphitheatern und Villen, Tanztheater zwischen römischen Ruinen und Freeclimbing im römischen Olympiastadion.

› An **Mariä Himmelfahrt**, dem 15. August, begehen die Italiener den wichtigsten Feiertag im Sommer. Alles ist geschlossen und die Stadt wirkt wie ausgestorben. Der Tag endet nach Mitternacht meist mit einem Feuerwerk am Tiber – ein optischer Leckerbissen, den sich niemand entgehen lassen sollte.

SEPTEMBER

› Als die Kommunisten noch eine politische Größe in Italien waren, galt die **Festa dell’Unità** für viele Italiener als

043ro Abb.: apt

einer der Höhepunkte des Jahres. Die Kommunisten haben sich längst reformiert und wollen nicht mehr viel von ihrer moskautreuen Vergangenheit wissen. Die Feste gibt es aber immer noch und am Holzkohlengrill versammeln sich die alten Genossen zu einem Plauderstündchen über die guten alten Zeiten. Zwischen Ende August und Mitte September weisen überall in den Stadtteilen Roms besondere Plakate auf die Feste hin, bei denen für jeden etwas geboten wird.

› Mitte September (an einem Wochenende, varriert von Jahr zu Jahr) findet alljährlich die **Notte Bianca** ihr immer zahlreicheres Publikum. In dieser Nacht bleiben viele Museen durchgehend geöffnet; es gibt kulturelle Veranstaltungen, Aktivitäten für Kinder und noch vieles mehr. Die ganze Nacht über sind Busse unterwegs, die die Besucher von einer Veranstaltung zur anderen bringen. Auf keinen Fall verpassen! Informationen im Internet unter www.lanottebianca.it.

DEZEMBER, JANUAR

› Etwas anders als in Deutschland wird in Rom das **Weihnachtsfest** gefeiert. Es beginnt schon bei den kulinarischen Genüssen: Heiligabend gibt es meistens Fisch, so viel wie der römische Magen vertragen kann. Am ersten Weihnachtsfeiertag wird oft ein Milchlamm *(abbacchio)* verzehrt. **Silvester** ist dann

◄ *Zu Weihnachten ist der Petersplatz 63 festlich geschmückt*

FEIERTAGE

6. Januar: ***Festa della Befana*** *(Dreikönigstag)*
25. April: ***Tag der Befreiung vom Faschismus*** *(1945); viele Aufmärsche und Veranstaltungen in der Stadt*
1. Mai: ***Tag der Arbeit.*** *An diesem werden traditionell Fave und Pecorino (rohe Saubohnen mit Schafskäse) verzehrt. Viele Römer fahren gerne ans Meer oder in die Umgebung. Die Stadt selbst ist an diesem Tag relativ ruhig, wenn man von den Demonstrationen der Gewerkschaften mal absieht.*
2. Juni: ***Tag der Ausrufung der Republik*** *(1946); Militärparaden und Veranstaltungen*
29. Juni: ***Festa di San Pietro e Paolo*** *(Roms Schutzheilige); Veranstaltungen vor dem Petersdom zu Ehren der Schutzheiligen*
15. August: ***Ferragosto*** *(Mariä Himmelfahrt); der Höhepunkt des Sommers für alle Italiener und einer der wichtigsten Feiertage des Landes. Schon im Umfeld dieser Tage hat alles geschlossen. Am 15. August ist die Stadt wie ausgestorben. Jeder, der kann, macht einen Ausflug ans Meer oder in die Colli Albani, eine Hügellandschaft südöstlich von Rom.*
1. November: ***Allerheiligen***
4. November: ***Tag des Kriegsendes*** *(1918); die üblichen Militärparaden*
8. Dezember: ***Mariä Empfängnis***
25./26. Dezember: ***Weihnachten.*** *An diesen Tagen ist fast alles geschlossen, aber es findet sich immer mal wieder ein offener Supermarkt.*
1. Januar: ***Neujahrstag***

Stockfisch *(baccalà)* ein Muss. Genauso traditionell gibt es zu **Neujahr** Linsen; die bringen, so meint der Aberglaube, viel Geld im neuen Jahr.

› Eher abschreckend wirkt der **Weihnachtsmarkt**, der von Anfang Dezember bis zum 6. Januar auf der Piazza Navona 38 stattfindet. Mittlerweile sind es so viele Buden, dass man den barocken Platz als solchen nicht mehr erkennen kann. Unerträglicher Kitsch wird verkauft, alles ist überteuert und man sollte auf sein Portemonnaie achten. Ansonsten ist alles mit blinkender, bunter Weihnachtsbeleuchtung und künstlichen Bäumen dekoriert, was auf den Geschmack eines Mitteleuropäers eher etwas kitschig wirkt. An beiden Weihnachtsfeiertagen ist nahezu alles geschlossen, genau wie am Silvesternachmittag und zu Neujahr.

› Der **Silvesterabend** wird gerne im Restaurant gefeiert. Da trifft man sich dann mit vielen Freunden an einem großen Tisch und feiert bis in die frühen Morgenstunden. Die Tische müssen aber immer reserviert werden und es gibt ein festes Menü. Wer also am Silvesterabend irgendwo in Rom noch einen freien Platz in einem Restaurant sucht, wird kein Glück haben.

› Am meisten los ist in der **Neujahrsnacht** auf der Piazza del Popolo. Dort finden Rockkonzerte statt und um Mitternacht wird ein großes Feuerwerk abgebrannt.

› Am 6. Januar beschließt die **Festa della Befana** die weihnachtlichen Festlichkeiten. Die *Befana* ist eine Hexe, die mit dem deutschen Nikolaus zu vergleichen ist. Am Dreikönigstag kommt sie auf ihrem Besen geritten und bringt den bösen Kindern Kohlestücke, während die guten mit Schokolade bedacht werden – so will es jedenfalls die Überlieferung. In Wirklichkeit werden an diesem Tag die vor die Fenster gehängten Strümpfe natürlich aller italienischen Kinder mit riesigen Mengen an Süßigkeiten gefüllt.

AUF INS VERGNÜGEN

„Rom für alle“, könnte die Devise lauten, denn die Stadt hat viele Gesichter. Je nach Lust und Laune lädt sie zum entspannten Citybummel, zur aufregenden Sightseeing-Tour, zum lustvollen Shopping oder Schlemmen und zu vielen weiteren Aktivitäten ein.

In diesem Abschnitt haben wir die besten Möglichkeiten für verschiedene Erlebnisarten zusammengestellt. Natürlich lassen sich unsere Anregungen beliebig zu Ihrer individuellen Erlebnistour abwechslungsreich kombinieren.

ROM FÜR CITYBUMMLER

Rom ist eine Stadt für Fußgänger. Alles kann und sollte zu Fuß erschlossen werden. Das Stadtzentrum ist eine große Bühne für die Flaneure, egal ob Römer oder Touristen.

Die Hauptachse, die schnurgerade die römische Innenstadt teilt, ist die **Via del Corso** 27, an der entlang sich schon bei *Goethes* Besuch vor mehr als 200 Jahren der römische Alltag abspielte. Ab dem späten Nachmittag beginnen die Römer mit dem Spaziergang auf dem Corso. Am Wochenende ist es hier so voll, dass es von der **Piazza del Popolo** 43 bis zur **Piazza Venezia** 1 gut und gerne eine Stunde dauern kann. In den Seitenstraßen der Via del Corso sind heute alle italienischen Modemarken versammelt, allein schon die Schaufenster laden zu einem Bummel durch die kleinen Altstadtgassen ein. Wer von den langen Spaziergängen müde wird, kann in den vielen Straßencafés und Eisdielen rund um den Corso eine Pause einlegen. Auf der anderen Seite der Via del Corso ist das Regierungsviertel der Hauptstadt untergebracht, genauer gesagt der Palazzo Chigi, der **Sitz des italienischen Ministerpräsidenten**, und der Palazzo Montecitorio, das Parlament der Republik.

Auch der **Stadtteil Trastevere** (s. S. 125) lädt zu Spaziergängen ein. Der größte Teil des Stadtviertels ist Fußgängerzone. Die Einheimischen behaupten, hier würden noch die einzigen echten Römer leben. In einigen Winkeln des Quartiers, die man am besten zu Fuß erkundet, beschleicht einen wirklich das Gefühl, die Zeit wäre stehen geblieben.

Schwierig wird das Flanieren in den **Ruinen des alten Rom.** Zwischen Kolosseum, Fori Imperiali und Palatin zerschneiden Hauptverkehrsstraßen die Spazierwege – ein ungeeignetes Gelände für Flaneure. Hierher kommt man mit einem konkreten Besuchsinteresse.

Inmitten des hektischen Zentrums trifft man aber immer wieder auf Orte, die klein, still und provinziell sind, etwa in den Gassen von Trastevere oder in den **Stadtteilen Testaccio** [F12] und **San Lorenzo** 16. Und natürlich gibt es auch in den vielen Parks Rückzugsmöglichkeiten für gestresste Rombesucher. Selbst hinter dem Kolosseum gibt es im **Park des Colle Oppio** [J9] schattige Plätze unter Schirmpinie n, die zum Verweilen einladen.

Vielleicht unternehmen Sie eine **Tour mit der Vespa** oder mit dem **Fahrrad** (Verleihadressen s. S. 176). Damit kommt man schnell überallhin; man sollte sich aber darüber im Klaren sein, dass es nicht einfach ist, sich auf einem Zweirad durch Rom zu bewegen. Im Straßenverkehr herrschen raue Sitten und wer sich darauf einlässt, sollte ein geübter Motorradfahrer sein.

Wer es doch etwas gemächlicher liebt, nimmt am besten die **Buslinie 117.** Sie wird von einem kleinen Elektrobus bedient, der durch haarsträubend enge Gassen quer durch die Fußgängerzone, vorbei am Campo de' Fiori und der Via Giulia bis zum Vatikan fährt. Mit dem oben offenen **Doppeldeckerbus Nr. 110** kann man eine Panoramarundfahrt durch Rom unternehmen. Von den

◄ *Vorseite: An der Fontana di Trevi* 50 *kann man ein Bad in der Menge nehmen*

009ro Abb.: fs

städtischen Verkehrsbetrieben ATAC wird außerdem die **Buslinie Roma Cristiana** angeboten, die an allen wichtigen christlichen Sehenswürdigkeiten anhält.

Eine ganz andere Perspektive auf Rom bekommt man mit dem **Aquabus**. Wegen der ständigen Überschwemmungen wurde der Tiber im 19. Jahrhundert mit mächtigen Mauern eingefasst. Erst seit einigen Jahren verkehrt ein Boot regelmäßig zwischen Ponte Sisto und Ostia Antica 72.

Natürlich sollte der Citybummler einen Spaziergang durch das **nächtliche Rom** nicht verpassen. In den nur schwach beleuchteten Altstadtgassen sind nachts immer viele Menschen unterwegs: Für Römer gehört es zu den Hauptvergnügen, in der Dunkelheit durch die Straßen zu schlendern.

Rom ist kein Museum, sondern eine lebendige Stadt. Wer das erleben will, muss in die Stadtviertel außerhalb des historischen Zentrums ausweichen. Ein Spaziergang über die **Via Marconi** in Trastevere etwa oder auf der **Via Cola di Rienzo** [D/E5] in der Nähe des Vatikans bietet zwar keine Sehenswürdigkeiten, aber einen direkten Blick auf das alltägliche Leben in Rom.

▲ *Morbider Charme an der Piazza Navona* 38

ROM FÜR ARCHITEKTUR- UND KUNSTFREUNDE

Egal ob Kaiser, Päpste, Diktatoren oder Könige: Seit der Gründung Roms vor fast 2800 Jahren war die Bauwut seiner jeweiligen Herrscher nahezu unersättlich. Triumphbögen, Kirchen und Paläste wurden errichtet, um Untertanen oder auch politische Gegner und Feinde zu beeindrucken, ihnen zu schmeicheln oder ihnen gar zu drohen. Dabei entstand die prächtigste Architektur des Abendlandes. Kommen Sie mit auf eine Zeitreise durch 2500 Jahre Kunst- und Architekturgeschichte, die man nirgendwo so kompakt vorfindet wie in Rom.

Die Faszination des alten Rom mit seinen Cäsaren, von denen die ganze damals bekannte Welt beherrscht wurde, entdeckt man am besten im **Pantheon** 35, einem Tempel aus dem 1. Jahrhundert n. Chr. Auf dem **Forum Romanum** 9 können Architekturfreaks den Grundriss der Basiliken studieren, römische Zweckbauten, die Vorbild für den späteren christlichen Kirchenbau waren. Die **Kaiserforen** 4 und Marktplätze, die sich die jeweiligen Kaiser bauen ließen, vermitteln noch heute einen Eindruck vom alltäglichen Leben im alten Rom.

Was für die römischen Kaiser galt, traf auch auf die nachfolgenden Herrscher Roms, die Päpste, zu. Auch sie versuchten mit den Mitteln der Architektur ihre Anhänger zu beeindrucken und ihren Ideen Ausdruck zu geben. Das Mittelalter war geprägt von bürgerkriegsähnlichen Auseinandersetzungen in Rom um die Position des Papstes. Trotzdem entstanden auch in dieser Zeit bedeutende Bauwerke wie die Kirchen **Santa Maria** 58 in Trastevere und **San Clemente** 12. In San Clemente sollten Sie unbedingt gewesen sein: Die Kirche ist auf den Fundamenten eines römischen Hauses errichtet worden, das man besichtigen kann.

Viele Kirchen wurden im Mittelalter restauriert und mit den sogenannten „campanili", hohen Glockentürmen, versehen, so z. B. **Santa Maria in Cosmedin** 18. Im 13. Jahrhundert schließlich wurde der damalige Sitz der Päpste, der **Lateranpalast** 14, renoviert und aufwendig ausgebaut.

Mit dem Ende des Mittelalters und dem Beginn der Renaissance erlebte Rom eine tiefgreifende architektonische Veränderung und damit einen Aufschwung wie sonst keine Stadt in Europa. In nur 100 Jahren entstanden 54 neue oder renovierte Kirchen, 60 Adelspaläste, Wohnhäuser für 50.000 bis 70.000 Einwohner und 30 neue Straßen. Selbst vor den Überresten des antiken Rom machte die Spitzhacke der päpstlichen Bauherren nicht halt. Die Steine für die Tiberbrücke Ponte Sisto etwa stammen aus dem Kolosseum.

EXTRATIPP

Ausflug nach Ostia Antica

Ein Besuch in Ostia Antica 72, der ehemaligen Hafenstadt des alten Rom, etwa 25 Kilometer außerhalb des Stadtzentrums, ist überaus empfehlenswert. Die Stadt ist sehr gut erhalten und vermittelt einen einmaligen Eindruck vom Alltagsleben im alten Rom. Wer schon einmal Pompeji gesehen hat, wird sich wundern, warum Ostia Antica nicht mehr Popularität genießt.

Rom sollte eine „Wiedergeburt" (Renaissance) erleben und ein Gegengewicht zur Reformation bilden, die im Europa des 16. Jahrhunderts immer mehr Menschen in ihren Bann zog. Die Macht des Katholizismus fand ihren Ausdruck in sternförmig angelegten Straßen und bombastischen Plätzen, wie z. B. der **Via del Corso** 27 zwischen Piazza del Popolo und Piazza Venezia. Die berühmtesten Werke aus dieser Phase der künstlerischen Massenproduktion in Rom sind heute in der **Villa Borghese** 46 zu bewundern, sicherlich eines der schönsten Museen in Rom.

Was der Tourist heute als das Rom der Päpste besichtigt ist also in relativ kurzer Zeit entstanden. *Michelangelo* bebaute das **Kapitol** 3 im Stil der Renaissance. Heute sind die wichtigsten Fundstücke aus dem antiken Rom in den Gebäuden des *Michelangelo*, den **Kapitolinischen Museen**, am geografischen Mittelpunkt Roms untergebracht.

Zu den während der Renaissance entstandenen Bauwerken gehört der neu gestaltete **Vatikan** mit der ebenfalls von *Michelangelo* gestalteten Kuppel des **Petersdoms** 64, der jetzt zum endgültigen Sitz der Päpste wurde. Auch der **Quirinal** 51, in dem heute der italienische Staatspräsident residiert, zählt zu den wichtigen Renaissancegebäuden Roms.

Raffael erhielt von *Papst Julius II.* den Auftrag, die **Sala della Segnatura** im Vatikan neu auszumalen. Es entstanden die „Stanzen des Raffael", die als Höhepunkt der Renaissancemalerei gelten. Auch wenn die Schlangen vor den **Vatikanischen Museen** 65 abschreckend sind – der Besuch lohnt sich auf jeden Fall.

Sieben Pilgerkirchen ließen die Päpste errichten. Wer sie alle besucht, bekommt

▲ *Santa Maria Maggiore* 52

einen Ablass, das heißt, er bekommt alle Sünden, die er bis zu dem Zeitpunkt seines Besuchs angesammelt hat, erlassen. Alle sieben Kirchen sind architektonische Meisterleistungen, die das Bewusstsein der Gläubigen ein Stückchen näher zum Himmel rücken sollten. Wer keine Zeit für so viel Frömmigkeit hat, sollte zumindest die sehenswerte und zentral gelegene **Santa Maria Maggiore** 52 besuchen.

Im 17. Jahrhundert wurde unter den *Päpsten Urban VIII., Innozenz X.* und *Alexander VII.* das Stadtbild immer barocker. Das Mäzenatentum des Klerus nahm absurde Ausmaße an. Karrieren wurden von denjenigen gemacht, die besonders viel Geld in Gebäude, Brunnen und Plätze investierten. Die Künstler dankten es ihren Gönnern, indem sie die Wappen und Symbole der großen römischen Papstfamilien immer wieder in ihre Kunst einarbeiteten. Rom lässt sich deshalb auch als eine Welt der Zeichen und Symbole erleben, die der Reisende leicht deuten kann. Am **Tritonbrunnen** auf der Piazza Barberini 48 können Sie das ganz genau studieren. Übrigens: Es gibt mehr als 1500 Brunnen in der Ewigen Stadt.

Wie wirkungsvoll die Kunst des Barock ist, lässt sich am besten auf der **Piazza Navona** 38 erfahren: Hier stehen die bedeutendsten Werke der barocken Baumeister Roms: der **Vierströmebrunnen** (Fontana dei Fiumi) von *Bernini* und die **Kirche San Agnese** von *Borromini*.

Besonderes Augenmerk sollte der Architekturfreund natürlich dem von *Bernini* gestalteten **Petersplatz** 63 mit den ihn umgebenden Kolonnaden schenken.

Im 18. Jahrhundert schließlich wurden durch den Bau der **Spanischen Treppe** 53 und der **Fontana di Trevi** 50, in der *Anita Ekberg* unter den aufmerksamen Blicken *Marcello Mastroiannis* ihr berühmtes Bad genommen hat, weitere barocke Akzente gesetzt.

Mit dem Niedergang der Macht des Kirchenstaats begann auch der Niedergang von Architektur und Kunst. Im 19. Jahrhundert verfiel Rom immer mehr.

Erst 1870, als Rom Hauptstadt Italiens wurde, begann die Bautätigkeit des jungen Königreichs Italien. Prachtstraßen und neue Gebäude entstanden: Das mächtige **Justizministerium** [F8] am Tiberufer, die platanenbewachsene **Viale di Trastevere** [E11-F9] im gleichnamigen Stadtteil und das wirklich hässliche **Nationaldenkmal** an der Piazza Venezia 1. Der Tiber wurde wegen häufiger Überschwemmungen eingemauert. Rom war auf dem Weg in das 20. Jahrhundert. Auf den Wiesen in der Nähe des Petersdoms entstand ein neues Stadtviertel, **Prati**, das mittlerweile eines der beliebtesten Wohngebiete in Rom ist.

Als der Faschismus 1925 die Macht in Italien übernahm, wurden ganze Stadtteile niedergerissen, um *Mussolinis* Traum eines imperialen Roms entstehen zu lassen. Die **Via della Conciliazione** 62 am Petersdom entstand als Verbindung zwischen dem weltlichen und dem kirchlichen Rom. Ein weiteres Beispiel für die Umgestaltung der Stadt durch die Faschisten ist die **Via dei Fori Imperiali** [H8], die 1931–1933 errichtet wurde. *Mussolini* träumte schon seit der faschistischen Machtergreifung davon, einen Durchblick vom Nationaldenkmal an der Piazza Venezia zum Colosseum zu schaffen. Ein jahrhundertealtes, gewachsenes Stadtviertel fiel schließlich dem Bau der Straße zum Opfer.

Nach dem 2. Weltkrieg wurde Rom unter dem leider mittlerweile von Epigonen missbrauchten Architekturbegriff des „Razionalismo“ um endlose triste Straßenzüge erweitert.

EXTRATIPP

Das Viertel der Moderne

Unser persönlicher Tipp für Freunde der klassischen Moderne: Im Südosten Roms entstand ab 1938 ein riesiges Stadtviertel „im Stil der neuen Zeit“: EUR (s. S. 152), eine durchaus sehenswerte Verbindung von Elementen der Moderne des Bauhaus und des typisch italienischen „Razionalismo“, gemischt mit einem Hang zum Bombastischen.

Am besten lässt sich dieser Stil der 1950er und 1960er-Jahre in der Vorstadt **Ostia** 71 „bewundern".

Das wichtigste architektonische Projekt der vergangenen Jahre war der Neubau des **Auditoriums** von *Renzo Piano,* einer Konzerthalle im Norden Roms. Das futuristische Gebäude vereinigt unter seinem Dach Konzerte aller nur denkbaren Musikrichtungen (s. S. 173).

MUSEEN UND GALERIEN

Museen

Während der sogenannten **Kulturwoche** *(Settimana della cultura)* Anfang April (der genaue Termin verschiebt sich von Jahr zu Jahr) kann man alle Museen und archäologischen Stätten, die dem Kulturministerium unterstehen, sieben Tage lang umsonst besuchen (Infos: www.romaturismo.it/eventi).

Aktuelle Informationen zu den aktuellen **Wechselausstellungen,** die in Rom stattfinden, gibt es im Internet unter www.museidiroma.com.

M1 [G6] **Keats-Shelley Memorial House.** Kleines Museum am Fuße der Spanischen Treppe, das sich mit den englischen Romantikern *John Keats* und *Percy Bysshe Shelley* befasst, die beide in jungen Jahren Anfang des 19. Jahrhunderts Rom bereisten. Piazza di Spagna 26; Mo.-Fr. 10-13 und 14-18 Uhr, Sa. 11-14 und 15-18 Uhr, So. geschl., www.keats-shelley-house.org. Eintritt 4 €. Metro Spagna

65 [C6] **Vatikanische Museen.** Viele verschiedene Einzelmuseen, die Sixtinische Kapelle und die Stanzen des Raffael – für viele bestimmt einer der Höhepunkte einer Romreise. Viale Vaticano; 9.00-16.00 Uhr, um 18.00 Uhr müssen die Museen verlassen werden. Eintritt 15 €, Audioguide 7 €. Sonntags Ruhetag, außer am letzten Sonntag im Monat: Dann ist der Eintritt frei (bis 12.30 Uhr) und entsprechend lang sind an diesem Tag die ohnehin immer langen Schlangen vor dem Eingang. Es gibt etliche kirchliche Feiertage, an denen die Museen geschlossen sind. Am besten informiert man sich auf der Website http://mv.vatican.va/6_DE/pages/MV_Home.html über die Ruhetage. Auf dieser Website können auch online Tickets gebucht werden. Das erspart die langen Wartezeiten an der Kasse. Absolutes Fotoverbot. Metro A bis Ottaviano.

M2 [E9] **Museo di Roma in Trastevere.** Eines der wenig besuchten Museen Roms, das mit seinen Darstellungen des 1870 untergegangenen Roms für uns persönlich zu den schönsten der Stadt gehört. Piazza San Egidio 1b; Tel. 06 5816563; Di.-So. 10-20 Uhr, Kartenverkauf endet um 19 Uhr, geschl. am 1. Mai, 25. Dez. und 1. Jan.; Eintritt 3 €. Das Museum ist behindertengerecht ausgestattet. www.museodiromaintrastevere.it. Bus Nr. 280 bis Lungotevere Farnesina

30 [G5] **Goethemuseum** *(Museo di Goethe).* Untergebracht in dem Haus, in dem *Goethe* seinen Romaufenthalt verbrachte. Ausstellungen über den deutschen Dichter und seine Zeitgenossen. Via del Corso 18; Tel. 06 32650412; 10-18 Uhr, Mo. Ruhetag; Eintritt 4 €, für Besucher, die jünger als 26 bzw. älter als 65 Jahre alt sind 3 €. www.casadigoethe.it

M3 [G9] **Jüdisches Museum** *(Museo Ebraico di Roma).* Lungotevere Cenci; Sa.-Do. 10-16.15 Uhr, Fr. 9-13.15 Uhr, samstags Ruhetag. Es werden auch deutschsprachige Führungen angeboten. www.museoebraico.roma.it. 21. März, 25. April, 8. Mai, 1. und 2. Juni, 15. Aug, 1. Nov. geschl.; Eintritt 7,50 €. Mit Straßenbahn 8 bis Largo Argentina

011ro Abb.: fs

13 [K9] **Museum des italienischen Widerstandskampfes** *(Museo Storico della Liberazione di Roma).* Hier war während der deutschen Besetzung Roms 1943/44 das Hauptquartier der SS untergebracht. Das Museum zeigt viele Dokumente des italienischen Widerstands. Via Torquato Tasso 145; Tel. 06 7003866; Di.-So. 9.30-12.30 Uhr; Di., Do. u. Fr. 15.30-19.30 Uhr, Mo. Ruhetag. Eintritt frei. www.viatasso.eu

M4 [G8] **Museo Nazionale del Palazzo di Venezia.** Renaissancemalerei, italienische Malerei des 17. und 18. Jahrhunderts, Skulpturen von *Bernini.* Via del Plebiscito 118; Tel. 06 699941; Di.-So. 8.30-19.30 Uhr; der Kartenverkauf endet eine Stunde vor Schließung des Museums. Eintritt 4 €. Onlinereservierung unter http://www.galleriaborghese.it/nuove/evenezia.htm

▲ *Ein Muss für Geschichtsinteressierte: das Museo della Civilità Romana*

M5 [H7] **Museo Nazionale delle Paste Alimentari.** Liebevoll eingerichtetes Museum, das sich mit der Geschichte und Gegenwart des Lieblingsgerichts nahezu aller Italiener befasst, den Nudeln. Piazza Scanderbeg 117; Tel. 06 6991119; täglich 9.30-17.30 Uhr. Eintritt: 10 €, Kinder unter 18 Jahren 7 €. Metro A bis Barberini

Archäologische Museen

40 [F7] **Palazzo Altemps.** Eine der schönsten Sammlungen antiker griechischer und römischer Skulpturen. Via di Saint Appolinaire 8; Di.-So. 10-17 Uhr, Mo. Ruhetag; Eintritt 7 €; Eintritt frei für Personen unter 18 und über 65. Anfahrt mit Bussen 70, 81 und 116. www.museidiroma.com/alt.htm

M6 [G8] **Musei Capitolini (Kapitolinische Museen).** Eines der wichtigsten Museen in Rom mit einer bemerkenswerten Sammlung altrömischer Kunst. Piazza del Campidoglio; Tel. 06 39967800; Di.-So. 9-20 Uhr; Eintritt 6,50 €; www.museicapitolini.org

M7 [II d4] **Museo della Civilità Romana.** Für alle, die an der Geschichte des alten Rom interessiert sind; besonders sehenswert ist das Modell des alten Rom im Eingangsbereich. Eingang Ecke Viale della Civilità Romana/Via dell'Architettura; Di.-Sa. 9-14 Uhr, So. bis 12.30 Uhr. Eintritt 6,50 €

M8 [J13] **Museo delle Mura.** Alles über die alten Stadtmauern Roms erfährt man hier. Via di Porta San Sebastiano 18; Tel. 06 70475284; Di.-So. 9-13.30 Uhr; Eintritt 3 €

M9 [G3] **Etruskisches Nationalmuseum in der Villa Giulia.** Umfangreiche Sammlung etruskischer Grabbeigaben und Schmuckgegenstände. Sehenswert ist die Rekonstruktion eines etruskischen Tempels. Piazzale Villa Giulia 9; Tel. 06 3226571; Di.-So. 8.30-19.30 Uhr. Eintritt 4 €, unter 25 bzw. über 65 Jahre alte Besucher 2 €. Metro Flaminio

Gemäldegalerien

46 [I4] **Galleria Borghese.** Die Kunstsammlung umfasst Meisterwerke aus dem 16. und 17. Jahrhundert, darunter bedeutende Arbeiten von *Raffael, Caravaggio, Tizian* und *Bernini*. Eines der bedeutendsten Museen der Welt. Piazza Scipione Borghese 5; Di.-So. 8.30-19.30 Uhr; Eintritt 12,50 €. Tickets unbedingt reservieren: Tel. 06 32810 oder www.galleriaborghese.it. Metro A bis Barberini.

28 [G7] **Palazzo Doria Pamphilj.** Hier werden Bilder von *Corragio, Tizian, Caravaggio* und *Velázquez*, um nur die bedeutendsten zu nennen, ausgestellt. Der Eingang befindet sich an der Piazza del Collegio Romano. Tel. 06 6797323; geöffnet 10-17 Uhr, Do. geschl.; Eintritt 9 €; www.doriapamphilj.it

G10 [I6] **Galleria Nazionale d'arte antica a Palazzo Barberini.** In der Gemäldesammlung befindet sich eines der berühmtesten Werke *Raffaels*, das eine halbentblößte Römerin darstellt, „La fornarina", auf Deutsch „Die Bäckerin". Lange Zeit ging das Gerücht, es würde sich bei der Dargestellten um *Raffaels* Geliebte handeln, deren Vater tatsächlich Bäcker war. Via delle Quattro Fontane 13; Di.-Sa. 9-19 Uhr; Eintritt 6 €

G11 [G3] **Galleria Nazionale d'Arte Moderna (Gnam).** Gemälde aus den letzten beiden Jahrhunderten von *van Gogh, Courbet* und *Monet* bis *Yves Klein*. Viale delle Belle Arti 131; Tel. 06 322981; 8.30-19.30 Uhr, Mo. geschl.; Eintritt: 10 €; www.gnam.beniculturali.it

G12 [G3] **Galleria Spada.** Gemäldesammlung mit Werken von *Tizian, Albrecht Dürer* und *Guido Reni*, nur wenige Schritte vom Campo de' Fiori, untergebracht in einem der schönsten Palazzi der Stadt. Piazza Capo di Ferro 13; Tel. 06 6874893; Di.-So. 8.30-19.30 Uhr; Eintritt 5 €; www.galleriaborghese.it

Zeitgenössische Kunst

G13 [K4] **Macro.** Museum für zeitgenössische Kunst. Untergebracht ist das Museum in den Räumen der ehemaligen Brauerei der Birreria Perroni, die einen ansprechenden Rahmen für die Sammlung bietet. Via Reggio Emilia 54; Tel. 06 8844930; Di.-So. 9-19 Uhr, im Dezember 9-14 Uhr; Eintritt 5 €

ROM FÜR KAUFLUSTIGE

Für viele Reisende ist die Shopping-Tour sicherlich einer der Höhepunkte einer Reise nach Rom. Einerseits weil ein Mitbringsel an die schöne Zeit in der Ewigen Stadt erinnern soll, andererseits um den daheim Gebliebenen etwas mitzubringen, was es möglicherweise so nur in Rom gibt. Und da Geiz in Deutschland ja geil ist, wird so mancher versuchen, ein Schnäppchen zu machen.

Im Zuge der Einführung des Euro sind wirkliche Schnäppchen nicht mehr so einfach zu machen wie früher. Das **Preisniveau** entspricht ungefähr dem einer deutschen Großstadt – und die großen Modemarken verkaufen in Europa sowieso alle Waren zum gleichen Preis.

Interessant wird es natürlich, wenn **Schlussverkauf** (ital.: *saldi*) ist (ab Mitte Juli). Dann kann man wirklich das eine oder andere Kleidungsstück von *Versace* oder *Armani* sehr günstig bekommen.

BEKLEIDUNG UND SCHUHE

Alle Freunde der großen und kleinen italienischen Modemarken sind am besten im sogenannten **„Goldenen Dreieck"** [G5/6] zwischen Piazza del Popolo, Via del Corso und Spanischer Treppe, aufgehoben. Die Straßen sind in aller Regel

Fußgängerzonen. Hier gibt es eine kaum überschaubare Fülle an Bekleidungsgeschäften. Zwischen *Berninis* Brunnen, den Palästen der großen römischen Familien und den verwinkelten Gassen und Plätzen der römischen Altstadt kann der Einkaufsbummel durchaus zum Höhepunkt eines Romurlaubs werden. Die größte Ansammlung von Geschäften mit Designermarken, Accessoires und Luxusartikeln findet sich rund um die schicke **Via Condotti** [G6].

Gut und preisgünstig kann man Mode auch in italienischen Geschäften einkaufen, die keine europäischen Niederlassungen haben. Der Autor kauft seine Hemden zum Beispiel immer bei Schostal auf der **Via del Corso** [G5/6], wo das Preis-Leistungs-Verhältnis deutlich besser ist als in Deutschland.

Das Gleiche gilt für **Schuhe.** Italienische Schuhe sind deutlich billiger, origineller und besser verarbeitet als andere internationale Schuhmarken. Hier lohnt es sich, etwas genauer hinzusehen. Auch auf den Flohmärkten werden ausgesprochen billige Schuhe verkauft.

14 [E9] **Jacche Calzature,** Vicolo del Cinque 24b. Hier werden italienische Markenschuhe verkauft, die als Präsentationsmodelle benutzt wurden, d. h., die Schuhe sind so gut wie neu, aber bis zu 50 % billiger.

15 [G5] **Cervone,** Via del Corso 99. Italienische Markenschuhe, gehobenes Preisniveau

LEBENSMITTEL

Mittlerweile gibt es eine Menge Touristen, die lieber Lebensmittel mit nach Hause bringen. Das Problem ist natürlich die Verderblichkeit der Produkte, aber eine luftgetrocknete Salami aus dem nahegelegenen Städtchen Norcia, das berühmt für seine Wurstwaren ist, übersteht garantiert den Flug nach Hause, genauso wie der „pecorino romano", ein lang gelagerter Schafskäse, den man auch beim bestsortierten Italiener zu Hause nicht bekommt. Immer wenn wir im Herbst und Winter in Rom sind, nehmen wir uns frische Artischocken mit, die dann gerade Saison haben. So gut und frisch wie in Rom gibt es die nirgendwo.

012ro Abb.: fs

◄ *Ein Gemüsemarkt bietet einen tiefen Einblick in den Alltag der Römer*

16 [F8] **L'Albero del Pane,** Via Santa Maria del Pianto 19–20; Tel. 06 6865016. Naturkostladen, sehr gutes Brot, Bioprodukte aller Art

17 [D5] **Castroni,** Via Cola di Rienzo 196 (Vatikan); Tel. 06 6874383. Kolonialwaren, gutes Olivenöl

18 [G12] **Volpetti,** Via Marmorata 47 (Testaccio); Tel. 06 5742352. Guter Schinken und Salami, regionale Produkte, hausgemachte Nudeln

19 [D5] **Franchi,** Via Cola di Rienzo 200 (Ecke Via Terenzi); www.franchi.it. Spezialitäten aus ganz Italien, Würste, Schinken und Käse. Hier gibt es auch sehr leckere belegte Brötchen und kleine warme Speisen. Beliebter Mittagstisch bei Büroangestellten.

In den folgenden Geschäften kann man sich mit biologischen Produkten eindecken (Obst, Gemüse, Käse, Wein und Bier, Brot und vieles andere):

20 [C4] **Emporium Naturae,** Viale delle Milizie 7a; Tel. 06 3751415

21 [D5] **Settespighe,** Via Crescenzio 89d (Nähe Castel Sant'Angelo); Tel. 06 68805566

Wer Lebensmittel kaufen möchte, geht natürlich am besten auf einem der wunderschönen Marktplätze Roms einkaufen. Der wohl schönste und bekannteste **Gemüsemarkt** Roms ist der Campo de' Fiori 41, aber auch im Studentenviertel San Lorenzo 16 gibt es einen schönen Markt. Man kann natürlich auch eines der Spezialitätengeschäfte aufsuchen, in denen es alles gibt, was das Herz des italophilen Gourmets begehrt.

41 [F8] **Campo de' Fiori,** 6–14 Uhr, So. geschl. Roms berühmtester Gemüsemarkt an einem der schönsten Plätze der Stadt

22 [F11] **Mercato di Testaccio,** Piazza Testaccio; 7.30–13.30 Uhr, So. geschl.

23 [F7] **Piazza delle Coppelle** (Nähe Pantheon); 7–13 Uhr, So. geschl.

24 [B5] **Mercato Andrea Doria,** Via Andrea Doria (Nähe Vatikan); 7–13.30 Uhr, So. geschl. Einer der letzten echten Märkte Roms, auf dem sich noch die Bewohner des Stadtviertels treffen. Es gibt auch einen Bereich, wo Schuhe und Kleidung verkauft werden.

ANTIQUITÄTEN

Rom ist in Italien berühmt für seine Antiquitäten. Viele Antiquitätengeschäfte gibt es in der **Via Giulia** 42, eine der schönsten Straßen Roms. Auch die **Via dei Coronari** [E7] gleich um die Ecke ist eines der Zentren für Liebhaber alter Sachen. Dort werden sogar zweimal im Jahr die Wochen des Antiquariats veranstaltet. Abends, wenn die Straße von schummrigen Petroleumlampen erleuchtet ist, wird ein Besuch zu einem geradezu magischen Erlebnis. Allerdings braucht man sich hier nur wenig Hoffnung auf ein günstiges Schnäppchen zu machen, die Römer wissen schon, was ihre Antiquitäten wert sind. Aber manchmal ist ja schon der Weg das Ziel.

25 [E8] **Antichitá Cipriani,** Via Giulia 193; Tel. 06 68308344. Alteingesessenes Geschäft; Möbel und Gemälde

26 [E7] **Piero Taloni,** Via dei Coronari 135; Tel. 06 6875450. Spezialisiert auf Lampen von der Barockzeit bis zum Jugendstil

TRÖDEL, ANTIQUITÄTEN, DRUCKE

Exotisches kauft man gut hinter dem Hauptbahnhof [K7] ein. Hier hat sich in den letzten Jahren eine ausländische Subkultur angesiedelt, die mittlerweile den Stadtteil dominiert. In den großen, etwas heruntergekommenen Mietskasernen aus dem 19. Jahrhundert leben zwar immer noch viele Römer, die Geschäfte werden aber meistens von Asiaten und Schwarzafrikanern geführt, die außer kulinarischen Köstlichkeiten auch allen nur erdenklichen Krimskrams feilbieten. Auch die Römer aus den wohlhabenderen Stadtvierteln kommen mittlerweile gerne hierher, sei es, um noch schnell etwas Zitronengras zu besorgen oder um sich in einem der indischen Restaurants den preisgünstigen Mittagstisch schmecken zu lassen.

27 [F6] **Mercato delle Stampe,** Largo della Fontanella di Borghese; 7–13 Uhr, So. geschl. Antiquarische Bücher und Kunstdrucke

› **Kunstmarkt an der Ponte Milvo,** zwischen Ponte Milvo und Ponte Duca d'Aosta; nur am ersten So. des Monats 9–17 Uhr. 180 Marktstände mit alten Möbeln, Kunst, Kitsch und Gemälden. Wundervoll am westlichen Tiberufer gelegen. Auf keinen Fall verpassen!

Roms **Flohmarkt** liegt am Stadttor Porta Portese 54, nach dem er auch benannt ist, im Stadtteil Trastevere. Er ist der älteste und bekannteste Trödelmarkt in Rom. Man muss allerdings am Sonntag früh aufstehen, denn auch hier gilt: Wer zuerst kommt, mahlt zuerst. Wie auf allen Flohmärkten in Europa, so haben auch auf dem Markt von Porta Portese die kommerziellen Händler Einzug gehalten. Es gibt sie aber noch, die alten Leute, deren Rente nicht reicht und die zu stolz sind, um zu betteln. Bei denen bekommt man das, was man eigentlich auf einem Flohmarkt erwartet: Verrostete Wagenheber, gebrauchtes Essbesteck, Schnürsenkel und beschädigte Vasen.

Aufpassen sollte man auf Gruppen von kleinen Kindern, die das Chaos auf dem Markt ausnutzen, um die Besucher von Porta Portese um ein wenig Kleingeld zu erleichtern.

54 [F10] **Porta Portese** (Trastevere), Via Portuense und Via Ippolito Nievo; jeden So. 6.30–14.30 Uhr. Roms größter und ältester Flohmarkt

28 [K10] **Via Sannio,** 8–13 Uhr, So. geschl.

Übrigens: Die üblichen **Touristensouvenirs** gibt es überall in der Stadt. Den Freunden christlicher Andenkenläden sei die große Prachtstraße zum Petersdom, die **Via della Conciliazione** 62, empfohlen. Hier gibt es den Papst als Schlüsselanhänger oder Fußabtreter – herrlicher und unvorstellbarer Kitsch!

BÜCHER

29 [I6] **Feltrinelli International,** Via E. Orlando 84–86; Tel. 06 4827873. Gut bestückte Buchhandlung mit Literatur aus Frankreich, Deutschland und Spanien, die auch zahlreiche Lehr- und Übungsbücher zum Thema Italienisch für Ausländer bereithält.

30 [G7] **Herder-Buchhandlung,** Piazza di Montecitorio 117; Tel. 06 6794628. Eine deutsche Buchhandlung mitten in Rom. Hier wird eine große Auswahl an deutschsprachiger Romliteratur angeboten. Außerdem gibt es ein schwarzes Brett, auf dem nützliche Informationen weitergegeben werden (z. B. deutschsprachige Babysitter, Italienischunterricht oder Mitfahrgelegenheiten).

KAUFHÄUSER

31 [G6] **La Rinascente,** Via del Corso 189
32 [L10] **Coin,** Piazzale Appio 15
33 [J7] **Upim,** Via del Tritone 172, preisgünstiges Kaufhaus

ROM AM ABEND

Das römische Nachtleben spielt sich hauptsächlich **auf der Straße** ab. Vor allem am Samstagabend treffen sich die Römer auf einer Piazza in der Altstadt, um die Stadt zu Fuß zu durchstreifen. Die Straße gehört zur Lebendigkeit Roms. Auf dieser Bühne agiert der römische Nachtschwärmer und seine selbstdarstellerischen Fähigkeiten werden von einem sehr dankbaren Publikum aufgenommen.

Erst in den letzten Jahren haben einige **Kneipen** nach Vorbildern aus dem Norden Europas eröffnet. Richtig durchgesetzt haben sie sich aber noch nicht. Der Römer ist tendenziell eher rastlos. Lieber zieht er von einem Treffpunkt zum anderen, als sich in lange Kneipengespräche zu vertiefen.

Die **Diskotheken** sind sündhaft teuer (20–30 € Eintritt) und unterliegen oft einer strengen Kleiderordnung, die von den Türstehern aufs Genaueste beachtet wird. In den schickeren Discos sind keine Jeans und Turnschuhe erwünscht, oft ist eine Krawatte nötig. Wer aussieht, als könnte er Ärger machen, wird sofort nach Hause geschickt. Andere Diskotheken, wie das sehr angesagte Goa, achten mehr auf die Ausstrahlung der Gäste. Wenn der Türsteher den Eindruck hat, der Gast könnte zur Klientel der Diskothek passen, wird er eingelassen. Frauen, die den Türstehern gefallen, haben grundsätzlich beste Chancen eingelassen zu werden. Im Sommer (Mitte Juni bis Mitte September) haben viele Diskotheken und Nachtlokale geschlossen. Sie nehmen aber in dieser Zeit an den Veranstaltungen des **Estate Romana** teil (s. S. 34). Manche Klubs haben auch einen Sommersitz am Meer, in den Städten Ostia 71 oder Fregene. Auf den Internetseiten der Diskotheken und Klubs kann man sich über die Aktivitäten im Sommer informieren.

Viel los ist im **Stadtteil Trastevere** zwischen der Piazza Santa Maria in Trastevere und der Piazza della Scala [E9]. In den warmen Monaten versammelt sich einheimische und ausländische Kundschaft in den Bars, Eiscafés und Restaurants des altehrwürdigen Viertels. Am Brunnen vor der Kirche Santa Maria in Trastevere treffen sich die jungen Römer zu ihren abendlichen Erkundungszügen durch die verwinkelten Gassen.

Überhaupt sind die römischen Plätze Treffpunkte für die Einheimischen am Abend. Eindeutig am meisten los ist auf dem **Campo de' Fiori** 41. Der Altstadtplatz, auf dem tagsüber Roms berühmtester Gemüsemarkt stattfindet, ist im Sommer abends prall gefüllt. Unter dem Denkmal des hier im 17. Jahrhundert hingerichteten Ketzers *Giordano Bruno* wird oft, sehr zum Leidwesen der Anwohner, bis in die frühen Morgenstunden getrunken und gefeiert. Ein schönes Weinlokal auf dem Campo ist die Vineria (Hausnummer 15), die über eine große Auswahl an italienischen Weinen verfügt.

Ein weiterer Schwerpunkt des Nachtlebens liegt rund um die **Caffè della Pace** (s. S. 32) gleich neben der Piazza Navona 38, eine der schönsten Ecken, wo sich eine warme Nacht verbringen lässt. Auch in **San Lorenzo** 16, dem Studentenviertel, gibt es ein reges Nachtleben.

Der Stadtteil **Testaccio** [F12] mit seiner Vielzahl an Diskotheken, Nachtbars und Kneipen wie dem Radio Londra oder dem Caffè Latino gehört zu den Lieblingsvierteln der römischen Nachteulen.

Einen guten Überblick über die abendlichen Veranstaltungen kann man sich im Internet verschaffen, verfügen doch die meisten Lokale über eigene Websites. Einen allgemeinen Überblick über das römische Nachtleben erhält man in der **Stadtzeitung** *Roma c'è*, deren neue Ausgabe immer donnerstags an jedem Kiosk in Rom erhältlich ist. Am Ende der Wochenzeitung gibt es auch einige Seiten auf Englisch (www.romace.it).

TREFFPUNKTE

34 [F11] **Palombi.** In diesem beliebten Treffpunkt im Stadtteil Testaccio gibt es eine Auswahl von über 500 Biersorten. Empfehlenswert ist auch das Antipasti-Büffet mit Schinken, Mozzarella, Salami, Oliven, Sardellen und noch Vielem mehr für 6 €. Piazza Testaccio 38/41; Tel. 06 5746122; geöffnet von 12–1 Uhr

35 [E7] **Caffè della Pace.** Einer der bekanntesten Treffpunkte Roms mit einer eigentümlichen Mischung aus Intellektuellen, Künstlern und Promis aus der Showbranche. Nur wenige Schritte von der Piazza Navona 38 entfernt, ein idealer Ausgangspunkt für den Start ins römische Nachtleben. Via della Pace 3 (nur abends geöffnet); www.caffedellapace.it

36 [E9] Die **Bar San Calisto** an der gleichnamigen Piazza zieht, obwohl mitten im touristischen Trastevere gelegen, immer noch das heterogene Volk des Stadtteils an. Hier bekommt man alles noch zu vernünftigen Preisen. So. Ruhetag. Piazza San Calisto 3–5; geöffnet Mo.–Sa. 6–1.30 Uhr

37 [F12] **Caruso-Cafè de Oriente.** Im orientalischen Stil eingerichtet; lateinamerikanische Livemusik. Es kann auch getanzt werden. Via di Monte Testaccio 36; Tel. 06 5745019; geöffnet 23–4 Uhr, Montag Ruhetag; www.carusocafedeoriente.com

38 [N10] **Circolo degli Artisti.** Hier trifft sich die römische Jugendszene alternativer Prägung. Alle Musikrichtungen: Musik aus den Sixties, Punk ... und Livemusik. Es werden auch Theaterabende und Kunstausstellungen veranstaltet. Via Casilinia Vecchia 42 (2,5 km südöstlich vom Hauptbahnhof); Tel. 06 70305684; geöffnet 19.30–3 Uhr, Mo. Ruhetag; Eintritt 7 €, Sa. bis 23.30 Uhr Eintritt frei; www.circoloartisti.it

39 [H5] **Harrys Bar,** gegenüber vom Eingang zum Park der Villa Borghese, hält noch an dem Flair der 1950er-Jahre fest. Zu Harrys Bar gehört auch ein sehr teures und schickes Restaurant. Hier geben sich auch heute noch Prominente ein Stelldichein. Via Vittorio Veneto 150, Tel. 06 484643; geöffnet 11–2 Uhr, So. Ruhetag; www.harrysbar.it

40 [E7] **Jonathan's Angels.** Einer der altgedientesten Szenetreffs in Rom, nicht weit von der Piazza Navona entfernt. Man sitzt sehr intim zwischen den Wandgemälden des Besitzers, der sich hier als Künstler versucht hat. Kitschig, aber sympathisch. Via della Fossa 16; Tel. 06 6893426; tägl. 16–2 Uhr

41 [E7] **Société Lutéce.** Aus Turin, der Hauptstadt des Aperitifs, importierte Bar. Hier gibt es köstliche Aperitifs und ein Häppchenbüffet das durchaus das Abendessen ersetzen kann. Die Leckereien sind im Preis des Getränks inbegriffen. Schickes Publikum, eines der angesagtesten Lokale Roms. Piazza di Montevecchio 17; Mo. Ruhetag; geöffnet 19–2 Uhr; Tel. 06 68301472

CENTRI SOCIALI

In fast jedem Stadtteil Roms gibt es ein sogenanntes *centro sociale.* Fast immer sind diese *centri sociali* in **besetzten Häusern** untergebracht. Für viele junge Römer handelt es sich um eine willkommene Alternative zum immer gleichen Trott in der italienischen Großfamilie. Das Ganze ist von der linksalternativen Szene Roms geprägt, die meist aus kompromisslosen Globalisierungsgegnern besteht. Mittlerweile haben sich die meisten Zentren in Nachtlokale verwandelt, die bei allen jüngeren Römern als Treffpunkte für den Abend äußerst beliebt sind.

- **42** [F11] **Villagio globale.** Das größte der „Centri" befindet sich in Testaccio auf dem Gelände, wo früher der römische Schlachthof untergebracht war. Hier sind Kneipe, Pizzeria und Livemusik unter einem Dach zusammengefasst. Lungotevere Testaccio 1; Tel. 06 5757233; geöffnet tägl. ab 19 Uhr; www.ecn.org/villaggioglobale
- **43 Forte Prenestino.** Untergebracht in einem Bunker aus dem 2. Weltkrieg, ist das Forte Prenestino einer der beeindruckendsten Treffpunkte für Nachtschwärmer. Konzerte, Kino, Theater und Ausstellungen. Via F. Delpino (5 km östl. vom Hauptbahnhof); Tel. 06 21807855; geöffnet tägl. ab 20 Uhr; www.forteprenestino.net

TANZEN

- **44** [F13] **Alpheus.** Bietet für jeden Geschmack etwas: Hip Hop und House, Kabarett und Rockkonzerte. 6 große Säle, denen ein Restaurant angeschlossen ist, in dem gute Steaks serviert werden. Am Donnerstag und Freitag meistens Livekonzerte, am Sonntag südamerikanische Tänze. Via del Commercio 36; Tel. 06 5747826; Dienstag Ruhetag; www.alpheus.it
- **45** [F12] **AKAB.** Am Monte Testaccio gelegen, mitten in einem der Zentren des römischen Nachtlebens. Diskothek auf zwei Stockwerken, draußen gibt es einen Zen-Garten. Gespielt wird Electro, Black Music und italienische Musik. Via di Monte Testaccio 69; Tel. 06 57250585; Mo., Mi. und So. geschl.; www.akabcave.com
- **46** [G6] **Gilda.** Seit 1987 eine der elegantesten Diskotheken mitten im Zentrum Roms in der Nähe der Spanischen Treppe. Hier treffen sich häufig Prominente (z. B. James Brown, Bruce Willis, David Bowie). Das Publikum im Gilda ist schick gekleidet und etwa zwischen 25 und 40 Jahre alt. Via Mario de Fiori 97; Tel. 06 6784838; 22–4 Uhr
- **47** Die In-Diskothek in Rom ist das **Goa.** Die Atmosphäre erinnert, wie der Name verrät, an Indien. Avantgarde-Musik; nur der wird eingelassen, von dem der Türsteher denkt, dass er zum Stil des Hauses passt. Am letzten Sonntag des Monats nur für Frauen. Via Libetta 13 (ca. 1,5 km südl. von Testaccio); Tel. 06 5748277; 23–3 Uhr; Eintritt 18 €
- **48** [K3] Im **Piper,** einem der ältesten Musiklokale Roms, traten in den 1960er- und 1970er-Jahren Pink Floyd, Jimi Hendrix und Genesis auf. Heute werden hier neben Livemusik auch Modenschauen und andere Events veranstaltet. Die DJs bieten eine breite Musikpalette (House, Rock). Eintritt 10 €, am Wochenende 18 €. Via Tagliamento 9; Tel. 06 8414459; geöffnet 22.30–4 Uhr, Mo. Ruhetag; www.piperclub.it
- **49** [N7] **Qube.** Die größte Diskothek Roms auf drei Stockwerken. Auch Livekonzerte mit bekannten römischen Rockbands, oft auch Cover-Bands. Am Freitag verwandelt sich das Qube in *Muccassassina,* einem der verrücktesten Events in Rom (s. S. 177).

Via di Portonaccio 212 (gut 3 km östlich vom Hauptbahnhof); Tel. 06 5413985; www.muccassassina.com; geöffnet 23–5 Uhr, Mo. Ruhetag

ESTATE ROMANA – RÖMISCHE SOMMERNÄCHTE

In den heißen Sommermonaten wird Rom zwar gerne „die Verlassene" genannt, weil jeder Römer, der es sich leisten kann, aus der Hitze an die Strände in der Umgebung flüchtet. Von Juni bis Anfang September sorgt aber der *Estate Romana* („Römischer Sommer") dafür, dass die Zurückgebliebenen sich nicht allein gelassen fühlen müssen.

Hier eine Liste der wichtigsten Ereignisse des *Estate Romana*. Die aktuellen Veranstaltungen können der Szenezeitung *Roma c'è* und der Tageszeitung *Il Messaggero* entnommen werden. Infos auch unter Tel. 06 36004399 und unter www.estateromana.comune.roma.it.

- Klassische Konzerte im Rahmen des „Römischen Sommers" gibt es von Anfang Juni bis Ende September in einem archäologischen Park am *Teatro di Marcello*. Der Eintritt kostet 15 €. Einlass ist um 20 Uhr. Zuerst gibt es eine Führung durch den Park, die im Preis inbegriffen ist. Geboten wird hauptsächlich Kammermusik in einem traumhaften Ambiente. Tel. 06 87131590; www.tempietto.it
- Im Park der **Villa Celimontana** findet jedes Jahr das Villa Celimontana Jazz Festival statt. Größen wie *B. B. King, Weather Report* oder *Al Jarreau* waren hier schon zu Gast. Veranstaltungen von Mitte Juni bis Mitte August. Villa Celimontana; Via Navicella; Tel. 06 77208423; www.villacelimontanajazz.com; Eintritt 10–18 €. Karten sollten rechtzeitig reserviert werden, da das Festival sehr gut besucht ist.
- Unter dem Stichwort **Cosmophonie** finden jedes Jahr im Amphitheater von Ostia Antica 72 zeitgenössische Konzerte und Tanztheater statt. Teatro Romano di Ostia Antica; www.cosmophonies.com; Tel. 06 350468; Eintritt 10–20 €
- Eine der wichtigsten Veranstaltungen für Liebhaber südamerikanischer Kultur und Musik ist die **Fiesta**. Von Anfang Juni bis Mitte August sind von 20.00 bis 2.30 Uhr unzählige Stände und Buden, Bars und Restaurants aufgebaut, die auch eine Fülle von kulinarischen Genüssen zu bieten haben. Die Römer lieben es, nach südamerikanischen Rhythmen zu tanzen, deswegen sind auch vier Open-Air-Diskotheken aufgebaut. Ippodromo Capannelle; Via Appia Nuova 1245; Tel. 06 71299855; www.fiesta.it; Metro A (Richtung Anagnina) bis Arco di Travertino, dann Bus 664 (Cosoletto) bis Capanelle/Via Appia Nuova
- Eine Mischung aus Open-Air-Diskotheken und kulinarischen Köstlichkeiten aus aller Welt wird im Olympiastadion unter dem Namen *Roma Estate al Foro Italico* angeboten. Geöffnet von 19.30 bis 2.00 Uhr; Eintritt Fr. u. Sa. 6 €, sonst freier Eintritt. Auch für die Kinder bis 12 Jahren gibt es unter dem Begriff Wonderland verschiedene Veranstaltungen und Aktivitäten. Viale delle Olimpiadi; Tel. 06 8074560; ab Hauptbahnhof Bus 910 (Mancini) bis Foro Italico
- Von Mitte Juni bis Ende September werden die **Kaiserforen** 4 zwischen Kolosseum und Piazza Venezia von unzähligen Scheinwerfern beleuchtet – ein optischer Leckerbissen, den sich der Besucher nicht entgehen lassen sollte. Außerdem werden Führungen abgehalten und es finden Musik- und Theaterveranstaltungen statt. Tel. 06 3058881 oder 06 57480380

071ro Abb.: bw

ROM FÜR GENIESSER

DIE RÖMISCHE KÜCHE

Die römische Küche ist eine typische *cucina povera,* eine **Armeleuteküche,** die überall auf der Welt nicht die schlechteste ist. Allerdings haben die römischen Restaurants in Italien nicht den allerbesten Ruf. Was international als gehobene italienische Küche bekannt ist, findet mehr im Piemont, in der Emilia Romagna oder in Apulien statt. Aber schauen wir sie uns doch einmal an, die typischen volkstümlichen römischen Gerichte.

Die *coda alla vaccinara* etwa, den geschmorten Ochsenschwanz, wird man in anderen Regionalküchen Italiens vergeblich suchen. Überhaupt ist die Vielzahl der in Rom zubereiteten **Innereien** ein typisches Merkmal der römischen Küche: *trippa alla romana,* das sind Kutteln, oder *pajata,* Kalbsgekröse mit dicken Röhrennudeln, sind nur zwei Beispiele. Wer diese Art der römischen Küche kennenlernen will, geht am besten zu **Checchino** (s. S. 42). Seit über 100 Jahren ist das Restaurant im Stadtteil Testaccio eine der Top-Adressen in Rom. Auch im Guide Michelin ist Checchino erwähnt. Das historische Ambiente ist beeindruckend und der Koch ein römisches Original. Auch wenn die angebotene Küche volkstümlich ist, billig kommt man bei *Checchino* nicht weg.

Bei den **Vorspeisen** ist noch das *supplì* zu erwähnen, eine mit Mozzarella und Reis gefüllte Krokette. Sehr lecker ist auch die *bruschetta,* die gerne in den römischen Pizzerien als Vorspeise serviert wird. Geröstetes Weißbrot wird mit Knoblauch eingerieben, dann mit Olivenöl

ALTRÖMISCHE KOCHKUNST: AUS DEM KOCHBUCH DES APICIUS

VII. BUCH: VON DEN FEINEN, KOSTBAREN SPEISEN

Von der unfruchtbaren Gebärmutter, von der Schwarte, von den Lendchen, vom Schwänzchen und von den Füßen (Klauen) des Schweins:

258. Unfruchtbare Gebärmutter (des Schweins)
Nimm Kyrenäischen oder Parthischen Laser, mit Essig und Brühe hergerichtet (worin die vulva gekocht wird) und trage sie auf die Gebärmutter (auch Euter, Brustwarze). Nimm Pfeffer, Selleriesamen, trockene Minze und Laserwurzel mit Honig, Essig und Brühe; oder nimm Pfeffer und Brühe mit Parthischem Laser und trage es auf; oder nimm Pfeffer, Brühe und ein wenig Gewürze und trage es auf.

259. Schweineschwarte, Schweinerüssel, Schweinsstückchen (Koteletten) und Schweinsfüße
Koche sie mit Pfeffer, Brühe und Laser, danach tue sie in Salzlake und koche sie so.

260. Gebärmutter zum Rösten
bereite so zu: Wälze sie in Kleienmehl, darnach tue sie in Salzlake und koche sie so.

261. Gesottenes Euter*
Reinige das Euter (schließe die Öffnungen), streue Salz darüber und stelle es in die Bratröhre oder brate es auf dem Roste; reibe Pfeffer, Liebstöckel, Brühe, reinen und Rosinenwein, ziehe es mit Kraftmehl ab und übergieße damit das Euter.

262. Volles Euter
(d. i. gefülltes, gewürztes). Es wird Pfeffer, Feldkümmel und gesalzene Muscheln (Meerigel) gerieben, das Euter damit gestopft, zugenäht und gekocht. Gegessen wird es mit Fischlake und Senf.

263. Mit Feigen gemästete Schweinsleber
Schweinsleber in Weinbrühe. Koche sie mit Pfeffer, Thymian, Liebstöckel, Brühe, ein wenig Wein und Öl.

264. Auf andere Art
Beschneide die Leber vorher von den Sehnen (Strängen, Röhren), lege sie in Brühe, Pfeffer, Liebstöckel und 2 Lorbeerbeeren; wickle sie in ein Schweinsnetz, brate sie auf dem Rost und richte sie an.

(Auszug aus einem antiken Kochbuch)

** ficatum projecere. Nach einer Erfindung der Marci Apici wurden die Schweine mit trockenen Feigen gemästet und getötet, indem man ihnen plötzlich einen Trank Met gab.*

beträufelt und noch mit frischen Tomaten belegt.

Wer **Fleischspeisen** *(carne)* mag, wird feststellen, dass diese in Rom teuer sind. Zu den Spezialitäten gehört etwa Lamm, das in Rom nicht wie im restlichen Italien *agnello* sondern *abbacchio* genannt wird. Typisch ist auch *saltimbocca alla romana,* dünne Kalbsschnitzel mit Salbeiblättern und Schinkenscheiben belegt. Auch die *porchetta* ist eine römische Spezialität: Ein Spanferkel wird ausgebeint, mit Kräutern gefüllt und im Ofen gebraten. In Scheiben geschnitten, wird es auf der Straße als Imbiss verkauft.

Eine römische Spezialität sind auch **Artischocken** in allen nur erdenklichen Zubereitungsarten. Die berühmteste Methode der Zubereitung heißt *alla guidia,* zu Deutsch: auf jüdische Art. Die geputzten Artischocken werden dazu in heißem Olivenöl gebraten. Die besten Artischocken gibt es natürlich im jüdischen Viertel Roms bei *Giggetto* (s. S. 42) in der Via del Portico d'Ottavia 21A.

Dass sich die römische Küche lange Zeit auf wenige Zutaten beschränken musste, lag auch an dem schlechten Zustand der Landwirtschaft in der Umgebung. Die römische Campagna bestand jahrhundertelang aus unfruchtbaren Weiden und Sümpfen. Deswegen wurden solch einfache Gerichte wie die **frittierten Zucchini- oder Kürbisblüten** geboren, die übrigens köstlich schmecken und gerne in den Pizzerien Roms als Vorspeise serviert werden *(fiori di zucchina fritti).*

Auch **Wildkräuter** finden in der römischen Küche ihre typische Verwendung: Wilder Rucola, Pimpernelle oder im Winter Puntarelle, eine bittere Salatpflanze, die mit Knoblauch, Sardellen und Olivenöl angemacht wird.

BUCATINI ALL'AMATRICIANA

Man nehme etwas Schweinebacke (da es die allerdings in Deutschland nicht gibt, können Sie auch Bauchspeck nehmen), brate sie zusammen mit Knoblauch in Olivenöl an, gebe geschälte Tomaten hinzu und lasse das Ganze 20 Minuten köcheln, fertig ist die amatriciana. Darüber wird pecorino romano gerieben, ein lange gelagerter Schafskäse.

Fisch

Fisch *(pesce)* ist eine der teuren Speisen in Rom. Der Tiber hat nie besonders viel Fisch geliefert und der Zugang zum Meer war jahrhundertelang versumpft. Schon immer war aber der Armeleutefisch *baccalà* (Stockfisch) weit verbreitet.

Wer gute Fischgerichte, Muscheln und Meeresfrüchte zu sich nehmen will, fährt am besten an den Strand von Ostia 71 oder in das Fischerdorf Fiumicino in der Nähe des Flughafens.

50 In Ostia ist **Peppino al Mare** schon seit Jahren die In-Adresse der betuchteren Römer. Die Qualität ist immer gut und man sitzt sehr schön am Rande eines Strandbades. Vor allem Kinder schätzen, dass es direkt neben den Tischen einen kleinen Spielplatz gibt. Das Preisniveau ist allerdings relativ hoch. Lungomare A. Vespucci 102; Tel. 06 56320247; Mo. geschlossen

51 Wer es billiger möchte, muss ein paar Kilometer weiter südlich zu **Ar Zagaja.** Vor ein paar Jahren noch waren die Bretterbuden am Strand von Ostia inklusive des Restaurants illegale Behausungen. Heute ist der Zustand auf dem Weg zur Legalisierung, Ar Zagaja gibt Visitenkarten heraus und auch Krawattenträger sind gern gesehene Gäste. Das Essen ist einfach und gut: frischer gegrillter Fisch, Muscheln und die Hausspezialität *buccatini* (dicke, lange Nudeln) mit schwarzem Trüffel und Fisch (sehr zu empfehlen!)

52 In dem Fischerdörfchen Fiumicino gibt es bei **Bastianelli** die gehobene Form der Fischküche. Immer frisch und immer gut, aber teuer. Dafür gibt es aber eine wunderschöne Terrasse direkt am Meer. Ein 3-Gänge-Menü mit einem halben Liter Wein gibt es ab 50 €. Via Torre Clementina 312; Tel. 06 6505118

53 Die volkstümlichere Variante finden Sie bei **La Lampara.** Hier ist es laut und voll, kleine Kinder springen zwischen den Tischen herum und der Fisch ist frisch und preisgünstig. Lungomare della Salute 23, Fiumicino; Tel. 06 6523650; mittwochs Ruhetag

Wer den weiten Weg an die Küste scheut, dem sei das Restaurant *Pierluigi* mit seinem guten Preis-Leistungs-Verhältnis empfohlen.

54 [E7] **Pierluigi**. Das Restaurant in der Nähe des Palazzo Farnese ist berühmt für seine Fischspezialitäten. Im Sommer speist man auf dem wunderschönen Altstadtplatz, im Winter geht man nach drinnen in die schlicht und geschmackvoll eingerichteten Räume – eines der bevorzugten Restaurants der Autoren in der römischen Innenstadt (unbedingt reservieren). Für ein Menü muss mit 40 € pro Person gerechnet werden. Piazza de' Ricci 144; Tel. 06 6861302; Mo. Ruhetag

Pizza

Ein wichtiges kulinarisches Thema ist natürlich auch die Pizza. Gleich vorneweg: Wir haben schon etliche Briefe bekommen, in denen sich Leser darüber beschwert haben, dass es in Rom mittags keine Pizza gibt. Dem ist bis auf wenige Ausnahmen leider so, der Pizzaofen wird in Rom meist erst abends angeheizt. Als Ausweichmöglichkeit gibt es *Pizza al taglio,* das sind geschnittene Pizzastücke, die es aufgewärmt als Fast Food an nahezu jeder Ecke auch tagsüber gibt.

Ansonsten zeichnet sich die römische Pizza durch einen hauchdünnen, sehr knusprigen Teig aus, den es so nur in Rom gibt. In Neapel, wo die Pizza geboren wurde, ist der Teig etwas dicker. Wer eine Pizza bestellt, sollte sie möglichst schnell und heiß essen. Da der Teig so hauchdünn ist, droht er schnell durchzuweichen; dann kann die Auflage herunterfallen und die Pizza schmeckt einfach nicht mehr. Bei *Da Baffetto* im Herzen Roms gibt es übrigens die beste Pizza der Stadt.

55 [E11] **Panattoni.** Laut und einfach, eine typisch römische Pizzeria eben. Im Sommer werden die Tische auf die Viale di Trastevere gestellt, auf der der Lärmpegel etwa genauso hoch ist wie in der Pizzeria selbst. Unbedingt die *fagioli all'uccelletto* (typisch römische braune Bohnen) probieren! Viale Trastevere 53/59; Tel. 06 5800919; nur abends geöffnet; Mi. Ruhetag.

56 [E7] **Da Baffetto.** Die typisch römische Pizza mit dem hauchdünnen, knusprigen Teig ist bei Baffetto wirklich zur Perfektion gereift. Allerdings muss sie sofort verzehrt werden, sonst weicht sie durch und dann ist sie ungenießbar. Ertragen Sie die langen Schlangen am Eingang und auch die unfreundlichen Kellner – es lohnt sich. Via del Governo Vecchio 114; Tel. 06 6861617; nur abends geöffnet, So. Ruhetag

57 [E9] Die **Pizzeria della Scala** ist einer der beliebtesten Treffpunkte für junge Römer in

Trastevere. Das Lokal ist groß, aber leider meistens ausgebucht. Hier gibt es eine Pizza schon ab 6 €. Piazza della Scala 58; Tel. 06 5803763; täglich geöffnet von 12.00 Uhr bis 23.30 Uhr

58 [E9] **Ivo.** Einfache Pizzeria, berühmt für ihre frittierten Zucchiniblüten. Immer voll, am besten kommt man schon um 19 Uhr. Via San Francesco a Ripa 158; Tel. 06 5817082

59 [C4] **Giacomelli.** Beliebte, preisgünstige Pizzeria im Stadtteil Prati (Nähe Petersdom). Die Pizza wird in 3 verschiedenen Größen angeboten. Via Faá di Bruno 25; Tel. 06 3725910

232 [E9] **Dar Poeta.** Oftmals wird in Rom der Pizzaofen erst abends angeheizt. Bei Dar Poeta im Stadtteil Trastevere gibt es schon ab 12 Uhr mittags bis zum späten Abend Pizza. Sehr gute Qualität und preisgünstig (ab 5 €). Vicolo del bologna 45; Tel. 06 588516; kein Ruhetag.

014ro Abb.: fs

Nudeln

Keine Sorge, lieber Leser, natürlich werden auch in Rom Nudeln gegessen. Allerdings besteht die *pastasciutta* im Gegensatz zu Norditalien, wo auch gerne Eiernudeln serviert werden, meistens aus Hartweizengrieß. Die typisch römische Nudelspeise schlechthin sind die *bucatini all'amatriciana,* die nach dem kleinen Dorf Amatrice in den Abruzzen benannt ist. Viele Römer sind in den letzten hundert Jahren aus den Abruzzen zugewandert und haben das Rezept aus ihrer alten Heimat mitgebracht.

› Das Restaurant **Al Pompiere** mitten im jüdischen Viertel Roms, bietet eine ausgezeichnete *amatriciana* an (s. S. 42).

Kaffee

Auch **Kaffeetrinken** will gelernt sein; es gibt nämlich ganz verschiedene Versionen des italienischen Espresso, wie z. B. den *caffè lungo,* der mit etwas Wasser verlängert wird, oder den *macchiato,* ein Espresso mit einem Tropfen geschäumter Milch, oder den *Cappuccino,* ein Espresso mit viel aufgeschäumter Milch. Übrigens: Wenn man das wünscht, was im deutschen Sprachraum als Espresso bezeichnet wird, muss man einen *caffè* bestellen. Der Begriff Espresso wird nur unnötige Verwirrung stiften.

61 [G6] Das **Café Babbington** an der Piazza di Spagna 23 ist schon seit Langem ein Treffpunkt für Einheimische und Ausländer gleichermaßen. Die Gründerin selbst war Engländerin; 1823 öffnete das Babbington zum ersten Mal seine Pforten. Es hat sich sein englisches Flair bis heute bewahrt: Hier gibt es Muffins, Chutneys, englische Waffeln und natürlich Tee in allen nur denkbaren Varianten. Teuer ist es aber leider auch.

62 [G6] Das **Antico Caffé Greco** in der Via Condotti 86, nur ein paar Schritte von der Spanischen Treppe entfernt, ist bekannt für seine illustren Gäste, die es damals wie heute bewirtet. Allen voran natürlich *Goethe,* für den das Café während seines Romaufenthaltes ein zweites Wohnzimmer war. Aber auch *Richard Wagner* und *Schopenhauer* haben sich hier ihren Kaffee schmecken lassen. Seinen Namen hat das Café von einem Griechen, der hier 1750 sein Geld in die Gastronomie investierte. Auch im Caffé Greco sind die Preise sehr hoch, aber schließlich will ja jeder mal da gewesen sein. 9.00–19.30 Uhr

63 [F7] Schräg gegenüber vom Eingang des Pantheons (Via degli Orfani 3) wird in der **Bar Tazza d'Oro** eine schier unglaubliche Auswahl von Kaffeesorten angeboten, die man nach dem Probieren auch kaufen kann. Hausspezialität im Sommer: *Granita di Caffè* (zerschlagene Eiswürfel mit Kaffee und Sahne).

64 [F7] In der **Bar San Eustachio** wird der Kaffee in einer derartig festen Konsistenz serviert, dass man denkt, man würde eine Praline essen – eine Spezialität des Hauses, die bei den jugendlichen Römern Kultcharakter hat. Piazza San Eustachio 82

65 [D6] Den Besuch des Vatikans kann der Reisende mit einem Aperitif in der Abendsonne auf der Terrasse des Vier-Sterne-Hotels **Atlante Star** ausklingen lassen. Den einmaligen Blick auf den Petersdom sollte man sich auf keinen Fall entgehen lassen. Die Aussichtsterrasse La Terrazza Paradiso im 7. Stock des Hotels ist 8.30–2 Uhr nachts geöffnet. Via dei Bastioni 1

Eis

66 [F7] **Ai tre scalini.** Direkt auf einem der touristischsten Plätze Roms kann die Eisdiele nicht preiswert sein. Das Eis ist aber wirklich gut und der Ort ist einmalig. Piazza Navona 28; bis 1.30 Uhr nachts geöffnet

67 [L8] **Gelateria Fassi.** Angeblich die älteste Eisdiele Italiens, die unter den Römern Kultstatus genießt. Via Principe Eugenio 65; www.palazzodelfreddo.it

68 [G7] Die alteingesessene **Eisbar Giolitti** darf bei einem Romaufenthalt nicht übergangen werden. In der Via Uffici del Vicario 41, unweit der Abgeordnetenkammer, gehen auch die *deputati* gerne mal ein Eis essen. Unbedingt probieren sollte man die Fruchteissorten. Geöffnet bis 1 Uhr nachts. www.giolitti.it

69 [D3] **Al Settimo Gelo.** Eigene Produktion ohne Konservierungs- und Farbstoffe, mehr als 70 verschiedene Fruchteissorten. Via Vodice 21a (1,5 km nördlich des Vatikans)

70 [H6] **Il Gelato di San Crispino.** Eis und halbgefrorenes, ausgefallene Geschmackssorten wie Kastaniencreme mit Rum. Via della Paneteria 42

71 [F7] Eine echte Kultadresse ist **Da Quinto** in der Via di Tor Millina 15 (Nähe Piazza Navona 38). Hier werden nach der Meinung vieler Einheimischer die besten Obstsalate und Milkshakes der Stadt zubereitet, aber auch das Eis ist nicht zu verachten; geöffnet von 12.30 Uhr bis Mitternacht.

BESONDERHEITEN DER GASTRONOMIE

Oft wird für das sogenannte **coperto** (das Gedeck) ein zusätzlicher Betrag erhoben, der bis zu 4 € pro Person betragen kann.

Ein italienisches Essen beginnt mit den *antipasti* (Vorspeisen), dann kommt *il primo piatto* (Nudeln, Gnocchi, Risotto), gefolgt vom *secondo* (Fleisch oder Fisch). Beilagen *(contorni)* müssen extra bestellt werden. Wer etwa einen Lammbraten bestellt, muss extra Kartoffeln und

Gemüse verlangen, sonst bekommt er nur das Fleisch. Beim Dessert kann man zwischen *il dolce* (Süßspeise), *formaggio* (Käse) und *frutta* (Obst) wählen. Niemand muss sich verpflichtet fühlen, alle Gänge zu bestellen, Sie können sich durchaus auf Vorspeisen oder einen Teller Nudeln beschränken. Allerdings sind die Portionen wesentlich kleiner, als man es aus dem deutschen Sprachraum gewohnt ist.

Getrunken wird in Rom hauptsächlich **Weißwein**, der aus den sogenannten Castelli Romani kommt. So hieß im Mittelalter die südöstliche Region in den Albaner Bergen. Die bekanntesten Dörfer sind Frascati und Castelgandolfo. Hier hat die Weinherstellung eine sehr lange Tradition und in den Landgasthöfen wird einfach und gut gegessen. Auch aus dem in Umbrien gelegenen Orvieto gibt es passable Weißweine, die in Rom gerne getrunken werden. Die etwas gehobeneren Weißweine heißen Greco di tufo und Falanghina und kommen aus der Gegend von Neapel.

Bier ist in Rom seit einiger Zeit in Mode gekommen. Unlängst stellten wir auf dem Campo de' Fiori zu unserem Erstaunen fest, das sich mittlerweile sogar bayerisches Weizenbier größter Beliebtheit erfreut.

Bezahlt wird auf die italienische Art: Die Rechnung enthält immer die Summe aller, die zusammen gegessen haben. Nur sehr ungern wird von der Bedienung die Rechnung auseinanderdividiert. In Rom wird die Rechnung gerne „alla romana" geteilt: Egal wer was gegessen hat, die Rechnung wird einfach durch die Anzahl der Personen geteilt.

Trinkgeld gibt man der Bedienung nicht in die Hand, sondern es wird mit Diskretion auf den Teller, auf dem auch die Rechnung gebracht wurde, hinterlegt.

SMOKER'S GUIDE

Seit 2005 gilt in Italien ein sehr striktes Antirauchergesetz. Das Gesetz beinhaltet solch ein ***strenges Rauchverbot*** *in allen öffentlichen Räumen, wie es sonst nirgendwo in Europa existiert. Es darf praktisch in keiner Gaststätte mehr geraucht werden. Das einzige, was dem Nikotinsüchtigen übrig bleibt, ist das Rauchen auf der Straße. So gehören Menschenansammlungen vor Restaurants oder Kneipen wie selbstverständlich zum römischen Stadtbild.*

Man kann nach Belieben bis zu zehn Prozent Trinkgeld geben.

Das **Mittagessen** *(il pranzo)* wird in Rom ab 12.30 Uhr eingenommen. Erst um 20 Uhr öffnen die Restaurants, um das **Abendessen** *(la cena)* zu servieren.

Pizza wird meist nur abends serviert, eine Gewohnheit, mit der deutsche Touristen immer wieder Schwierigkeiten haben. Es gibt aber auch Stehbäckereien, die Pizzastücke vom Blech verkaufen *(Pizza al taglio)*.

Die meisten Bars bieten die typisch römischen **Sandwiches** *(tramezzini)* an, die aus entrindetem Weißbrot bestehen und mit Artischocken, Thunfisch, Mozzarella oder Schinken belegt sind. Auch **belegte Brötchen** mit Schinken oder Mortadella werden angeboten.

Wer sich in einer Bar hinsetzt, zahlt zwei- bis dreimal so viel wie **am Tresen.** Wer seinen Kaffe und sein Hörnchen lieber im Stehen verzehrt, muss zuerst an der Kasse bezahlen. Dann erhält er einen Beleg, mit dem er am Tresen seine Bestellung aufgeben kann.

LOKALTYPEN

Im **ristorante** speist man (meistens) am exklusivsten. Die Kellner sind vornehm gekleidet und das Ambiente will natürlich mitbezahlt werden. Die Höhe des Preises lässt nicht unbedingt auf die Qualität der Speisen schließen.

Die **trattoria** ist normalerweise etwas billiger als das ristorante, dafür aber auch weniger chic. Mittlerweile sind die Grenzen aber oft schon verwischt.

Die **osteria** ist ein einfaches Speiselokal und erfüllt oft die Funktion einer Kantine für die in der Gegend Beschäftigten, die hier gerne ihr Mittagessen einnehmen. Auf den Tischen liegen meistens keine Stoffdecken, sondern mit Gummibändern aufgespanntes Papier.

In der **tavola calda** wird Aufgewärmtes im Stehen oder auf unkomfortablen Sitzgelegenheiten verzehrt – die billige Variante für den schnellen Hunger. Für einen Teller Nudeln muss mit mindestens 4,50 € gerechnet werden, ein Fleischgang kostet ohne Beilagen ab 5 €.

AUSGEWÄHLTE RESTAURANTS

Spezialitätenrestaurants siehe beim jeweiligen Stichwort unter „Die römische Küche".

72 [G7] **Antica Birreria Peroni.** Römisches Brauhaus seit 1906, Bratwurst mit Kraut mischen sich hier mit der römischen Innereienküche. Sehr preisgünstig. Bei den Einheimischen genießt das Lokal Kultstatus. Via San Marcello 19; Tel. 06 795310; www.anticabirreriaperoni.it; geöffnet von 12 bis 24 Uhr; So. Ruhetag

73 [F8] **Al Pompiere.** Das Restaurant ist weit über die Grenzen Roms hinaus bekannt, vor allem wegen seiner jüdisch-römischen Küche. In edlem Ambiente werden hier auch die römischen Klassiker wie *Bucatini alla amatriciana,* frittierte Kürbisblüten oder die Artischocken auf jüdische Art angeboten. Via s. M. Calderari 38; Tel. 06 6868377; So. Ruhetag

75 [F12] **Checchino dal 1887.** Wer die römische Innereienküche kennenlernen möchte ist hier genau richtig. Deftig, aber teuer. Via Monte Testaccio 30; Tel. 06 5746318; So. und montags Ruhetag; im August und zwischen Weihnachten und Silvester geschlossen

77 [E7] **Da Antonio.** Klein und sehr preisgünstig. Hausspezialität: Ravioli gefüllt mit Ricotta und Spinat. Via del Governo Vecchio 16/19; So. Ruhetag

78 [E9] **Da Corrado.** Die typisch römische und preisgünstige Trattoria schlechthin; reservieren! Via della Pelliccia 39; Tel. 06 5806004; So. Ruhetag

79 [E9] **Da i 2 Ciccioni.** Eine Garage in Trastevere, in der die zwei Dicken (so heißt das Lokal) kochen, was ihnen gerade so einfällt. Meistens handelt es sich dabei um römische Küche. Schräg, preisgünstig und nett. Vicolo del Cedro 3; Tel. 06 5894480

80 [I b1] **Da Priscilla.** Erstaunlich, dass man in einem Touristengebiet, wie es die Appia Antica nun einmal ist, so gut und preisgünstig essen kann. Unbedingt probieren: *Mozzarella in carrozza* (panierter Käse). Via Appia 68; Tel. 06 5136379; mittags und abends geöffnet; So. Ruhetag

81 [F8] **Dar filettaro.** Ein Restaurant, das außer einigen Vorspeisen ausschließlich den bei den Einheimischen so beliebten Stockfisch *(baccalà)* auf der Karte hat, der nirgendwo sonst in Rom so gut zubereitet wird. Largo dei Librari 88; Tel. 06 6864018; geöffnet von 17–22.30 Uhr, So. Ruhetag

82 [G8] **Giggetto.** Die Familie Ceccarelli hat sich vor allem auf *fritti* spezialisiert, frittierte Köstlichkeiten wie Artischocken auf jüdische Art *(carciofi alla guidia)*, Stockfisch *(filetto di baccalà)* oder frittierte Zucchiniblüten *(fiori di zucchine fritte)*. Via del Portico d'Ottavia 21A; Tel. 06 6861105; Mo. Ruhetag; www.giggettoalportico.com

83 [F8] **Hostaria Romanesca.** Enzo und Lucio kochen typisch römische Küche (Nudeln ab 8 €). In dem sehr kleinen Restaurant, das auch immer einige Tische draußen stehen hat, kann man nach dem Marktbesuch gut verweilen. Piazza Campo de' Fiori 40; Tel. 06 6864024; Mo. Ruhetag

84 [H6] **Hostaria da Gasparone.** Nicht gerade billige, aber sehr gute römische Küche wie etwa *Abbacchio* (Lamm). Via in Arcione 91; Tel. 06 67994537; So. Ruhetag

85 [F6] **Il desiderio preso per la coda.** Der Koch hat sich auf ausgefallene und vergessene regionale Spezialitäten aus ganz Italien spezialisiert. Auf der Speisekarte gibt es immer viele vegetarische Gerichte. Gutes Preis-Leistungs-Verhältnis. Geschmackvoll, aber karg eingerichtet. Vicolo della Palomba 23 (in der Nähe der Piazza Navona); Tel. 06 68307522; Mo. Ruhetag

86 [E9] **Il Ciak.** In dem toskanischen Spezialitätenrestaurant wird in rustikaler Atmosphäre zwischen Filmplakaten aus den 1950er- und 1960er-Jahren gespeist. Die Leckereien vom Holzkohlegrill werden zu vernünftigen Preisen angeboten. Unbedingt die Polenta (Maisbrei) probieren. Vicolo del Cinque 21; Tel. 06 5894774; Mo. Ruhetag; im Juli und August geschlossen!

87 [A2] **La Pergola.** Die absolute Nummer eins unter den römischen Gourmettempeln wird von einem deutschen Koch geleitet: Bei *Heinz Beck* aus Altötting kann man zum Beispiel Carpaccio von Scampi auf Gelatine von Lime mit Kaviar und Papaya oder frittierte Zucchiniblüten gefüllt mit Wachtelei und Kaviar genießen (s. S. 44). 5-Gänge-Menü: 160 €. Via Cadlolo 101 (etwa 1,5 km nördlich des Vatikans); Tel. 06 35092152; www.cavalieri-hilton.it

015ro Abb.: pix

89 [F7] **Navona Notte.** Hier gibt es eines der billigsten Menüs Roms: Als Vorspeise Muscheln, als Hauptgericht dann wahlweise Nudeln oder Pizza, alles zusammen für unschlagbare 8,50 €. Geduld sollte man allerdings mitbringen, das Restaurant ist chronisch überfüllt. Via del Teatro Pace 44–46; Tel. 06 6869278; geöffnet tägl. 12–24 Uhr

90 [F7] **Osteria Da Settimio.** Gutbürgerliches Restaurant mit stadttypischer Küche. Besonders empfehlenswert sind die Wildgerichte. Sehr gut ist der ausgezeichnet zubereitete Fasan (ital. *fagiano*). Hausgemachte *pappardelle*. Es gibt einen gut ausgestatteten Weinkeller mit edlen Tropfen aus ganz Italien. Nudelspeisen ab 8 €. Via delle Colonnelle 14; Tel. 06 6789651; Mo. Ruhetag

91 [G5] **Otello alla Concordia.** Hier gibt es authentische römische Küche oder, anders ausgedrückt, Hausmannskost. Mittags und abends werden hier die Gäste verwöhnt. Es

▲ *Kollegen unter sich*

EIN DEUTSCHER KOCH EROBERT ROM

Die Geschichte des Heinz Beck mutet wie ein Märchen an und für ihn selbst ist es wohl immer noch eines.

Es war einmal der Sohn eines Goldschmieds aus Altötting in Oberbayern. Schon während seiner Lehrzeit in einem kleinen Hotel in Bad Füssing zeichnete sich ab, dass der Mann Fähigkeiten besitzt, die weit über die deutsche Kantinenküche hinausreichen. So begab er sich denn auf Wanderschaft, ging zu Käfer nach München, verdiente sich dort die ersten Meriten, um später bei Heinz Winkler im Drei-Sterne-Restaurant „Tantris" in München die Aufmerksamkeit der Gastroszene auf sich zu ziehen.

Zur gleichen Zeit gab es in Rom ein Hotel mit einem zwar großen und internationalen Namen, das „Cavalieri Hilton" auf dem märchenhaften Monte Mario, allein die Gäste wollten nicht mehr in dem schon etwas in die Jahre gekommenen Kasten wohnen. Der Deutsche Hans R. Fritz wurde damit beauftragt, das Hotel wieder zum Laufen zu bringen und besann sich des Heinz Beck, von dessen Künsten er schon gehört hatte. In ein gutes Hotel gehört schließlich auch ein gutes Restaurant.

Unser deutscher Koch hatte aber keine Ahnung von der italienischen Küche, nicht einmal bereist hatte er die Appeninhalbinsel. Und so ging er dann in die typischen römischen Restaurants, etwa zu Checchino am Schlachthof, wo die römische Innereienküche noch so gepflegt wird wie zu den Zeiten, als der Papst die Ewige Stadt regierte. Die Amatriciana, der Römer liebste Nudelspeise, kostete er bei Sora Lella auf der Tiberinsel. Seine freundlichen Lehrmeister brachten ihm bei, dass man dafür nur die Schweinebacke aus eben jenem Dörfchen Amatrice, das der Soße den Namen gegeben hat, verwendet.

Einer muss in einem Märchen immer den Part des Bösen spielen: In diesem Fall sind es die italienischen Gastrokritiker, die dem Deutschen nicht zutrauen wollten, dass es ihm gelungen war, in die Geheimnisse der mediterranen Küche einzutauchen. Ende 2005 wurde Beck vom Guide Michelin zum fünften Drei-Sterne-Koch Italiens gewählt. Er hat es also geschafft, in das Walhalla der Meisterköche.

Als Papst Benedikt XVI. noch Josef Kardinal Ratzinger hieß, feierte er bei dem Zauberlehrling aus Altötting seinen 70. Geburtstag. Heute darf er nicht mehr ins La Pergola kommen, das päpstliche Zeremoniell lässt es nicht zu. Heinz Beck bedauert das sehr. Der Koch beschreibt den

Papst als weltoffen, intelligent und dabei scheu und zurückhaltend. Die beiden Bayern haben sich gut verstanden und Ratzinger „habe etwas hinterlassen", wie es Beck ausdrückt.

Für den Edelnudelproduzenten „de Cecco" stellt er sogar Fertigsoßen her, ein Projekt, bei dem er gelernt habe, wie trotz industrieller Massenherstellung ein gutes Produkt entstehen kann. In Italien und England konnte man die Soßen schon längst kaufen, während man in Deutschland noch bis 2007 warten musste.

Rom ist für Beck zwar chaotisch, aber es handele sich um „organisiertes Chaos" und wenn man das erst einmal verstanden habe, lasse es sich gut leben: „Du gehst raus und bist im Urlaub".

„Leichte Küche mit mediterranen Aromen", so nennt er seine Philosophie. Frittierte Zuchiniblüten, gefüllt mit Wachtelei und Kaviar ist einer seiner Klassiker. Zu den neueren Kreationen gehört Carpaccio von Scampi auf Gelatine von Lime mit Kaviar und Papaya oder die Fagottelli (Nudeln), gefüllt mit Eigelb und Pecorino. Manche Gerichte haben aber auch so simple Namen wie „Lamm in Brotkruste".

Wenn es dem sympathischen Altöttinger heute in der Küche zu hektisch wird, dann geht er hinaus auf die Terrasse seines Restaurants, genießt den atemberaubenden Blick auf den Petersdom und glaubt, alles wäre nur ein Märchen.

87 ***La Pergola*** *(s. S. 43). Via Cadlolo 101 (auf der Dachterrasse des Cavalieri Hilton); www.cavalieri-hilton.it; Tel. 06 35092152. Ein 5-Gänge-Menü kostet 160 €.*

muss mit 40 € pro Person gerechnet werden; unbedingt vorher reservieren. Schönes Ambiente unter einer mehrere Hundert Jahre alten Pergola. Via della Croce 81; Tel. 06 6791178; So. Ruhetag

92 [F8] **Sora Margherita.** Von außen ist die chronisch überfüllte, schräg gegenüber der jüdischen Synagoge gelegene Trattoria nicht als solche zu erkennen, innen erwartet den Gast ein sehr einfaches Lokal mit umso besserem, typisch römischem Essen. Ausgezeichnete Nudelgerichte! Jeder Gast muss Mitglied in einem Kulturverein werden (kostet aber nichts extra). Piazza delle Cinque Scole 30; Tel. 6874216; Di. bis So. mittags geöffnet, Fr. und Sa. auch abends, Mo. Ruhetag

93 [G9] **Sora Lella.** Traditionsreiche Trattoria auf der Tiberinsel, die von einer berühmten römischen Schauspielerin gegründet wurde. Typisch römische Küche, urige Atmosphäre, große Auswahl an vegetarischen Gerichten, relativ teuer. Via Ponte Quattro Capi 16; Tel. 06 6861601; auch mittags geöffnet, So. Ruhetag

94 [G8] **Taverna degli amici.** An der ruhigen Piazza Tor Margana 37, nur wenige Schritte vom Kolosseum entfernt; gute römische Küche. In der warmen Jahreszeit kann man auch draußen sitzen. Tel. 06 69920637; Mo. Ruhetag

95 [F7] **Trattoria.** Der Name täuscht, alles ist sehr stylish, eine Trattoria neuen Stils. Leichte sizilianische Küche wird geboten, die allerdings auch ihren Preis hat. Für ein Menü muss pro Person mit 40 € gerechnet werden. Das Preis-Leistungs-Verhältnis ist aber gut. Alle *primi* (Nudeln) kosten 13 €, die Fleischgerichte kommen auf 19 €. Via del Pozzo delle Cornacchie 25; Tel. 06 68301427; So. Ruhetag; www.filippolamantia.com

96 [E9] Die **Trattoria da Lucia** gibt es schon seit 1938 und die Inneneinrichtung ist wohl

GASTRONOMIE IM ÜBERBLICK

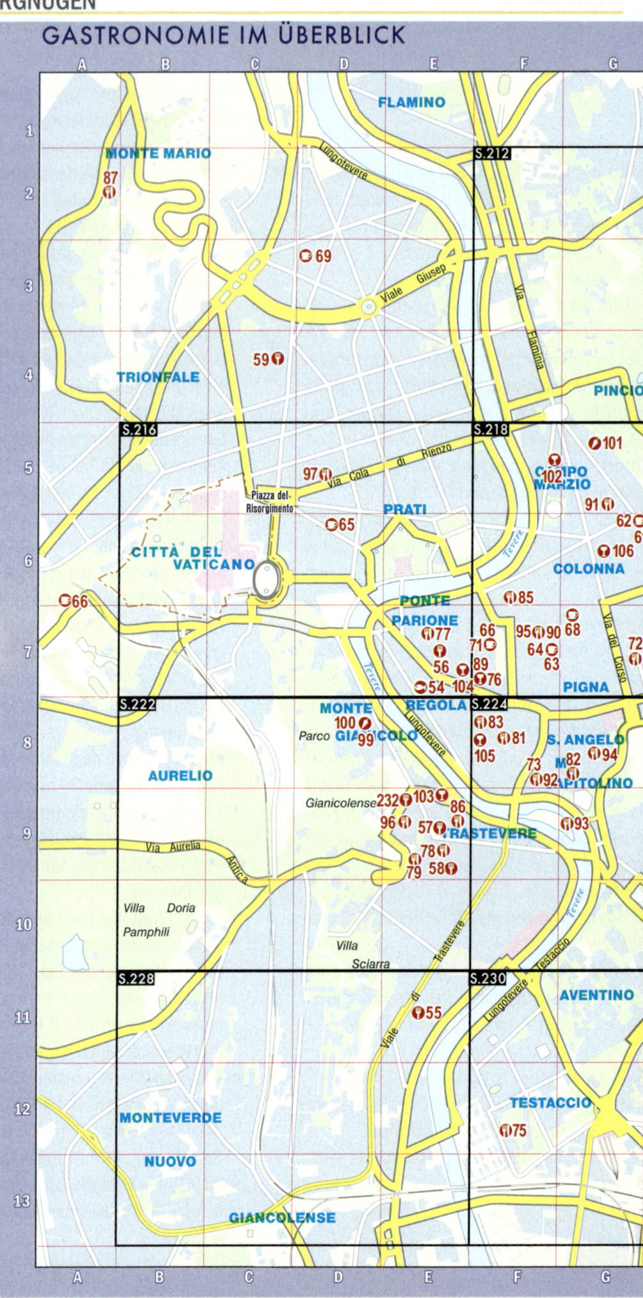

1 cm = 520 m
500 m
1000 m
1500 m
PARIOLI
TRIESTE
S.214
PINCIANO
Salaria
Bioparca
Villa
Borghese
Via
SALARIO
Via Nomentana
Villa
Torlonia
NOMENTANO
S.220
LUDOVISI
Settembre
XX
Via
Policlinico
Umberto I
Viale
Regina
CITTÀ
UNIVERSITARIA
TREVI
Piazza della
Repubblica
84
70
M. QUIRINALE
Nazionale
Via
Cavour
Via
Stazione Centrale
Roma Termini
TIBURTINO
M. VIMINALE
S.226
98
74
Via
Piazza
Vittorio
Emanuele
67
MONTE
ESQUILINO
Merulana
Piazza di
Porta Maggiore
M. PALATINO
Piazza
del
Colosseo
Via Labicana
Villa
Celimontana
S.232
MONTE CELIO
Via
Appia
Nuova
San
Saba
TUSCO-
LANA
Viale
Marco
APPIO LATINO
H I J K L M N
1 2 3 4 5 6 7 8 9 10 11 12 13

auch die gleiche geblieben. Keine kulinarischen Höhepunkte erwarten den Gast, aber bodenständige römische Küche zu vernünftigen Preisen. Vicolo del Mattonato 2; Tel. 06 5803601; Mo. Ruhetag

97 [D5] **Zi Gaetana.** Großes, luftiges Lokal mit raffinierter einheimischer Küche und Pizza zu angemessenen Preisen. Nicht weit vom Petersdom auf der großen Flanier straße des Viertels. Via Cola di Rienzo 263; Tel. 06 3212342; Sonntagmittag geschlossen

Vegetarisch

98 [M8] **Arancia Blu.** Das bekannteste fleischlose Restaurant Roms. Das edle Ambiente und die ausführliche Weinkarte sprechen für sich. Die Gerichte sind von der mediterranen Küche inspiriert, die Preise nicht gerade niedrig, aber es lohnt sich. Menü ohne Getränke pro Person ca. 35 €. Via dei Latini 55/65; Tel. 06 4454105; Sa., So. und an Feiertagen von 12–24 geöffnet

99 [D8] **Bio e Te.** Im Sommer sitzt man in einem schönen Innenhof, hier werden nur Snacks angeboten. Via di San Francesco di Sales 1 a; Tel. 06 68809989; nur mittags geöffnet, So. und Mo. Ruhetag

100 [D8] Im gleichen Gebäude findet sich **L'Una e l'altra,** ein preisgünstiges Restaurant mit Produkten aus biologisch-dynamischem Landbau. Tel. 06 68892465; ab 13 Uhr, abends nur für Frauen!

101 [G5] **Il Margutta RistorArte.** Elegantes fleischloses Restaurant, das seine Produkte aus biologisch-dynamischem Landbau bezieht. Via Margutta 118; Tel. 06 32650577

Weinstuben (Enoteche)

74 [H8] **Cavour 313.** Hier gibt es eine große Auswahl ausgezeichneter italienischer Weine, zu denen leckere Häppchen gereicht werden; Sandwiches zum Mitnehmen. Via Cavour 313; Tel. 06 6785496; 12.30–14.30 Uhr und 19.30–1.30 Uhr, So. Ruhetag

76 [F7] **Cul de Sac 1.** Hier werden mehr als 1400 Sorten italienischer Wein, Champagner und Prosecco ausgeschenkt. Und da man zu Alkohol immer etwas essen sollte, werden auch leckere Häppchen gereicht. In Rom ist das Cul de Sac seit Jahren eine der Kultadressen, allerdings ist es hier ziemlich teuer. Piazza Pasquino 73; Tel. 06 68801094; 12.45–15 Uhr und 19.30–0.30 Uhr, Mo. Ruhetag

102 [F5] In der **Enoteca Buccone** wird zum Wein auch gutes Essen serviert, hauptsächlich Eintöpfe, Fisch und Fleisch. Via di Ripetta 19; Tel. 06 3612154; Mo.–Fr. 12.30–14.30 Uhr, Fr. u. Sa. auch 19.30–22.30 Uhr geöffnet, So. Ruhetag.

103 [E9] **Ferrara.** Uriges Weinlokal, in dem auch Essen angeboten wird (hausgemachte Nudeln, Hülsenfrüchte, Suppen). Im Ausschank sind mehr als 1400 Weine hauptsächlich italienischer Herkunft. Piazza Trilussa 41; Tel. 06 58333920; geöffnet von 12.30–14.30 Uhr und 19.30–00.30 Uhr.

104 [E7] **Mimí e Cocó.** Hier werden an warmen Tagen die Tische nach draußen gestellt. Guter Wein, Suppen und Häppchen. Nett, aber auch touristisch und teuer. Via del Governo Vecchio 72; Tel. 06 68210845

105 [F8] Ein wunderschönes Weinlokal direkt auf dem Campo de' Fiori (Hausnummer 15) verbirgt sich hinter dem schlichten Namen **Vineria.** In angenehmer Atmosphäre bei unaufdringlicher Jazzmusik genießen hier hauptsächlich junge Leute (auch Reisende aus aller Welt) Weine römischer und italienischer Herkunft. Täglich 17.30–24 Uhr

106 [G6] **Palatium.** Etwas für wirkliche Weinkenner. Breite Auswahl italienischer Weine aus ganz Italien. Via Frattina 94; Tel. 06 69202132

ROM ZUM TRÄUMEN UND ENTSPANNEN

Auch im hektischen Rom gibt es Orte, an denen es plötzlich ruhig wird und der Verkehr und die Touristenmassen in die Unwirklichkeit entrücken. Einer dieser Orte liegt mitten in der Innenstadt, direkt hinter dem Kolosseum: Der **Parco Oppio** [J9] gehört zu den schönsten Parks im Zentrum von Rom mit Rasenflächen, Spazierwegen und Schatten spendenden Schirmpinien. Nachts sollten Sie den Park allerdings meiden.

Wer die Piazza del Popolo aufsucht, sollte auf jeden Fall auf den **Pincio** 45 hinaufsteigen. Von dem kleinen Hügel aus hat man einen der schönsten Ausblicke auf die Stadt. Romantische Geister sollten sich den Sonnenuntergang über Rom nicht entgehen lassen, den man von hier oben besonders gut genießen kann.

Wenn man den Pincio weiter hinaufsteigt, gelangt man in den **Park der Villa Borghese** 46. In der großzügigen Parkanlage kann man mal wieder durchatmen, schließlich ist die Luft in der römischen Innenstadt nicht die beste.

Nordöstlich der Villa Borghese liegt der zweitgrößte Park Roms, die **Villa Ada.** König *Victor Emanuel III.* hatte in der malerischen Parkanlage während des Faschismus seine Privatwohnung. Gleich neben der Villa Ada befinden sich die ältesten frühchristlichen Grabanlagen Roms, die **Katakomben der Priscilla.** Im Gegensatz zu den von Touristenströmen überfluteten Katakomben von San Callisto an der Via Appia ist hier die Führung wesentlich spannender (auch in Deutsch).

- Metro B Richtung Rebibbia bis Bologna, mit den Bussen 86 oder 92 ab Hauptbahnhof *(Stazione Termini)* bis Piazza Volsinio
- Zutritt: Via Salaria 430 (am Klostertor klingeln); Tel. 06 86206272; geöffnet 8–12 Uhr und 14–17 Uhr; Eintritt 3 €. Auch im heißen römischen Sommer kann es in den Katakomben sehr frisch werden. Am besten, Sie nehmen sich eine warme Jacke mit. Montags, Weihnachten, Silvester und Ostern geschlossen

Mit einem Umfang von 9 km ist der Park um die **Villa Doria Pamphilj** 28 hinter dem Stadtviertel Trastevere die größte Grünfläche Roms. Hierhin zieht es an den Wochenenden viele Römer mit ihren

DIE RÖMISCHEN PARKS

Die römischen Parks sind grüne Oasen inmitten der von Autoabgasen und Lärm verunreinigten Stadt. Wie ein Ring ziehen sich die riesigen Anlagen rund um die Innenstadt. Rom ist übrigens die italienische Stadt mit den meisten Grünflächen.

Die Entstehung der Parks haben wir den reichen Patrizierfamilien zu verdanken, die sich schon in der Antike Villen auf dem Lande mit großzügigen Gartenanlagen leisteten. Im 16. Jahrhundert wurde diese Gewohnheit wieder aufgenommen. Die Kardinäle und Bankiers des Kirchenstaates fanden Geschmack an prunkvollen Villen mit großen Parkanlagen außerhalb der Stadtmitte. Da das Stadtzentrum Roms damals auf das relativ kleine Gebiet zwischen Via del Corso, Trastevere und Kolosseum begrenzt war, liegen die Parkanlagen heute fast inmitten des Zentrums der Metropole.

017ro Abb.: apt

Familien, die sich auf den Wiesen unter Schirmpinien zum Picknick niederlassen. Die Villa wurde im 17. Jh. für den Neffen des Papstes *Innozenz X.* angelegt.

› Mit den Bussen 710 und 870, aussteigen an der Via San Pancrazio

Die **Villa Torlonia** [L4] war während des Faschismus (ab 1925) der Amtssitz *Mussolinis.* Der Duce entrichtete jährlich einen symbolischen Mietpreis von 1 Lira an den Fürsten *Torlonia.* Die Villa wurde 1841 von der noch heute in Rom einflussreichen Familie *Torlonia* in Auftrag gegeben. Heute ist der im Nordosten Roms gelegene Park für die Öffentlichkeit zugänglich. Leider befinden sich die neoklassizistischen Gebäude auf dem Gelände in einem schlechten Zustand.

› Anfahrt: mit den Bussen 90, 62, 36

Auch auf dem **Palatin** ❽, der ja nun wirklich von vielen Touristen besucht wird, gibt es berückende Momente der Ruhe. Das liegt einerseits an der Magie des Ortes, andererseits aber auch an der Inselartigkeit des Hügels. Wer sich hier auf einer Bank unter einer Zypresse niederlässt, am besten frühmorgens, hört nur noch ganz in der Ferne den tosenden, den Hügel umkreuzenden Verkehr.

Der **Gianicolo** ❻❵, ein Hügel über dem Stadtteil Trastevere, bietet ebenfalls einen schönen Blick auf die Ewige Stadt, Sonnenuntergang inklusive. In der weitläufigen Parkanlage gibt es einige kleine Cafés, in denen man wunderschön verweilen kann.

Der **Aventin**, dessen touristischer Wert allgemein als niedrig gilt, weil es hier keine bedeutenden Sehenswürdigkeiten gibt, lädt zu einem Spaziergang ein. Hier erstrecken sich ein schönes Wohnviertel und die **Piazza dei Cavalieri di Malta** 20. Der zypressenbewachsene Platz wurde von *Piranesi* im 18. Jahrhundert angelegt. Die mächtige Eingangstür, die zu dem nur am Samstag für angemeldete Besuchergruppen zugänglichen Gebäude des Malteserordens führt, weist eine Besonderheit auf: Wer durch das Schlüsselloch schaut, sieht am Ende einer Allee die Kuppel des Petersdoms.

› Metro B bis Circo Massimo, dann zu Fuß auf den Aventinhügel hinauf

Gut träumen lässt sich auch auf der **Via Appia** (s. S. 142). Die von den Römern vor mehr als 2000 Jahren als Verbindung nach Süditalien gebaute Straße führt mitten in die unverbaute römische Campagna. Entlang der Straße befinden sich etliche Gräber - die alten Römer durften ihre Toten nur außerhalb der Stadttore begraben. Besonders schön ist das an der Appia gelegene Caffarellatal, das schon vor der römischen Kaiserzeit als magischer Ort verehrt wurde.

Natürlich sollten die Träumer und Abhänger die **römischen Nächte** nicht vergessen. Die typische schummrig-rötliche Beleuchtung, die mehr verhüllt als erhellt, verleitet Touristen und Römer gleichermaßen zu langen Spaziergängen durch die Altstadtgassen.

◄ *Ausspannen in Roms grüner Lunge: die Villa Borghese* 46

ROM FÜR DEN NACHWUCHS

Die Italiener, und insbesondere die Römer, gehören zu den kinderfreundlichsten Menschen Europas. Niemand wird einem Kind, das vielleicht im Restaurant einem Kellner ein Bein gestellt hat, ernsthaft böse sein. Im Gegenteil, vielmehr wird es für vergossene Tränen zum Trost von den Gästen mit Süßigkeiten überhäuft werden. Ohne Schwierigkeiten kann der Romreisende also seine kleinen Begleiter überallhin mitnehmen.

Oft ist es für Kinder eine Qual, mit ihren Eltern eine Städtereise zu unternehmen. Vor allem für Kinder unter zehn Jahren ist Rom eine Stadt, die vor allem aus nichtssagenden Ruinen besteht. Meiden sollte man auf jeden Fall die weitläufigen Vatikanischen Museen, die für Kinder unerträglich langweilig sind und für die Erwachsene sich Zeit nehmen sollten. Auch Kirchenbesuche sind bei den meisten Kindern unbeliebt.

Alle, die älter als drei Jahre sind und genug vom alten Rom haben, sollten ihre Eltern zu einem Besuch des **Bioparco** überreden. In dem ursprünglich von *Hagenbeck* konzipierten Zoo haben die Tiere viel Auslauf und werden artgerecht behandelt. Mit einem Zug können Klein und Groß eine Rundfahrt entlang des künstlichen Sees unternehmen. Wer möchte, kann auch ein Boot mieten. Außerdem gibt es einen großen Spielplatz, was in Rom eher eine Seltenheit ist.

•107 [H3] **Bioparco** geöffnet 28. Okt. bis 29. März 9.30–17 Uhr (Einlass bis 16 Uhr), 30. März bis 26. Okt. 9.30–18 Uhr (Einlass bis 17 Uhr); Eintritt 8,50 €, Kinder 6,50 €, Kinder bis 3 Jahre frei; www.bioparco.it.

Anfahrt mit der Metro A bis Haltestelle Barberini; dann zu Fuß über die Via Veneto bis zur Aurelianischen Mauer

Gleich nebenan, an der Pferderennbahn bei der Villa Borghese 46, können sowohl kleine als auch große Menschen einen Ausflug in himmlische Höhen unternehmen. Mit einem **Fesselballon**, der mit Seilen festgezurrt ist, kann man etwa 150 Meter hoch über den Dächern Roms schweben und die einmalige Aussicht genießen.

EXTRATIPP

Babysitter

Über das schwarze Brett in der deutschsprachigen Herder-Buchhandlung (Piazza di Montecitorio 117; Tel. 06 6794628, s. S. 30) besteht die Möglichkeit, einen deutschsprachigen Babysitter zu finden.

Ein Besuch in einer römischen **Pizzeria** ist mit Kindern immer ein gelungener und preisgünstiger Abend. Da geht es sowieso rustikal zu und wenn die Kleinen die Tomatensoße mal auf die Papiertischdecke kleckern, wird es niemand übel nehmen. Nicht zuletzt haben die deutschen Kinder natürlich viel Spaß daran, endlich mal so eine richtige italienische Pizza zu essen.

Mit Kindern ab 10 Jahren ist alles zweifellos viel einfacher. Vor allem Jungen lieben die Geschichten aus der Römerzeit. Da sind die Eltern gefordert, die Fantasie des Kindes anzuregen. Wer schon vor der Reise den Kindern mal die klassischen Sagen des Altertums vorliest, wird es leichter haben, bei den Kindern einen Besuch des Kolosseums oder Neros Palastes durchzusetzen.

Sowohl Kindern als auch Erwachsenen kann das **Museo della Civilità Romana** (s. S. 26) im **Stadtteil EUR** empfohlen werden. Sehenswert ist beispielsweise das riesige Modell Roms, wie es in der Kaiserzeit ausgesehen hat. Im gleichen Gebäude gibt es auch ein **Planetarium**, das sicherlich auch für Jugendliche interessant sein kann. Die erst vor Kurzem eröffnete Sternwarte ist auf dem neuesten Stand der Technik.

› Piazza Giovanni Agnelli 10 (Stadtteil EUR); Tel. 06 85301758; geöffnet 9–14 Uhr, Mo. Ruhetag; Eintritt für Erwachsene 6,50 €, mit Besuch des Planetariums 8,50 €; Jugendliche unter 18 J. frei, Planetarium 6,50 €. Metrolinie B (Haltestelle EUR Fermi).

Ebenfalls in EUR gibt es einen ganzjährig geöffneten **Vergnügungspark** (ital. Luna Park) mit Achterbahn, Riesenrad und Karussells.

•**108** [II d2] **Luna Park**, Via Tre Fontane, geöffnet täglich 17–24 Uhr (Di. Ruhetag)

Auch die **Engelsburg** 61, die Fluchtburg des Papstes, zählt mit ihren dunklen und verwinkelten Gängen zu den Favoriten der kleinen Besucher Roms.

Seit einigen Jahren gibt es auch unter dem Namen **Explora** ein **Kindermuseum** in Rom. Im Explora können Kinder in einer für sie gestalteten Stadt auf eine sinnliche Entdeckungsreise gehen; es soll und darf alles beobachtet und angefasst werden. Da gibt es ein Postamt, ein Fernsehstudio, eine Bank und einen Supermarkt, in denen Kinder verschiedene Rollen ausprobieren können.

•**109** [F3] **Explora**, ganz in der Nähe der Piazza del Popolo: Via Flaminia 82; zu erreichen mit der Metrolinie A bis Haltestelle Flaminio; bei Anfahrt mit Auto kann man in der Via Flaminia 86 für 1 € parken. Der Eintritt kostet für Kinder 7 €, Erwachsene zahlen 6 €, unter 3 Jahren ist der Eintritt frei. Ein Besuch der kleinen Stadt dauert immer 1 Stunde und 45 Minuten. Dienstag bis Sonntag starten die Gruppen um 10, 12, 15 und 17 Uhr; am Montag ist Ruhetag; an Wochenenden und an Feiertagen ist eine Reservierung erforderlich; Tel. 06 3613776

› www.mdbr.it

Im **Time elevator** kann man mit dem Nachwuchs auf Zeitreise gehen. Auf dreidimensionalen Projektionsflächen können die Höhepunkte der römischen Geschichte miterlebt werden. Das Ganze ist sehr amerikanisch und die Autoren dieses Buches sind der Ansicht, dass man die Fantasie der Kinder besser an den realen Objekten schult.

- **110** [H6] **Time elevator,** Piazza dei SS. Apostoli 20 (Nähe Piazza Venezia); Tel. 06 97746243; geöffnet täglich 11–19.30 Uhr (letzte Vorstellung); www.time-elevator.it. Der Eintritt kostet 11 €, Kinder von 5–12 Jahren und Personen über 60 zahlen 8 €. Zu erreichen mit der Metrolinie B (Haltestelle Colosseo) oder vom Hauptbahnhof mit den Bussen 60 und 64 bis Piazza Venezia
- **233** [I4] Im Park der Villa Borghese 46 gibt es ein **Kinderhaus,** dass vor allem bei schlechtem Wetter sehr zu empfehlen ist. Hier können die Kinder am Nachmittag basteln oder in einem großen Raum toben. Piazza di Siena; Mo. Ruhetag; Eintritt pro Kind 3 €; www.casinadiraffaello.it

018ro Abb.: fs

▶ *Nicht nur für kleine Passagiere – die Bahn im Park der Villa Borghese* 46

Ein außergewöhnlich schönes, aber auch teures **Geschäft für Kinderspielzeug** und vor allem Puppen befindet sich auf der Piazza Navona 38. Besonders die handgemachten Puppen bei Al Sogno sind sehenswert.

Eine kleine Besonderheit noch zum Schluss: Der **Kinderfriseur** in der Nähe der Piazza di Spagna 53 ist ein absolutes „Muss“. Seit 1939 besteht der Laden und seitdem hat sich kaum etwas geändert. Das schönste sind die Friseurstühle, auf denen die kleinen Kunden Platz nehmen dürfen. Da gibt es eine Giraffe, einen Elefanten und einen Bären, die alle schon abgenutzt sind von den Händen der vielen Kinder, die in den letzten Jahrzehnten auf ihnen gesessen haben. Der Besitzer ist stolz darauf, dass die Stühle von der Nürnberger Spielwarenmesse stammen.

AUF DEN SPUREN DER ILLUMINATI

Der Roman um die Verwirrungen rund um den Tod des Papstes hat seit seinem Erscheinen im Jahre 2000 Millionen Leser auf der ganzen Welt in seinen Bann gezogen. Das römische Fremdenverkehrsamt kann sich bei *Dan Brown* bedanken: Nicht wenige Touristen sind erst nach der Lektüre des Buches auf die Idee gekommen, nach Rom zu reisen. Der Spielfilm „Illuminati" mit *Tom Hanks* hat die Popularität des Buches noch gesteigert. Übrigens wurde die Kulisse Roms dafür komplett im Studio bzw. durch Computeranimation nachgestaltet. Mittlerweile werden sogar Stadtführungen angeboten, die den Reisenden zu den Schauplätzen des Romans bringen. Eine neue Touristengattung ist entstanden, die nicht nur einen Reiseführer mit sich herumträgt, sondern auch ein zerfleddertes Illuminati-Exemplar in der Tasche hat. Übrigens ist der Vatikan über den Erfolg des Romans alles andere als begeistert. Schließlich werden die Protagonisten der katholischen Kirche von *Dan Brown* als korrupte und skrupellose Machtmenschen dargestellt. Die von verschiedenen Veranstaltern angebotenen Führungen auf den Spuren der Illuminati werden vom Vatikan behindert, wo es nur geht.

Man mag von dem Buch halten, was man will, zumindest hat es *Dan Brown* vermocht, die Besucher Roms auf etwas aufmerksam zu machen: Die Sehenswürdigkeiten der Stadt sind nicht einfach nur „schön" oder „atemberaubend", hinter der äußeren Fassade Roms gibt es viele Symbole und Bedeutungen zu entschlüsseln, die etwas über die Geschichte dieser Stadt und ihrer Menschen erzählen.

WORUM ES GEHT

Die im 18. Jahrhundert gegründete und längst totgesagte „Vereinigung der Illuminaten" (= die Erleuchteten), so die Geschichte, verbündet sich mit den sagenumwobenen arabischen „Hashishin", einer uralten schiitischen Sekte. Gemeinsames Motiv der Bösewichte ist der Hass gegen die katholische Kirche. Mittels sogenannter Antimaterie soll sogar der Vatikan in die Luft gesprengt werden. In dem Roman geht es um die Suche nach dieser Bombe, von der keiner weiß wo sie versteckt ist.

Gleichzeitig, die Geschichte spielt während eines Zeitraums von 24 Stunden, werden während der Neuwahl des Papstes, der unter merkwürdigen Umständen plötzlich verstorben war, in der Sixtinischen Kapelle die vier Kardinäle mit den größten Chancen auf die Papstwahl entführt und nacheinander umgebracht. Wo diese Morde geschehen sollen, verraten geheime Dokumente im Vatikanischen Archiv. Der amerikanische Kunsthistoriker Robert Langdon, Fachmann für Symbologie, wird vom Vatikan engagiert und aus den Staaten eingeflogen, um der Schweizer Garde, der Schutztruppe des Papstes, zu helfen, die verschlüsselten Hinweise in den Vatikanischen Archiven aufzuspüren. Das gelingt ihm zwar, er kommt aber immer einen Moment zu spät, um die Morde zu verhindern.

Die Schauplätze des Romans sind die attraktivsten Sehenswürdigkeiten Roms: Die Kirche auf der Piazza del Popolo, die Engelsburg, der Petersplatz, die Piazza Barberini und der Vierströmebrunnen auf der Piazza Navona 38.

Wie die Geschichte ausgeht, wollen wir natürlich nicht verraten, aber so viel sei gesagt: Spannend ist es bis zum Schluss.

LEGENDE UND WIRKLICHKEIT

Der in *Dan Browns* Buch beschriebene Illuminatenorden existierte wirklich.

Er wurde 1776 von dem Philosophen und Theologen *Adam Weishaupt* in Ingolstadt gegründet. Ziel der Vereinigung war es, einem offeneren, rationalistischeren Stil des Denkens zum Durchbruch zu verhelfen. Die rund 1500 Mitglieder, darunter so prominente Namen wie *Goethe, Adolph Freiherr Knigge* und *Herder* galten als Förderer der Aufklärung und Sympathisanten der französischen, bürgerlichen Revolution. Besonders gerne nahmen die Illuminati Personen aus Führungspositionen auf.

Die Idee einer neuen Weltordnung, die von „erleuchteten" Menschen regiert wird, beflügelte natürlich alle Anhänger der Weltverschwörungstheorien. Auch die Tatsache, dass der Orden in Bayern bereits 1784 verboten wurde und 1785 Papst *Pius VI.* die Mitgliedschaft im Orden als unvereinbar mit dem katholischen Glauben erklärte, nährte die Fantasie vieler Menschen.

Dass die Illuminati im Verborgenen weiter existierten, davon sind die Verschwörungstheoretiker fest überzeugt. Die bekannteste Theorie ist die von der Ermordung *George Washingtons,* des ersten Präsidenten der Vereinigten Staaten, durch die Illuminati. Angeblich soll *Washington* nach dem Mord durch den Gründer der Sekte selbst, *Adam Weishaupt,* ersetzt worden sein – die Ähnlichkeit zwischen den beiden war wohl verblüffend.

Eine Theorie, die auch in *Dan Browns* Buch zitiert wird, betrifft die Symbole auf der Rückseite der 1-Dollar-Note, dem sogenannten „Greenback". Dort ist das allsehende Auge im Dreieck über einer Pyramide zu sehen. Dieses Symbol wird gerne den Freimaurern oder den Illuminaten zugeschrieben, ist aber in Wirklichkeit wesentlich älter, es wurde bereits in der Antike verwendet. Für die Anhänger der Verschwörungstheorie bedeutet das aber lediglich, dass es Freimaurer bereits in der Antike gab – abstruser geht's dann nicht mehr.

Auch der Satz „Novus Ordo Seclorum" – „Neue Ordnung der Welt", der ebenfalls auf der Rückseite der 1-Dollar-Note steht, lässt angeblich auf den Einfluss von Freimaurern schließen. Tatsächlich waren nicht wenige Exponenten des jungen amerikanischen Staates wie viele liberale Intellektuelle im 18. Jahrhundert in Freimaurerlogen organisiert.

Übrigens hat die amerikanische Regierung eine Website eingerichtet, der man die offizielle Erklärung für die Symbolik auf der Dollarnote entnehmen kann (http://usa.usembassy.de).

DIE PAPSTWAHL

Die meisten Fakten stimmen, aber einige Details sind falsch. Im Buch heißt es in Kapitel 36, der Camerlengo sei ein gewöhnlicher Priester. In Wirklichkeit ist er ein Kardinal. Im Konklave führt er bei den einzelnen Wahlgängen den Vorsitz und darf auch selbst wählen.

Anders als im Buch dargestellt, kann er sehr wohl gewählt werden. Im Jahre 1939 beispielsweise wurde der Camerlengo *Eugenio Pacelli* zum Papst *Pius XII.* gewählt.

Im Buch wird behauptet, der Camerlengo würde die Kardinäle während des Konklaves in der Sixtinischen Kapelle einschließen. Eine schöne Anekdote, die aber leider falsch ist, schließlich wäre es ja auch absurd wenn 120 Männer im Pensionsalter in einer Kapelle eingeschlossen werden würden.

Auch die Behauptung, die Regeln der Papstwahl seien alt und in Vergessenheit geraten, trifft nicht zu. Vielmehr wurde die Prozedur von Papst *Johannes Paul II.* erst 1996 deutlich überarbeitet.

DIE SCHAUPLÄTZE

Im Vorwort zum Roman schreibt *Dan Brown:* „Hinweise auf Kunstwerke, Gruften, Tunnel und Bauten in Rom beruhen auf Tatsachen, einschließlich ihrer genauen Lage. Man kann sie heute noch besichtigen." Einige geografische Angaben und die Deutungen der Symbole, auf die Robert Langdon und seine Gefährtin Vittoria Vetra treffen, sind aber schlichtweg falsch. Aber wer weiß: Vielleicht sind ja bewusst Fehler in das Buch eingearbeitet worden, um die Diskussion über das Werk anzuregen. Mittlerweile gibt es reichlich Sekundärliteratur, die sich mit den Fehlern in *Dan Browns* Roman befasst.

Pantheon 35 [F7]

In dem Tempel aus der Kaiserzeit soll der erste Mord an einem der vier Kardinäle geschehen. Gebaut von *Marcus Agrippa* 27 v. Chr. war der Bau ursprünglich den sieben römischen Planetengöttern geweiht. Die Kuppel stellt das Firmament dar. Nach der Machtergreifung der Christen in Rom wurde das Pantheon 609 kurzerhand der Jungfrau Maria und den Märtyrern geweiht. Der damalige Papst *Bonifaz IV.* ließ achtundzwanzig Wagenladungen mit Märtyrerknochen in die Kirche bringen. Als christliche Kirche war das Pantheon nun, im Gegensatz zu anderen Bauten des antiken Rom, vor dem Abriss geschützt und blieb bis heute erhalten.

Die Kuppel des Pantheons hat einen Durchmesser von 43,3 Metern und war nicht, wie im Buch behauptet wird, bis 1960 die weltgrößte freitragende Kuppelkonstruktion. Bereits im 15. Jahrhundert wurde sie von *Filippo Brunelleschi* in Florenz mit dem Bau des Doms übertroffen, der hatte einen Durchmesser von 45,5 Metern.

019ro Abb.: apt

▲ *Das Pantheon – seit zwei Jahrtausenden ein spiritueller Ort*

Neben der Ruhestätte *Raffaels* befinden sich auch die Gräber der ersten italienischen Könige aus dem 19. Jahrhundert im Pantheon: *Viktor Emanuel II.* und der von Anarchisten 1900 ermordete *Umberto I.* ruhen in der Grabeskirche.

Piazza del Popolo 43 [F4]

Bei dem Symbol auf der Porta del Popolo handelt es sich mitnichten um ein Licht über einer Pyramide, wie die Protagonisten Robert Langdon und seine Begleiterin Vittoria Vetra im Buch behaupten. Die Abbildungen zeigen vielmehr das Wappen der Familie *Medici*, sechs aufeinander getürmte Kugeln mit einem Stern darüber. Das hätte *Dan Brown* wissen müssen. Die sechs Kugeln sind an etlichen Bauwerken in Rom zu sehen, schließlich stellte die Familie *Medici* vier Päpste. Bis heute ziert das Wappen eine der größten Banken Italiens, die Monte di Paschi di Siena, ebenfalls eine Gründung der Familie *Medici*. Bei dem Stern über den Kugeln, den *Brown* als Licht interpretiert, handelt es sich um den sogenannten Chigi-Stern, das Wappen einer bedeutenden Bankiersfamilie von beträchtlichem Reichtum, die später ebenfalls mehrere Päpste stellte.

Das im Buch beschriebene Caffè Rosati gibt es wirklich, ist aber sündhaft teuer. Es befindet sich schräg gegenüber der Zwillingskirche.

Santa Maria del Popolo 44 [F4]

In die Kirche auf dem gleichnamigen Platz kommen die meisten Besucher, um *Caravaggios* Meisterwerke „Die Bekehrung des heiligen Paulus“ und „Die Kreuzigung des heiligen Petrus“ in der Cerasi-Kapelle links vom Altar zu sehen. Aber im Roman ist nur die Grabeskapelle von *Agostino Chigi* von Interesse, dem reichsten Mann der Renaissance, über den der römische Volksmund unzählige Anekdoten verbreitet hat. Die Kapelle wurde ursprünglich von *Raffael* entworfen, vollendet hat sie aber der große Meister des Barock, *Gian Lorenzo Bernini*.

Santa Maria della Vittoria 49 [I6]

Die beschriebene Kirche steht nicht auf der Piazza Barberini, sondern 400 Meter weiter auf der Via XX Settembre.

In der Kirche befindet sich, wie im Buch beschrieben, die Verzückung der heiligen Teresa, eine der berühmtesten Skulpturen *Berninis*. Es stimmt allerdings nicht, dass die Heilige Teresa ursprünglich im Vatikan aufgestellt war. Die Skulptur kann auch nicht von Papst *Urban VIII.* zurückgewiesen worden sein, der starb nämlich schon 1644, lange vor ihrer Fertigstellung. Das Werk erinnert an die spanische Nonne *Teresa de Cepeda y Ahmunada* (1515–1582), die Heiligenvisionen hatte. Ob nun die heilige Teresa „in den Zuckungen eines heftigen Orgasmus“ dargestellt ist (Kapitel 84) oder ob es sich um eine rein religiöse Erfahrung handelt, darüber wird seit Jahrhunderten gestritten.

Leider stimmt auch die Richtungsangabe zum Schauplatz des nächsten Mordes nicht. Hält man sich die Lage der Corrara Kapelle innerhalb der Kirche sowie den geografischen Standort vor Augen, kommt man zu dem Schluss, dass der Pfeil, der auf Teresas Oberkörper zielt, in die zur Piazza Navona entgegengesetzte Richtung zeigt.

Piazza Navona  [F7]

Der Brunnen auf der Piazza Navona wurde von Papst *Innozenz X.* in Auftrag gegeben. Der sogenannte *Fontana dei Fiumi* (Vierströmebrunnen) symbolisiert mit seiner Darstellung der längsten damals bekannten Flüsse den Machtanspruch der katholischen Kirche. In diesem Zusammenhang kann die Taube auf dem Obelisken als Symbol für die Verbreitung des Evangeliums in alle vier Himmelsrichtungen gedeutet werden. Die Taube ist aber vor allem eines, nämlich das Wappentier der *Pamphili,* der Familie des Papstes. Von Robert Langdon wird die Taube als „heidnisches Symbol" gedeutet, was völliger Unsinn ist. Wie bei anderen Aufträgen auch hat *Bernini* das päpstliche Wappen in die Symbolik des riesigen Brunnens eingearbeitet. Das einzig Richtige an dieser Episode ist, dass der Schnabel der Taube auf die Engelsburg zeigt.

Petrusgrab im Petersdom 64 [C6]

Im Buch wird die alte Diskussion, ob Petrus denn nun wirklich unter dem Petersdom begraben ist oder nicht, neu belebt. Vittoria und der Camerlengo gehen zu einer Vertiefung unter dem Hauptaltar in der Mitte des Petersdoms. Dort steht eine goldene Truhe, die „berühmt ist, weil sie angeblich die Gebeine des heiligen Petrus" enthält. Der Camerlengo behauptet, in der Truhe lägen nur Pallien, geweihte Schärpen, die der Papst neu ernannten Kardinälen überreicht.

So wie es von *Dan Brown* dargestellt wird, stimmt das nicht. Die Kirche jedenfalls macht kein Geheimnis daraus, das sich das Grab, wenn es überhaupt existiert, unterhalb des Petersdoms befindet. Ob sich hier das Grab des *Petrus* befindet, ist seit 2000 Jahren umstritten. Es ist noch nicht einmal geklärt, ob *Petrus* wirklich jemals römischen Boden betreten hat und dort den Märtyrertod gefunden hat, wie von der katholischen Kirche behauptet wird. Das Neue Testament jedenfalls erwähnt nicht, dass *Petrus* jemals Rom besucht habe. In der Apostelgeschichte taucht er das letzte Mal 44 n. Chr. in einem Jerusalemer Gefängnis auf – danach verliert sich seine Spur. Erst im 2. Jahrhundert n. Chr. tauchen schriftliche Zeugnisse auf, in denen behauptet wird, *Petrus* habe in einer der Arenen Roms den Märtyrertod gefunden.

Gesichert ist, dass sich unter dem Petersdom, genauer gesagt, etwa unterhalb der Stelle, an der sich *Berninis* Altarerhebt, eine Nekropole aus der Kaiserzeit befindet.

Von den römischen Geschichtsschreibern wurde die Gegend um den heutigen Petersdom als mystischer Ort beschrieben, in dem heilige Seher lebten und Dämonen und Geister in dunklen Urwäldern hausten. Also handelte es sich wohl schon in vorchristlicher Zeit um einen heiligen Ort und es ist durchaus denkbar, dass Petrus, wenn er denn in Rom war und hier als Märtyrer sein Ende fand, auf dem Vatikanshügel seine letzte Ruhestätte gefunden hat.

Hotel Bernini [H6]

Das Hotel, in dem Robert Langdon und Vittoria Vetra ihre Liebesnacht verbringen, gibt es wirklich. Es liegt auch tatsächlich an der Piazza Barberini 23 48 und hat einen Blick auf den Tritonbrunnen. Allerdings ist es eines der üblichen 5-Sterne-Luxus-Hotels. In den zwei Restaurants des Hotels kann man gute römische Küche genießen. Ein Doppelzimmer kostet etwa 230 €, in der Nebensaison vom 1.11. bis 31.3. ist es schon für 210 € zu haben.

AM PULS DER STADT

Klar: Rom ist chaotisch, laut, verschmutzt und eigentlich nicht lebens- und liebenswert. Aber, wie es schon der Romliebhaber Luciano de Crescenzo gesagt hat: „Rom ist eine Stadt wie eine Hummel. Sie dürfte gar nicht fliegen können, irgendwie tut sie es aber trotzdem.“

DAS ANTLITZ DER METROPOLE

Rom liegt 13 bis 138 Meter über dem Meeresspiegel und hat nach offiziellen Angaben 2,831 Millionen **Einwohner**; die wirkliche Einwohnerzahl liegt aber bei geschätzten 6 Millionen. Die Großgemeinde umfasst einschließlich der römischen Campagna eine **Fläche** von 1508 Quadratkilometern, der engere Stadtbereich 209 Quadratkilometer.

Rom ist die **Hauptstadt der Republik Italien.** Hier haben der Staatspräsident, der Senat und die italienische Regierung ebenso ihren Sitz wie alle bedeutenden Ministerien, die wichtigsten Landesbehörden, die Botschaften und Konsulate sowie auch die staatlichen Rundfunk- und Fernsehanstalten.

Es gibt eine **Universität,** die Sapienza, mit dem sie umgebenden Stadtviertel San Lorenzo, in dem viele junge Leute leben und in dem eine sehr intensive Bar- und Nightlifeszene existiert.

Im Jahre 2004 wurde Rom von 18 Millionen Touristen besucht. Die Stadt lebt zum großen Teil vom **Fremdenverkehr.** Viele Römer sind in den – wegen des langsamen Mahlens ihrer bürokratischen Mühlen gefürchteten – Verwaltungsinstitutionen der Hauptstadt beschäftigt.

Rom wird vom Unterlauf des Tiber in zwei Teile gegliedert. Vor Christi Geburt war das Gebiet **westlich des Flusses** außerrömisches Gebiet. Heute befinden sich auf der westlichen Seite der als souveränes Staatsgebiet geltende **Vatikanstaat** und das malerische Stadtviertel Trastevere. Der Vatikanstaat umfasst eine Fläche von 44 Hektar und hat knapp 1000 Einwohner.

Der **östlich des Tiber** liegende Teil der Stadt umfasst das eigentliche Stadtgebiet: Die mittelalterliche Altstadt, die erst nach der Rückkehr der Päpste aus dem Exil in Avignon (1377) entstand, und das ehemalige Zentrum des kaiserlichen Rom mit dem Kolosseum, dem Forum Romanum, dem Palatin und den Kaiserforen.

Historisch entstand Rom auf den berühmten **sieben Hügeln,** die sich auf dem Sumpfgebiet der römischen Campagna erheben: Palatin, Esquilin, Viminal, Quirinal, der Kapitolshügel, Caelius und Aventin. Der Janiculus und der Pincio werden nicht dazugezählt, weil sie außerhalb der Mauern des antiken Rom lagen. Am niedrigsten sind der Aventin und der Kapitolshügel mit 47 m Höhe. Der Palatin und der Caelius weisen eine Höhe von 50 m auf, der Janiculus gar 85 m.

Nach dem 2.Weltkrieg entstand ein Ring von **Neubausiedlungen,** die Rom heute umgeben. Die Vorstädte Tor Bella Monaca, Magliana und Pietralata gelten als die sozialen Brennpunkte der italienischen Hauptstadt: Vor allem in den letzten Jahren waren sie Schauplatz zunehmender Spannungen zwischen den Menschen am Rand der Gesellschaft und der immer stärker zunehmenden Zahl der außereuropäischen Einwanderer (s. Exkurs „Rom am Rand – die Borgate", s. S. 62).

Sehenswert sind die Vorstädte EUR und **Garbatella.** Beide Stadtteile entstanden erst in den 1930er-Jahren. In dem

▶ *Das Wahrzeichen Roms auf dem Kapitol ❸: Die Wölfin säugt die Zwillinge Romulus und Remus*

Film des italienischen Regisseurs *Nanni Moretti* „Caro Diario" (Liebes Tagebuch) spielt Garbatella eine wichtige Rolle. Mit seinem üppigen Grün und den bunten Häusern entwickelt sich hier die Atmosphäre eines Dorfes in der Stadt. Der Name **EUR** steht für „Esposizione Universale di Roma" und meint die Weltausstellung, die 1942 in Rom geplant war, aber wegen der Kriegswirren nicht stattfinden konnte. Die für die Weltausstellung geplanten Gebäude wurden in den fünfziger Jahren des vergangenen Jahrhunderts fast alle fertig gestellt.

Heute ist EUR ein sehr begehrtes Wohngebiet in Rom und lohnt einen Ausflug (s. S. 152).

Etwa 30 Kilometer außerhalb der Stadt lockt das tyrrhenische **Meer** mit seinen Reizen: Lange Sandstrände, ein sehr lebendiges Nachtleben und ausgezeichnete Fischrestaurants am Meer (s. S. 156).

VON DEN ANFÄNGEN BIS ZUR GEGENWART

Die römische Geschichte ist voller Götter, Mythen und Sagen, dass man vor der Fülle fast Angst bekommen könnte. Der Psychoanalytiker und Weggefährte Freuds, C. G. Jung, wurde schon beim Kauf der Fahrkarte nach Rom ohnmächtig und sah die Ewige Stadt niemals in seinem Leben. Im Folgenden Kapitel erhalten Sie die notwendige Orientierung, um einer eventuellen Ohmacht vorzubeugen.

IM DUNKEL DER GESCHICHTE

Fast jeder hat wohl schon von der Geschichte der **Brüder Romulus und Remus** gehört, die von einer Wölfin großgezogen wurden. Als *Romulus* eine

021ro Abb.: fs

ROM AM RAND – DIE BORGATE

*Die **Geschichte** der Borgate begann schon in den 1930er-Jahren. In einer Erklärung der faschistischen Regierung von 1931 lautete es: „Die Landarbeiter, die Hilfsarbeiter und die Arbeitslosen einerseits und die Familien in ungeregelten Verhältnissen und von bekannt schlechtem Ruf andererseits könnte man auf Gemeindeland umsiedeln. Die Siedlungen sollten auf dem freien Land gelegen sein. (...) Den Leuten wird gestattet, sich aus dem Material von Abbruchhäusern ihre Behausungen zu bauen." So entstanden in den 1930er-Jahren die ersten Borgate: Prenestino, San Basilio und Pietralata.*

*Später dann, noch während des Faschismus, übernahm die staatliche Gesellschaft für **sozialen Wohnungsbau** den Bau und die Planung dieser Viertel. Allerdings war dies kein sozialer Wohnungsbau, wie wir ihn uns heute vorstellen, vielmehr handelte es sich um aus Gipskartonplatten zusammengenagelte, ebenerdige Hütten ohne Toiletten und fließendes Wasser.*

*Der **private Grundbesitz** befand sich nach dem Krieg in einer gestärkten Position. Eine Studie des langjährigen kommunistischen Gemeinderats Aldo Natoli beschreibt die Situation nach 1945 so: „Mehr als 30 Millionen Quadratmeter Grund befanden sich in der Hand von nur vier Eigentümern." Einer der vier Besitzer, die Società Generale Immobiliare, war zu einem Großteil Eigentum des Vatikans.*

*Der **faschistische Bebauungsplan** von 1931 wurde nach dem Krieg zwar als unbrauchbar erkannt, fallen gelassen wurde er aber nicht. Mit dem Plan war nämlich noch das Städtebaugesetz von 1942 verbunden, das durch Enteignungsbefugnisse der Gemeinden Vorteile für eine Planungspolitik bot.*

*Erst 1954 kam es zu einem neuen Bebauungsplan, der allerdings schon 1957 wieder verworfen wurde. Die Gestaltung Roms wurde weiter zurückgestellt. Der Magistrat blieb untätig gegenüber der **Großspekulation,** der wachsenden Ansammlung des Grundbesitzes in wenigen Händen.*

*Der unaufhaltsame Anstieg der Bodenpreise zwang die Bauunternehmer, sich auf einen kostspieligen Wohnungstyp festzulegen, um den Anteil des Grundstückspreises im Miet- oder Kaufpreis unterzubringen; der **Mangel an billigem Wohnraum** wurde immer größer.*

*Das Heer der Armen aus Kalabrien, Apulien und Sizilien, das nach dem Krieg die Stadt überflutete, verlangte aber nach billigem Wohnraum. Seinem Fehlen entgegneten die Neuankömmlinge mit Eigeninitiative: Sie bauten sich ihre Hütten – über das Stadtgebiet verteilt – aus Bruchsteinen, Abfallholz und Wellblech illegal zusammen; so entstanden überall **wilde Barackensiedlungen.***

Als die Polizei Anfang der 1950er-Jahre gegen diese Gewohnheit vorging, wichen die Bewohner der Siedlungen aufs freie Land aus. Dort verkauften die Großgrundbesitzer ihre brachliegenden Felder stückweise an die Obdachlosen. Dass jene dann auf diesem Ackerland illegal Häuser bauten, interessierte die Verkäufer nicht.

*Die **illegalen Borgate** (Vororte) waren geboren. Sie waren das Produkt einer zeitweiligen Koalition zwischen den am sozialen Abgrund stehenden Obdachlosen und den Großgrundbesitzern: Im Windschatten der willkürlich nebeneinander gebauten Bretterbuden wuchsen die illegalen Hochhäuser der Bau- und Bodenmafia. Die Polizei zog es vor, nicht gegen die illegale Bautätigkeit vorzugehen. Politiker und Verwaltung waren einverstanden mit der Entwicklung: Die Verwaltung brauchte sich nicht mit Planungsvorhaben herumzuschlagen und die Politiker mussten keine Entscheidungen über die Zukunft der Stadt fällen.*

*In den 1970er-Jahren errichtete die staatlich-kommunale Wohnungsbaugesellschaft (IACP) eine Reihe **legaler Vorstädte:** Quadraro, Laurentina, Corviale und Tor Bella Monaca. Das schlimmste Produkt dieses sozialen Wohnungsbaus ist der einen Kilometer lange **Palazzo Corviale** in der Vorstadt Portuense.*

Die illegale Bautätigkeit hat mittlerweile abgenommen: 1984 erließ das Parlament ein Gesetz, das - nach Entrichtung von Bußgeldern - alten Bausünden vergibt und gleichzeitig für illegales Bauen hohe Strafen androht.

*Der Name der **Borgata Tor Bella Monaca** („Turm der schönen Nonne") widerspricht aufs Schärfste den wirklichen Verhältnissen. Trotz intensiver Bemühungen der Behörden, die Kriminalität in diesem Viertel zu bekämpfen, ist noch keine deutlich spürbare Besserung eingetreten.*

*Der Schriftsteller und Filmemacher Pier Paolo Pasolini hat den römischen Borgate der 1950er-Jahre - vor allem mit seinem Roman **Ragazzi di vita** (1955) - ein literarisches Denkmal gesetzt. Er beschreibt in einer rohen und ungeschliffenen Sprache die Lebensumstände in den Vorstädten: Lebenshungrige Streuner, die ständig auf der Suche nach kleinen Gaunereien sind. Das Drogenproblem gab es damals noch nicht; heute hat es die Situation in den Borgate noch verschärft.*

*Pasolinis atmosphärische Beschreibung der **seelenlosen Hochhaussiedlungen** gilt noch heute: „Marcello dagegen wohnte in den Hochhäusern, noch ein bisschen weiter weg: Sie sahen wie riesige Montagestraßen aus, mit Tausenden von Fenstern in Reihen, in Kreisen, in Diagonalen, zur Straße, zu den Höfen, zu den Treppen raus, nach Norden oder Süden gelegen, in praller Sonne oder im Schatten, geschlossen oder weit geöffnet, mit oder ohne flatternde Wäsche, still oder vom Lärm der Frauen oder vom Geschrei der Kinder widerhallend."*

*An den Aggressionen der Menschen, die er in seinem Buch beschrieb, ist der Schriftsteller selbst gestorben; **Pasolinis Denkmal** steht am Stadtrand von Ostia 71; es erinnert an das Verbrechen, dem er 1975 zum Opfer gefallen ist: Der Strichjunge Pelosi, selbst aus einer Borgata, hatte ihn mit einem Brett erschlagen und dann mit seinem eigenen Auto überfahren. Die Welt, die Pasolini auf seine Art liebte, hatte sich auf brutale Weise gegen ihn gewendet.*

Mauer um seine neu gegründete Stadt Rom zog, verhöhnte ihn *Remus.* Kurzerhand wurde er dafür von dem rachsüchtigen Bruder erschlagen.

Was nach dem tragischen Ende eines Familienstreits aussieht, hat vermutlich symbolische Bedeutung. Die Legende der beiden Brüder verkörpert verschiedene Stämme (Latiner, Sabiner), die auf den sieben Hügeln Roms bereits seit dem 10. Jahrhundert vor Christus siedelten. Die **Etrusker,** die bedeutendste Macht im Italien vorrömischer Zeit, fassten die verschiedenen Stämme etwa im 8. Jahrhundert vor Christus zu einer Stadt zusammen und gaben ihr den **etruskischen Namen Roma.**

Das **Gründungsjahr** 753 v. Chr. ist zwar eine reine Kopfgeburt, kommt aber, wie neuere Ausgrabungen ergeben haben, dem tatsächlichen Gründungsdatum, das heißt der ersten Errichtung einer Stadtmauer auf dem Palatin, erstaunlich nahe. Die Überreste der ersten Siedlungen Roms, können noch heute besichtigt werden.

Die Römer selbst leiteten ihre Herkunft von dem **Trojanerhelden Aeneas** ab. Der soll auf seiner Irrfahrt durch das Mittelmeer an der Küste Latiums gestrandet und der Vorfahre der Brüder *Romulus* und *Remus* gewesen sein. Das ist sicherlich eine Legende, mit der sich die Römer von ihren Nachbarn abheben wollten, unbestritten ist aber, das im ersten und zweiten vorchristlichen Jahrtausend viele Einwanderer aus Kleinasien und Griechenland nach Italien kamen.

Die ersten sieben Könige Roms herrschten 250 Jahre lang über die Stadt und waren Etrusker. Vertrieben wurden sie von den Römern wegen der **Schändung der Lukrezia.** Der jüngste Sohn des Königs *Sextus Tarquinius* verliebte sich in die schöne Römerin und fasste den Entschluss, sie zu verführen. Die tugendhafte *Lukrezia* widersetzte sich jedoch den Annäherungsversuchen des Königssohns. Erst als *Tarquinius* drohte, sie zu töten, gab sie ihm nach. Am Tag darauf berichtete sie ihrer Familie von der Tat des Etruskers und stach sich vor den Augen ihrer Angehörigen ein Messer in die Brust. Daraufhin brach eine Revolte gegen die fremden Herrscher aus, die 507 v. Chr. mit der Vertreibung der etruskischen Könige endete. Noch bis in die Kaiserzeit hinein wurde dieser Tag als nationale Befreiung gefeiert.

REPUBLIK

Danach gaben sich die Römer eine republikanische Verfassung. Regiert wurde die Stadt von zwei **Konsuln,** die für ein Jahr gewählt wurden. Beraten wurden sie von den **Senatoren,** die eine Art Parlament bildeten (Senat). In der Anfangszeit war der Zugang zu Staatsämtern ausschließlich den Patriziern vorbehalten. Die **Patrizier** waren die großen grundbesitzenden Familien, die in Clans *(gens)* organisiert waren. Zu einem Clan gehörten alle möglichen Abhängigen, das heißt Menschen, die dem Chef des Clans verpflichtet waren, eventuelle Schuldner, Sklaven usw. Letzte Spuren solcher Abhängigkeiten gegenüber einflussreichen Familien finden sich auch im heutigen Italien noch.

Den **Plebejern,** also den nicht grundbesitzenden Römern, blieben viele Rechte verwehrt. Heiraten durften sie etwa nur untereinander. Aus Protest gegen die Patrizierherrschaft bildeten sie eine eigene Volksversammlung *(concilium plebis)* und wählten sich ihre Anführer selbst. Der Konflikt wurde erst durch das 12-Tafelgesetz beendet (367 v. Chr.), das den Plebejern den Zugang zu den Staatsämtern und die Möglichkeit, in Patrizierfamilien einzuheiraten, eröffnete.

Außenpolitisch entwickelte sich der Stadtstaat schnell zur **wichtigsten Macht in Mittelitalien.** Durch eine straffe, rationelle Organisation des Staats- und Militärwesens waren die Römer gegenüber ihren politischen Konkurrenten im Vorteil. Zuerst wurden die Etrusker ausgeschaltet. Die Stadtstaaten Mittelitaliens wurden in das römische Staatsgebilde integriert. Einen Rückschlag erlitten die Römer durch den Einfall der **Kelten** in Italien. Ende des 4. Jahrhunderts v. Chr. wurde Rom sogar von dem kriegerischen Volk aus dem Norden geplündert, das sich aber nicht dauerhaft in Italien festsetzen konnte.

Die Eroberungsgelüste der Römer richteten sich nun nach Süditalien, wo die **Griechen** etliche Kolonien gegründet hatten. Die junge Großmacht geriet auch mit dem nordafrikanischen Stadtstaat **Karthago** und seinem legendären Anführer *Hannibal* in Konflikt. In den ungemein blutigen **Punischen Kriegen** (264 v. Chr. –146 v. Chr.) sicherten sich die Römer endgültig die Macht über das südliche Italien.

CAESARS AUFSTIEG

Das Römische Reich wurde größer und damit auch immer schwerer zu kontrollieren. Soziale Unruhen, Sklavenaufstände und Machtkämpfe erschütterten das Land. Der konservative Senat wollte seine Macht nicht mit anderen teilen. Gegen den Reformer *Gaius Grachus* entfachten die Senatoren im Jahre 121 v. Chr. einen **Volksaufstand.**

Gaius Julius Caesar schien vielen Römern der lang ersehnte starke Mann zu sein, der wieder Ruhe in den Staat bringen sollte. Durch seine erfolgreichen Feldzüge in Gallien und Spanien hatte sich der charismatische Römer eine kaum noch anfechtbare Stellung erworben. Nachdem er seinen Rivalen *Pompejus* ausgestochen hatte, war er praktisch Alleinherrscher.

Die Angst vor der Diktatur eines einzelnen war groß in Rom. Der Ziehsohn *Caesars, Brutus,* wurde beauftragt, den **Mord** an dem vielen zu mächtig gewordenen *Caesar* zu begehen (44 v. Chr.).

022ro Abb.: fs

▲ *Caesar, erst Retter - dann Diktator*

KAISERZEIT

Aber auch der Mord an *Caesar* konnte das Ende der Republik nicht verhindern. Den Machtkampf nach *Caesars* Tod entschied sein Adoptivsohn *Octavian* für sich. Er nahm den Namen **Augustus** (= der Erhabene) an und vereinigte die wichtigsten Staatsämter in seiner Person. Damit war die Republik endgültig abgeschafft.

Nachfolger des Augustus wurde **Tiberius** (14–37 n. Chr.). Am Ende seiner Amtszeit zeichnete sich schon der Hang zum Größenwahn ab, dem noch so mancher Herrscher des römischen Weltreichs erliegen sollte.

Der Berüchtigtste unter ihnen war **Nero** (54–68 n. Chr.), der in seiner Anfangszeit als gebildeter und liberaler Herrscher auftrat, sich aber dann immer mehr als Despot entpuppte, der nicht davor zurückschreckte, seine Mutter und seine Ehefrau ermorden zu lassen und Rom niederzubrennen (64 n. Chr., s. Exkurs).

Unter Kaiser **Trajan** (98–117 n. Chr.) erreichte das Römische Reich seine größte Ausdehnung: Von England bis nach Nordafrika und von Spanien bis nach Syrien reichten die Grenzen der Weltmacht. Insgesamt bestand es aus 46 Provinzen mit 80 Millionen Einwohnern.

Mit der Größe des Reiches wuchs auch die Bedeutung der Armee. Ende des 2. Jahrhunderts n. Chr. brach das Zeitalter der **Soldatenkaiser** an, eine Ära, die von revolutionsartigen Wirren und Instabilität gekennzeichnet war. Gleichzeitig gewann in der römischen Bevölkerung die Oppositionsbewegung der **Christen** immer mehr an Einfluss. Die Morallehre der jungen Religion widersprach völlig den Prinzipien des römischen Staates.

DER BRAND VON ROM (64 N. CHR.)

(nach Tacitus, 55–120 n. Chr.)

„Im Sturm durchraste der Brand die Ebene, stieg dann die Höhen hinauf, verwüstete wieder die tiefer gelegenen Stadtteile und kam durch die Schnelligkeit des Unheils den Abwehrmaßnahmen zuvor. Dabei war ihm die Stadt günstig durch die Enge und Gewundenheit ihrer Gassen und die Unregelmäßigkeit der Straßenzüge. So war ja das alte Rom. Dazu kam der Jammer der verängstigten Frauen, Greise und Kinder. Und diejenigen, die an sich selbst oder an andere dachten, indem sie Kraftlose mit sich schleppten oder auf sie warteten, behinderten teils durch ihre Eile, teils durch ihre Langsamkeit das Ganze. (...) Und niemand wagte, dem Feuer zu wehren, weil viele mit drohenden Worten das Löschen verhinderten und weil andere offen brennende Fackeln schleuderten und behaupteten, im Auftrag zu handeln. Dadurch wollten sie entweder größere Freiheit zum Plündern gewinnen oder sie handelten wirklich auf Befehl."

CHRISTLICHES ROM

Die Machtübernahme Kaiser **Konstantins** (312) brachte den Christen den Sieg. Der junge Kaiser erkannte das **Christentum** als gleichberechtigte Religion an (Mailänder Edikt). Im Jahre 330 verlegte Konstantin die Hauptstadt des Römischen Reiches nach Byzanz, der Stadt, der er seinen Namen gab: **Konstantinopel.** Der Niedergang Roms war damit unaufhaltsam geworden. Im Jahre 395 zerbrach das Reich endgültig in einen oströmischen und einen weströmischen Teil. Bis zum 8. Jahrhundert stand Rom unter dem Einfluss der Byzantiner.

Die Bedeutung der Stadt nahm immer mehr ab. Zweimal wurde Rom von germanischen Stämmen geplündert. Die Monumente des Kaiserreichs zerfielen allmählich. Die Rolle des Papstes und der katholischen Kirche als weltlich-militärischer Machtfaktor war noch nicht gefestigt. In der Stadt kam es zu bürgerkriegsähnlichen Auseinandersetzungen zwischen den großen Adelsfamilien. Im **späten Mittelalter** verlegte der Papst seinen Amtssitz nach Avignon (1305) – die Lage in Rom war zu unsicher geworden.

Im 16. Jahrhundert kam dann endlich der große Aufschwung. Rom sollte zur prächtigen **Hauptstadt des Katholizismus** werden im Gegensatz zum immer mächtiger werdenden Protestantismus (Gegenreformation). Der **Kirchenstaat** wurde zur wichtigsten weltlichen Macht in Mittelitalien. Viel Geld wurde für die architektonische Umgestaltung der Stadt ausgegeben. Ende des 18. Jahrhunderts kam es dann im Zusammenhang mit den französischen Revolutionskriegen zum endgültigen Niedergang der Macht der Päpste: Im Jahre 1798 geriet *Pius VI.* in Gefangenschaft und die Franzosen proklamierten die **Römische Republik.**

Im 19. Jahrhundert verließen immer mehr Einwohner Rom. Das Forum Romanum, einst Mittelpunkt der Welt, verkam zur Kuhweide.

KÖNIGLICHES ROM

1870 wurde Rom **Hauptstadt Italiens:** Der italienische König zog von Florenz an den Tiber und mit ihm sein piemontesischer Hofstaat. Der junge Staat brauchte Beamte: Einwanderer aus ganz Italien strebten nach Rom, die Bevölkerungszahl verdoppelte sich zwischen 1870 und 1890. Die Stadt erwachte allmählich aus ihrem Dornröschenschlaf. Indes zog sich der Papst schmollend hinter die Mauern des Vatikans zurück. Die Macht des Kirchenstaates war gebrochen, der junge italienische Staat betrachtete das Oberhaupt der katholischen Kirche als politischen Gegner.

FASCHISTISCHES ROM

Die **Machtübernahme Mussolinis** (1924) veränderte die Stadt gewaltig. Rom sollte Hauptstadt des wieder erstandenen römischen Reiches werden. Aufmärsche prägten das tägliche Leben und die politische Verfolgung Andersdenkender war an der Tagesordnung.

Gleichzeitig gelang es *Mussolini* mit den **Lateranverträgen** (1929) den seit der Gründung Italiens schwelenden Konflikt zwischen Kirche und Staat zu beenden. Der Vatikan beschränkte sich geografisch auf das Gebiet innerhalb der mittelalterlichen Leonischen Mauer, dafür garantierte der Staat den Bestand der Katholischen Kirche in Italien.

Der Eintritt Italiens an der Seite Deutschlands in den **2. Weltkrieg** (1940) bedeutete für den Faschismus schon bald das Ende seiner Herrschaft über Italien. Die Bombardierungen des römischen Arbeiterviertels San Lorenzo verschärften schnell die Antikriegsstimmung in der Hauptstadt und in Italien. Im Juli 1943 wurde *Mussolini* abgesetzt. Rom wurde von deutschen Truppen besetzt. Bald herrschten in der Stadt bürgerkriegsähnliche Zustände: Im März

1944 starben bei einem Bombenattentat 32 Angehörige eines deutschen Polizeiregiments. Die Besatzer erschossen daraufhin 335 Italiener in den Steinbrüchen der Fosse Ardeatine (69). Nach dem Abzug der deutschen Truppen wurde die Stadt im Juni 1944 kampflos von der amerikanischen Fünften Armee befreit.

NACHKRIEGSZEIT

Nach dem Krieg wurde Rom 30 Jahre lang von den **Christdemokraten** regiert. Die Tageszeitung „Il Messaggero" kommentierte 1972: „Die Herrschaft der DC in Rom hat ein Monstrum gezeugt, eine Stadt ohne Infrastruktur, eine Megalopolis ohne Knochen."

Bei den Kommunalwahlen im Jahre 1976 konnten die **Kommunisten** zum erstenmal das Kapitol erobern. Aber auch die neuen Herren auf dem Kapitol konnten keine wirklichen Veränderungen in der Stadt durchsetzen. Zumindest eine Idee ist übrig geblieben, der *Estate Romana,* der römische Sommer, ein kommunistisches Projekt aus den 1970er-Jahren: In den Sommermonaten finden noch heute unzählige Veranstaltungen statt, die es den zu Hause Gebliebenen leichter machen sollen, in der Stadt zu verweilen.

ROM HEUTE

Auf dem Kapitolshügel, dem Amtssitz des römischen Oberbürgermeisters, regiert seit dem Frühjahr 2008 **Giovanni Alemanno,** ein ehemaliger Neofaschist. Bei seiner Antrittsrede erhoben viele seiner Anhänger den rechten Arm zum *saluto romano,* dem Faschistengruß. Internationale Proteste waren die Folge. Die

DER BEHÖRDENGÄNGER

Sandro Pellegrino ist ein römischer Rentner. Als seine Frau starb, wusste er nicht, womit er sich beschäftigen sollte. Er entschied sich zu einer Tätigkeit, bei der Kontakte zu anderen Menschen das Wichtigste sind und wurde zum professionellen Behördengänger.

Wer schon einmal in Rom im Postamt war, hat sicher auch in die entnervten und ermüdeten Gesichter der Schlange Stehenden vor den Schaltern gesehen. Die kleinste Adressenänderung bedarf in Rom des Besuchs von mindestens vier Ämtern. Wer es sich leisten kann, versucht sich dieses Martyrium zu ersparen: Ein professioneller Behördengänger wird engagiert. Der kostet für einen Vormittag rund 50 € und schafft in derselben Zeit dreimal so viel wie ein Amateur. Sandro Pellegrino weiß, woran es liegt: „Es geht ja weniger um die reine Wartezeit, die ich den Leuten erspare, viel wichtiger ist es, die Amtswege und die richtigen Personen zu kennen."

Die Beamten kennen ihn schon mit Vornamen und behandeln ihn bevorzugt. Er genießt zum Ärger der anderen in der Schlange Stehenden gewisse Präferenzen, weil er sich bei den Staatsdienern erkenntlich zeigt. Hier mal ein kleines Trinkgeld, dort eine Aufmerksamkeit für die Frau Gemahlin. Sandro Pellegrino möchte seinen Beruf noch so lange wie möglich ausüben: „Wissen Sie, als meine Frau starb, war ich sehr alleine. Aber jetzt kann ich den ganzen Tag lang in der Schlange mit den Leuten reden."

Politik *Alemannos* versucht konsequent, alle **kulturpolitischen Errungenschaften** seiner linken Vorgänger zu demontieren. Dem beliebten *Estate Romana* beispielsweise, dem römischen Kultursommer, wurden die Gelder gekürzt, weil die im Juni und Juli stattfindenden Veranstaltungen nach der Meinung *Alemannos* der „historischen Würde" Roms nicht angemessen sind. (Dennoch bietet der römische Sommer ein lohnenswertes Programm, s. S. 34.) Auch das römische Filmfestival bekam die neue politische Ausrichtung der Stadtregierung zu spüren. Das Festival, so das Stadtoberhaupt, sollte „bodenständiger und italienischer" werden. Leider ging damit auch eine Verflachung der Qualität der Beiträge einher.

Seit Mai 2008 residiert im Palazzo Chigi, dem Sitz des italienischen Ministerpräsidenten, der mit einer komfortablen Mitte-Rechts-Mehrheit ausgestattete umstrittene Medienmogul **Silvio Berlusconi.**

LEBEN IN ROM

Politik in Rom war schon immer ein schwieriges Geschäft. Wie sollte es auch anders sein in einer Stadt, wo Grund und Boden seit Jahrhunderten sich in den Händen weniger **mächtiger Familien** befinden. Etwas von der Mentalität einer musealen, katholischen Kleinstadt hat sich jedenfalls in Rom gehalten.

Alle Wege führen nach Rom – das gilt nicht zuletzt für das politische Italien. Das Land ist nach wie vor ein zentralistischer Staat, wenn auch mittlerweile zaghafte Versuche unternommen werden, den Regionen eine größere Autonomie zuzugestehen. Für Rom bedeutet dies eine **mächtige Bürokratie**, die die Mentalität der Stadt geprägt hat.

Erst seit 130 Jahren ist Rom die **Hauptstadt** Italiens. Die intellektuellen und wirtschaftlichen Zentren befinden sich, damals wie heute, im Norden des Landes. Rom war sicherlich als Hauptstadt am ungeeignetsten. Das ehemals anarchisch-romantische Leben, von dem so viele Romreisenden des 19. Jh. schwärmten, wurde zunehmend durch den Staat umgeformt. Ohne darauf vorbereitet zu sein, wurde die unglaublich schnell wachsende Stadt mit Anforderungen konfrontiert, denen sie nicht gewachsen war.

Dieses Dilemma ist noch heute zu spüren. Erschwerend kommt hinzu, dass viele für die Stadt eigentlich notwendige Veränderungen wegen der strikten **Auflagen der Archäologiebehörden** nicht durchgeführt werden können. Seit Jahrzehnten ist geplant, die U-Bahn weiter auszubauen, aber immer wieder stoßen die Bautrupps auf antike Ausgrabungen und müssen die Arbeiten einstellen. Ein **schlechter öffentlicher Nahverkehr** bedeutet natürlich, dass mehr Menschen das Auto benutzen – die Folgen kann man an jedem Werktag ab 17 Uhr an den großen Ausfallsstraßen der Stadt beobachten. Der **Smog** hat denn auch schon seine Opfer gefunden: Das Kolosseum ist schon stark angefressen und die berühmte Reiterstatue des Kaisers *Marc Aurel* auf dem Kapitol musste gar jahrelang restauriert werden.

Seit den 1970er-Jahren wird über eine generelle Schließung des historischen Zentrums für den **Autoverkehr** diskutiert. Immer wieder vermochten es Einheimische jedoch, über entsprechende Beziehungen zu einer Sondergenehmigung zu gelangen. Mittlerweile ist es aber wirklich fast unmöglich geworden, mit dem Auto ins historische Zentrum zu fahren. Dafür tobt der Verkehr an der Peripherie der Stadt umso mehr.

Im Grunde genommen führt die Kommunalpolitik einen Kampf gegen die gut **eingespielten Netzwerke**, die in der Stadt bestehen. Kaum eine Maßnahme, die von der Kommune beschlossen wurde, die nicht von den findigen Einheimischen torpediert wird.

Vor einigen Jahren etwa sollte das am Meer gelegene **Ostia** zu einer eigenständigen, von Rom unabhängigen Gemeinde werden. Hintergrund des auf den ersten Blick plausiblen Vorschlags war die Absicht der einflussreichen Geschäftsleute des Stadtteils, die politische Führung der Gemeinde in ihre eigenen Hände zu nehmen. Das nachfolgende Referendum zeigte aber, dass die Einwohner Ostias schnell verstanden hatten, dass sie damit hilflos den Machenschaften eben dieser Geschäftsleute ausgesetzt gewesen wären. Die Volksabstimmung entschied sich gegen den Vorschlag und Ostia gehört weiterhin zu Rom.

Seit *Giovanni Alemanno* im Mai 2008 überraschend die Oberbürgermeisterwahl gewann, gebärdet sich das rechtsnationale Stadtoberhaupt als Saubermann. So darf nach 23 Uhr kein Alkohol mehr an Kiosken und Tankstellen verkauft und Volksfeste dürfen nicht mehr auf den prominenten Plätzen der Stadt gefeiert werden.

ITALIENISCHE HANDZEICHEN

› *Die Geste der zusammengelegten Fingerspitzen von Daumen, Zeige- und Mittelfinger kann verschiedene Bedeutungen haben, die sich aus der jeweiligen Situation heraus entwickeln. Das Zeichen kann als Frage verstanden werden und gleicht in der Bedeutung etwa „Was machst Du?“ oder „Was willst Du?“ Mit einem ernsten Blick verbunden, unterstreicht die Geste einen Sachverhalt und bedeutet etwa „Was für ein Ärger!“ oder „Was für ein Idiot!“*

› *Die durch den ausgestreckten kleinen Finger und den Zeigefinger signalisierten Hörner (le corna) sind die schlimmste denkbare Beleidigung in Italien. Das Zeichen bedeutet für den Betroffenen, dass er ein Gehörnter ist, ein von seiner Frau Betrogener. Wer keine Schlägerei anzetteln will, sollte dieses Zeichen nicht benutzen.*

› *Das Herunterziehen des unteren Augenlides bedeutet soviel wie: „Ich bin ja nicht blöd.“*

› *Die wie zum Beten zusammengelegten Hände bezeichnen eine Bitte an den Himmel, die „Lieber Gott, womit habe ich das verdient?“ oder „Das kann doch nicht wahr sein!“ bedeuten soll.*

› *Der über die rechte Gesichtshälfte gezogene Daumen oder Zeigefinger steht für eine Person, die schlau oder durchtrieben ist.*

› *Allseits beliebt ist auch der Unterarmschlag, bei dem die rechte oder linke Unterarmbeuge gegen die Handfläche geschlagen wird, und der allgemein als „Verzieh dich!“ verstanden wird.*

Der **Tourismus** hat für Rom natürlich nach wie vor eine überragende Bedeutung. Die Stadt wird jährlich von etwa fünf Millionen Touristen besucht. Leider hat das aber für das Bewusstsein der Bevölkerung einen wichtigen Nachteil: Rom begreift sich zu sehr als antike Sehenswürdigkeit und nicht als eine moderne europäische Stadt des 21. Jahrhunderts. Alles ist auf den Tourismus ausgerichtet, andere Wirtschaftszweige haben Schwierigkeiten sich zu entwickeln. Zudem handelt es sich um einen krisenanfälligen Sektor. Ein terroristischer Anschlag, der wegen der Unterstützung der Amerikaner durch die Regierung *Berlusconi* während des Irakkrieges 2004 nicht unwahrscheinlich ist, würde den Tourismus und damit das Wirtschaftsleben in Rom zum Erliegen bringen.

023ro Abb.: fs

DIE RÖMER UND IHR ALLTAG

Ende des 19. Jahrhunderts zählte die Stadt 200.000 Einwohner, heute sind es geschätzte 6 Millionen. Rom ist also eine Stadt der **Zuwanderer.** So stellen sich vielerlei Fragen: Wie kam es dazu, woher kommen die Römer und wie gehen sie heute mit ihren Einwanderern um?

Die Frage, was einen **echten Römer** ausmacht, ist eigentlich unsinnig; es gibt ihn nämlich nicht. Es existieren aber gewisse Vorschriften, die genau beschreiben, wie er beschaffen sein sollte: Mindestens auf sieben Generationen muss sich ein Stammbaum zum Beispiel zurückverfolgen lassen, damit ihm das Prädikat eines wirklichen Römers verliehen wird. Dies hat einen einfachen Grund: Vor sieben Generationen durften nach Sonnenuntergang nur Römer in der Stadt schlafen. Allerdings wird sich ein derartig seltenes Exemplar nur schwerlich finden lassen. Wir brauchen uns nur die Situation nach der Besetzung Roms durch italienische Truppen 1870 vorzustellen: Ein katholischer Kleinstaat, dessen 200.000 Einwohner hauptsächlich aus Priestern und Nonnen bestanden.

Da diese sich nicht besonders schnell vermehrten, kann es nur an der starken Zuwanderung in den letzten hundert Jahren liegen, dass die Einwohnerzahl heute dreißigmal so hoch ist.

Drei sprunghafte **Anstiege der Bevölkerungszahl** hatte die Stadt in den letzten hundertdreißig Jahren zu verzeichnen: Einmal zwischen 1870 und 1890, nach der Gründung des Königreiches, dann als Folge der faschistischen Politik

EIN RÖMISCHER TAG

Am frühen Morgen führt den Römer der erste Weg oft in die nächstgelegene Bar. Dort nimmt er unter der Begleitmusik einer zischenden Espressomaschine seinen Cappuccino und das obligatorische Cornetto, das mit dem uns bekannten Hörnchen zu vergleichen ist, zu sich. Hier trifft man sich gerne mit Arbeitskollegen und wirft einen Blick in die Morgenzeitung.

Mittags ist es in Rom seit Jahrtausenden Sitte, ausführlich zu speisen und dem Mahl eine lange Mittagspause folgen zu lassen. Die amerikanisch geprägte Dienstleistungsgesellschaft hat mittlerweile aber auch in der italienischen Hauptstadt Einzug gehalten. Die Mittagspause in den Büros beträgt höchstens noch eine Stunde. Deswegen hat heutzutage der Imbiss in einer Bar das frugale Mal in der Trattoria um die Ecke abgelöst.

Um 17 Uhr geht es nach Hause, ein oft schwieriges Unterfangen, weil dann der römische Verkehr auf seinem Höhepunkt angelangt ist.

Das Abendessen, die cena, ist dann der für die Familie reservierte Teil des Tages. Erst spät (ab 20 Uhr) setzt man sich an einem reichhaltig gedeckten Tisch zusammen, um die Ereignisse des Tages miteinander auszutauschen.

Meistens wird das Abendessen von einem laufenden Fernseher begleitet, der von den zahlreichen Familienmitgliedern des Öfteren umgeschaltet wird, was häufig lautstarke Auseinandersetzungen nach sich zieht.

zwischen 1921 und 1939 und schließlich als Ergebnis des italienischen Wirtschaftswunders nach dem 2. Weltkrieg. Ein Großteil der Einwanderer kam aus dem Süden des Landes. Sie alle versuchten, vom Aufschwung der Wirtschaft zu profitieren – nicht wenige von ihnen endeten in den Slums.

Die italienischen Könige brachten ihren piemontesisch-toskanischen Hof- und Beamtenstaat mit nach Rom, der die besser dotierten Jobs in der neuen Hauptstadt Italiens bekam. Traditionell und ungebrochen ist die Einwanderung aus den nahe gelegenen Abruzzen.

Den „echten Römer" gibt es also nicht. Vielleicht kommen wir den Menschen näher, wenn wir uns ihre **soziale Zusammensetzung** ansehen. Die **Oberschicht** der Stadt setzt sich aus den Angehörigen gewisser Kasten zusammen, wie etwa die der Politiker: Immerhin besteht das Parlament im Palazzo Montecitorio aus 630 Abgeordneten, dazu kommen noch 315 Senatoren. Die Bedeutung eines Abgeordneten ist nicht zu vergleichen mit der eines Bundestagsabgeordneten. Ein *onorevole*, ein Ehrenvoller, ist vor allem auch verantwortlich für ein Heer von Bittstellern, die sich an ihn wenden. Dabei geht es um Gewerbescheine, Schwerstbehindertenausweise oder sonstige Gefälligkeiten.

Der in Rom lebende Filmemacher und Schriftsteller *Luciano de Crescenzo* erklärt die Mentalität der italienischen Politik so: „Ein Beispiel für ein auf das Gesetz gegründetes Gemeinwesen ist England und ebenso der größte Teil der westlichen Demokratien. Italien hingegen ist typisch für eine Organisationsform mit Pyramidenstrukturen, in denen die Bande des Blutes und der Freundschaft mehr zählen als Rechtsansprüche."

DIE RÖMER UND DIE TOURISTEN

Die Zahlen sprechen für sich. Im Jahre 2004 besuchten satte 18 Millionen Touristen Rom, davon 10 Mio. Ausländer. Dass die Bewohner einer Stadt, die derart vom Tourismus überlaufen ist, auch manchmal ein angespanntes Verhältnis zu ihren Besuchern haben, versteht sich von selbst.

Wer in Rom lebt, nimmt Touristen oft als geschmacklos gekleidete Menschen wahr, die riesigen Reisebussen entsteigen, in aller Eile die vom Reiseveranstalter vorgeschriebenen Sehenswürdigkeiten besichtigen, schnell irgendwo eine Pizza essen, die natürlich möglichst billig sein sollte, und welche dann behaupten, sie wären in Rom gewesen.

Dann gibt es natürlich noch die ***Pilger,*** *ein ganz anderer Menschenschlag, der bei den Einheimischen noch unbeliebter ist. Pilger haben nun mal meistens wenig Geld, essen also oft Mitgebrachtes und benutzen nach dem Essen gerne kostenfrei die Toiletten in den rund um den Vatikan angesiedelten Cafés und Restaurants. Dafür haben die zum großen Teil von den Touristen lebenden Einheimischen wenig Verständnis.*

Aber wie überall gilt natürlich auch in Rom: Wer wirkliches Interesse für Land und Leute zeigt, wird die Sympathien der Einheimischen schnell auf seiner Seite haben. Sicherlich: Wer etwa in einem Tabakladen seine Zigaretten kauft, wird sich wundern, warum niemand das freundliche buongiorno erwidert, und auch im Gemüseladen nebenan wird man eher missmutig bedient. Die ***Herzlichkeit*** *der Römer entfaltet sich erst im direkten persönlichen Kontakt. Wer bereit ist, mit dem Tabakverkäufer einen Scherz über das Rauchverbot in Restaurants und Bars zu machen oder dem Gemüsehändler die Schwierigkeiten bei der Zubereitung des Abendessens offenbart, wird schnell merken, wie gerne die Römer auf eine derartige Kontaktsuche eingehen.*

Dieses Wesensmerkmal drückt sich auch im **familiären Zusammenleben** aus, kaum ein Römer verlässt vor seiner Heirat das Elternhaus. Ein Grund dafür liegt sicherlich in der katastrophalen Wohnungssituation in Rom. Andererseits ist es aber auch ein Beharren auf einem Leben im Familienverband, gepaart mit einer gewissen Bequemlichkeit.

Roms Stadtbild wird, nicht zuletzt, von den **Mitarbeitern des Vatikanstaats** bestimmt. Der Papst und seine Untergebenen, schließlich ist der Vatikan ein autonomer Staat, sind immer ein Thema in der Stadt. 900 Einwohner und mehr als 3000 Angestellte zählt der Vatikanstaat (s. S. 132).

Eine weitere geschlossene Gesellschaft bilden die meist gut betuchten **adligen Abkömmlinge** des Kirchenstaats. Die Familiennamen vieler Päpste, ob es nun die *Orsini, Borghese* oder *Torlonia* sind, finden sich allesamt im römischen Telefonbuch. Sie sind allgemein bekannt für ihre erlesenen Feste, die sie gerne in ihren prächtigen Häusern veranstalten. Nur sehr schwer findet man Zugang zu den Kreisen der „besseren Gesellschaft“, dem Adel, dem Klerus, dem alten Bürgertum und den Politikern – die oberen Zehntausend der italienischen Hauptstadt bleiben gerne unter sich.

Die römische **Mittelschicht** wird geprägt von der Kaste der Bürokraten, eine relativ homogene soziale Gruppe, die sich vor allem während des Faschismus etabliert hat. Von 1925 bis 1943 verdoppelte sich die Einwohnerzahl Roms von 700.000 auf 1,5 Millionen. Dieses starke Bevölkerungswachstum war vor allem eine Folge des gigantischen Ausbaus der Bürokratie, die einen enormen Personalbedarf hatte. Bis heute sind die Folgen dieser Entwicklung spürbar. Der aufgeblähte Verwaltungsapparat verschlingt etwa die Hälfte aller öffentlichen Einnahmen. Nicht wenige Römer wären ohne dieses „Beschäftigungsprogramm" arbeitslos. *Mussolinis* Beamte prägten die Stadt vor allem in den Nachkriegsjahren. Viele von ihnen hielten der postfaschistischen MSI, die sich heute zur Alleanza Nazionale reformiert hat, die Treue und trugen dazu bei, dass Rom nach dem 2. Weltkrieg zu einer Hochburg des italienischen Neofaschismus wurde.

Und dann gibt es natürlich das Rom der **einfachen Leute:** Die stammen meistens aus Süditalien und haben mit ihrer Mentalität die Stadt in den letzten 100 Jahren geprägt. Der einfache, laute und herzliche Römer auf der Straße hat oft süditalienische Vorfahren.

Rom hat also Erfahrung mit **Zuwanderern.** Schon die katholische Kirche hat immer wieder Einwanderer angezogen. Alle wichtigen Künstler, die in Rom für die Päpste gearbeitet haben *(Michelangelo, Bernini, Raffael)* kamen aus anderen Gegenden Italiens. Heute kommen die Einwanderer meistens aus Afrika, leben illegal in den überbelegten Billigpensionen rund um den Hauptbahnhof und suchen ihr Auskommen mit Gelegenheitsarbeiten. Auf der Straße wird man keinen **Rassismus** spüren, die Römer begegnen den Fremden freundlich und aufgeschlossen. Wer allerdings am Wochenende ins Fußballstadion geht, um sich ein Heimspiel von **Lazio Rom** anzusehen, wird fassungslos über die rassistischen und faschistischen Äußerungen und Gesten von Spielern und Fans sein. Zu zweifelhafter Berühmtheit gelangte etwa der römische Rechtsverteidiger *di Canio,* der gerne vor dem Anpfiff seine Anhänger mit dem erhobenen rechten Arm grüßt. Die wollen nicht nachstehen und entrollen zuweilen Plakate mit antisemitischen Sprüchen. Viele Römer nehmen wegen derartiger Szenen, die in einer kosmopolitischen Stadt wie Rom besonders absurd sind, mittlerweile Abstand von einem Besuch des Stadions.

ROM ENTDECKEN

In diesem Kapitel stellen wir die Sehenswürdigkeiten Roms detailliert vor. Sie sind nach Stadtgebieten geordnet und können in der Reihenfolge der Beschreibung besucht werden. Kulinarische Tipps laden zur kleinen Pause zwischendurch ein.

Wer diesen Rundgang nicht absolvieren möchte, kann sich leicht seine eigene Route zusammenstellen. Dazu ist bei jeder Örtlichkeit die Lage bzw. Anfahrt angegeben. Zudem findet sich die Nummer der Sehenswürdigkeit im Kartenmaterial des Buches.

IM ZENTRUM DES ALTEN ROM

Rund um das Kapitol, dem einstigen Mittelpunkt der Welt, liegen die Überreste des vor etwa 2000 Jahren die ganze bekannte westliche Welt umspannenden Römischen Reiches verstreut. Übrigens leiten sich das englische „capital“ wie das italienische „capitale“ (= Hauptstadt) von dem lateinischen „capitolinum“ ab.

1 PIAZZA VENEZIA, ALTAR DES VATERLANDES ★★ [G8]

Als Ausgangspunkt eines Spaziergangs durch die römische Altstadt empfiehlt sich die Piazza Venezia. Dass es sich um keinen historisch gewachsenen Platz handelt, kann auch der romunkundige Besucher auf den ersten Blick erkennen. Sie lädt nicht zum längeren Verweilen ein, durchflutet von lärmendem Autoverkehr wirkt sie eher abstoßend.

Ihren Eindruck als Fremdkörper verdankt die Piazza Venezia der italienischen Einigung. Nach dem Jahr 1870 suchten die Gründerväter des Königreichs nach einem passenden Ort, um der italienischen Einigungsbewegung, oder viel mehr dem Monarchen des *Risorgimento, Vittorio Emanuele II.*, ein würdiges Denkmal zu setzen. Sie fanden den geografischen Mittelpunkt Roms am Palazzo Venezia und entwarfen ein bombastisches Monument, den **Altar des Vaterlandes,** das zwischen 1885 und 1911 erbaut wurde: Der Nationalstaat hatte Besitz vom Zentrum ergriffen.

Heute befindet sich das **Grabmal des unbekannten Soldaten** auf dem Monument, zu dem regelmäßig die Staatsbesucher geführt werden. Wenn auch die Römer das Bauwerk als hässlich empfinden, sie titulieren es abfällig als *la vecchia macchina da scrivere* (die alte Schreibmaschine), den Touristen scheint es zu gefallen, wie die vielen Reisebusse am Denkmal belegen. In dem Bauwerk befindet sich auch ein kleines Museum zur Geschichte der italienischen Einigung im 19. Jahrhundert.

Nach langer Schließung ist der „Altar des Vaterlandes“ wieder zugänglich. Ein Besuch lohnt sich wegen der schönen Aussicht auf die Stadt.

› Zu erreichen mit Bus Nr. 40
› Geöffnet: täglich 10–16 Uhr; Eintritt frei; Info unter Tel. 06 6991718

KLEINE PAUSE

Caffè Vittoriano

Das Café auf der Terrasse des Nationaldenkmals bietet vielleicht den schönsten Blick auf Rom. Es ist ein idealer Ausgangspunkt für einen Spaziergang durch das Rom des Barock und der Renaissance. Wer nach dem Betreten des Vittoriano gleich nach links geht, gelangt sofort in das Café, wer nach rechts geht, wird erst durch das bombastische Denkmal geleitet, was aber auch interessant ist (folgen Sie der Beschilderung „caffetteria“). Mittags gibt es preisgünstige belegte Brötchen und kalte Vorspeisen. Vorsicht bei Regen: Der Marmor wird so glatt, dass sich schon so mancher ein Bein gebrochen hat.

2 PALAZZO VENEZIA ★ [G8]

Von diesem Palast hat der Platz seinen Namen. Leider steht er heute nur noch im Schatten des Einigungsdenkmals.

Entstanden ist der Palazzo Venezia zwischen 1451 und 1491. Auftraggeber war Kardinal *Pietro Barbo,* der spätere Papst *Paul II.* (1464–1471). Er plante den Renaissancebau als **Residenz des Heiligen Stuhls.** Der Grund dafür lag in der Situation der Vatikanstadt nach der Rückkehr der Päpste aus dem Exil in Avignon (1305–1377). Die alte Residenz war vom Zentrum Roms abgeschnitten und bot einen ziemlich bedauernswerten Anblick. Um auch die weltliche Macht über die Stadt zurückzugewinnen, hielt es *Paul II.* für geraten, das Zentrum der kirchlichen Macht in Rom selbst anzusiedeln. Allerdings blieb das Ganze nur eine Episode. Nach einem Mordanschlag auf den Papst zog sich *Paul II.* wieder hinter die sicheren Mauern des Vatikans zurück.

1594–1797 gehörte der Palazzo Venezia zur Republik Venedig, daher auch der Name. Während des Faschismus wurde er zum **Regierungssitz Mussolinis.** Wer einmal Filmausschnitte von seinen Jubelreden gesehen hat, wird den Balkon in der Mitte der Frontseite des Palazzo wiedererkennen. *Mussolini* bezog 1929 natürlich den größten der Säle im 1. Stock als Amtszimmer, *Sala del Mappamondo* genannt wegen der großen Weltkarte, die sich an einer der Wände befand.

Heute ist im Palast das **Museo di Palazzo Venezia** untergebracht, das eine wertvolle Sammlung von Keramiken, Goldschmiedekunst und Waffen enthält.

› Museo Nazionale di Palazzo Venezia, Via del Plebiscito 118; Tel. 06 32810; Eintritt 4 €; geöffnet 8.30–19.30 Uhr, Mo., 1. Jan. u. 25. Dez. geschl., Kartenverkauf endet eine Stunde vor Schließung. Ticketreservierung: www.galleriaborghese.it/nuove/evenezia.htm

› Mit dem Bus Nr. 40 bis Piazza Venezia

DIE RENAISSANCE

Die Renaissance („Wiedergeburt") entstand im Italien des frühen 14. Jahrhunderts. Der Begriff der Wiedergeburt bezog sich auf das Menschenbild in der Kunst der Antike; der reale Mensch rückte zunehmend in den Mittelpunkt des künstlerischen Schaffens, im Gegensatz zur religiösen Kunst des Mittelalters, in der das sakrale Element wichtiger war.

In der Renaissance löste sich zunehmend die Hierarchie der mittelalterlichen Gesellschaft auf, allmählich entwickelte sich ein städtisches Bürgertum und damit verbunden nahm die Bedeutung des Individuums zu. Die Heraushebung des Einzelnen in der Akt- und Portraitmalerei schuf die formalen Voraussetzungen für die europäische Kunst bis ins 19. Jahrhundert hinein. Die Renaissance, die ab 1500 auch in anderen europäischen Ländern Fuß fasste, endete um 1530; schon bald wurden die Grenzen zum frühen Barock überschritten.

Als das bedeutendste Werk der Hochrenaissance (ab 1500) gilt die Sixtinische Kapelle in den Vatikanischen Museen 65, die von Michelangelo und Raffael geschaffen wurde; der Raum wurde hier als gestaltendes Merkmal der Kunst eingesetzt. Als einer der Höhepunkte der Renaissancearchitektur gilt der Palazzo Venezia.

3 KAPITOL (MONTE CAPITOLINO) ★★★ [G8]

Auf dem Kapitolshügel hatte das römische Weltreich einst sein politisches und religiöses Zentrum. In der Renaissance wurde der heruntergekommene Hügel von Michelangelo völlig neu gestaltet, ein wundervolles Ensemble, das bis heute erhalten ist. Heute sind hier der Bürgermeister der Ewigen Stadt und die Kapitolinischen Museen zu Hause.

Im Jupitertempel, der auf dem Kapitolshügel stand, wurden die wichtigsten religiösen Kulthandlungen abgehalten. Das Kapitol war das Zentrum der Welt. Einmal noch durften das Kapitol und Rom Mittelpunkt Europas sein: Im Jahre 1955 wurden hier die **Römischen Verträge** unterzeichnet, die den Grundstein zur Europäischen Union bildeten.

Zwei **Treppen** ermöglichen die Annäherung zum Kapitol; einmal die sehr steile, welche direkt zur Kirche Santa Maria in Aracoeli führt, und dann die von *Michelangelo* entworfene, sanft ansteigende Rampentreppe, die den Spazierenden zu einem feierlichen Rhythmus zwingt.

Wer diese Treppe hinaufgeht, entdeckt auf der linken Seite ein unscheinbares Denkmal, das dem mittelalterlichen, römischen Volkstribun **Cola di Rienzo** gewidmet ist. Er inspirierte *Richard Wagner* zu seiner Oper „Rienzi“. *Cola di Rienzo* hatte viele seiner Reden an das römische Volk hier auf den Stufen vor der Kirche gehalten.

In der **Kirche Santa Maria in Aracoeli** gehören die Fresken des *Pinturicchio* zu den Hauptsehenswürdigkeiten. Sie stellen das Leben des *San Bernadino* dar und stammen aus dem Jahre 1485.

025ro Abb.: apt

Die Treppe endet oben zwischen den **Statuen der Dioskuren Kastor und Pollux** (in der griechischen Mythologie die Zwillingssöhne des Zeus), die nach einer Legende den Römern in einer fast schon verlorenen Schlacht zu Hilfe kamen und deswegen besonders verehrt wurden.

Der **Kapitolsplatz** selbst ist trapezförmig angelegt, d. h., die Gebäude stehen nicht rechtwinklig, sondern leicht verschoben zueinander, wodurch ein Eindruck von Tiefe entsteht. In der Mitte des Platzes steht das 1537 aufgestellte **Reiterstandbild Marc Aurels.** Durch die Luftverschmutzung stark in Mitleidenschaft gezogen, musste das berühmte Werk insgesamt 18 Jahre lang restauriert werden. Denkbar groß war die Begeisterung, als im April 1997 Ross und Reiter wieder aufgestellt wurden. Allerdings handelt es sich nur um eine detailgetreue Kopie – der echte Aurel kann nur hinter Glas im nebenan gelegenen Kapitolinischen Museum bewundert werden.

Im Zentrum des Kapitols steht der **Senatorenpalast**, das heutige Rathaus. Im römischen Rathaus wird natürlich auch geheiratet: Wer Glück hat, kann vielleicht eine italienische Hochzeit beobachten.

Auf der rechten Seite des Platzes befindet sich der **Konservatorenpalast** und auf der linken Seite der neue Palast des Kapitolinischen Museums. Beide sind durch einen Tunnel verbunden und bilden zusammen die **Kapitolinischen Museen** (Musei Capitolini). Abgesehen von den Vatikanischen Museen befindet sich hier die wichtigste Sammlung antiker Fundstücke in Rom, so etwa das Wahrzeichen Roms, die säugende Wölfin, eine etruskische Bronzeplastik aus dem 6. Jahrhundert v. Chr. Übrigens kamen die Figuren des *Romulus* und *Remus* erst in der Renaissance in das Wahrzeichen hinein. Wer an der Geschichte des alten Rom interessiert ist, sollte unbedingt hier gewesen sein.

Noch ein Tipp: Wer links am Senatorenpalast vorbeigeht, hat den schönsten Blick über das Forum Romanum.

› Musei Capitolini (Kapitolinische Museen), Piazza del Campidoglio; Tel. 06 39967800; geöffnet: Di.–So. 9–20 Uhr; Eintritt 6,50 €; www.museicapitolini.org; 25. Dez., 1. Jan. und 1. Mai geschlossen

› Mit dem Bus Nr. 84 bis Piazza Venezia/Campidoglio oder mit der Metro B bis Haltestelle Colosseo

◄ *Das Reiterstandbild Marc Aurels*

4 DIE KAISERFOREN (FORO DI CESARE) ★★ [H8]

Die Kaiserforen wurden nach Christi Geburt angelegt. Den römischen Kaisern war das Forum Romanum, das erste Forum des alten Rom, zu klein geworden. Deswegen bauten sie sich eigene Foren, deren Ruinen heute noch einen Eindruck ihrer einstigen Pracht vermitteln.

Die Faschisten ließen die **Via dei Fori Imperiali** in den Jahren 1931–1933 anlegen. *Mussolini* träumte schon seit der faschistischen Machtergreifung davon, einen Durchbruch vom Nationaldenkmal bis zum Kolosseum zu schaffen. Schlimme Folge für die Archäologen: Beim Bau der Prachtstraße wurden große Teile der Kaiserforen beerdigt. Auf der rechten Seite der Straße wurden von den damaligen Machthabern in Stein gehauene Karten angebracht, welche die Ausdehnung des Römischen Weltreichs in verschiedenen Jahrhunderten zeigen.

Das Forum war der **Lebensmittelpunkt der alten Römer.** Hier wurden Lebensmittel verkauft, Politik gemacht und Gericht gehalten. Ein öffentlicher Raum, in dem über Jahrhunderte das Schicksal der damals bekannten Welt bestimmt wurde.

Von der Piazza Venezia aus kann man schon die mächtige **Trajanssäule** erkennen. Sie markierte den Mittelpunkt des Trajansforums. Eingeweiht wurde die Säule 113 n. Chr. Auf der Säule wird der Feldzug des Kaisers *Trajan* gegen die Daker heroisiert, ein Volk, das einst im heutigen Rumänien lebte. Die Darstellungen verlaufen in einem Reliefspiralband, eine Methode, die in der Kaiserzeit weit verbreitet war. Am unteren Ende des Reliefs sind die Kriegsvorbereitungen der Römer zu sehen, die Darstellungen enden mit der Vertreibung der Daker aus ihrer Heimat. Die sterblichen Überreste des Kaisers *Trajan* und seiner Frau wurden seinerzeit im Inneren der Säule beigesetzt.

Gut erhalten sind heute noch die **Trajanischen Märkte** hinter der Säule. In dem erhaltenen Halbrund der riesigen Anlage waren Geschäfte untergebracht, die alles verkauften, was die von den Römern besetzten Länder hervorbrachten. Gewürze aus dem Orient, Fische und Wildbret, Stoffe aus den asiatischen Provinzen. Vermutlich wurde hinter den Mauern der Trajanischen Märkte kostenlos Korn an die Bevölkerung Roms verteilt. Schließlich konnten die Herrscher Roms nichts weniger gebrauchen als soziale Konflikte in der Hauptstadt.

Wie bereits erwähnt sind große Teile der restlichen Foren von der Via Fori Imperiali überbaut worden. Erwähnenswert ist noch das **Forum des Augustus** auf der linken Seite.

› Metro B bis Colosseo

5 KOLOSSEUM (COLOSSEO) ★★★ [I9]

Am Ende der Via Fori Imperiali ragt das berühmteste Bauwerk der römischen Kaiserzeit empor. Der Name Kolosseum ist nicht etwa ein Hinweis auf die riesigen Ausmaße des Gebäudes, vielmehr bezieht er sich auf die bronzeverkleidete Statue des Nero, den Kolossos, die bei Baubeginn an dieser Stelle stand.

Der Bau wurde 72 n. Chr. unter Kaiser *Vespasian* begonnen. Acht Jahre lang dauerte es, bis das Amphitheater fertig war (*amphi* ist griechischen Ursprungs und bedeutet „herum").

Der Bau wurde 80 n. Chr. mit hunderttägigen Festspielen eröffnet. Die Arena war 48 Meter lang und 46 Meter breit, der Bau selbst maß 186 Meter in der Länge und war 156 Meter breit.

Das Amphitheater bot 50.000 Schaulustigen Platz. Die **Platzaufteilung** war hierarchisch aufgeteilt: Im ersten Stock saß der kaiserliche Hof mit den Staatsbeamten, Priestern und Priesterinnen, im zweiten die vornehmen Familien Roms, während im dritten und vierten Stock das gemeine Volk Platz nahm.

Unter der Arena lagen die Trainingsräume und Ankleidekabinen für die **Gladiatoren** mit den Käfigen der für die Spiele benötigten wilden Tiere. Diesen Teil des Kolosseums kann man heute gut sehen, da der Fußboden der Arena schon vor langer Zeit eingestürzt ist. Das in der Arena aufgestellte Bronzekreuz erinnert daran, dass in der Kaiserzeit hier christliches Märtyrerblut vergossen worden ist.

Die Gladiatorenkämpfe, die hier stattfanden, waren ein ursprünglich von den Etruskern übernommenes Spektakel:

070ro Abb.: bw

Seine religiöse Bedeutung hatte es mit der Zeit weitgehend eingebüßt, an der Symbolik hielten die konservativen Römer aber fest: Derjenige, der die Aufgabe hatte, den unterlegenen Gladiatoren den Gnadenstoß zu geben, trat im Kostüm des Charon auf, des Fährmanns, der nach der Mythologie der Etrusker die Seelen der Toten in den Hades bringt.

› Geöffnet: April bis Sept. Mo.-Sa. 9-19.30 Uhr (letzter Einlass 18.30 Uhr); von Okt. bis Febr. täglich von 9-16.30 Uhr, im März bis 17 Uhr; am 1. Mai geschlossen
› Für das Forum Romanum, den Palatin und das Kolosseum gibt es ein Kombiticket, das 12 € kostet. Empfehlenswert ist der *Roma Pass* (s. S. 176), mit dem Sie die endlose Schlange an der Kasse des Kolosseums vermeiden können. Für EU-Bürger unter 25 und über 65 Jahren gibt es Ermäßigungen. Meistens sind die Schlangen an der Kasse des Palatin (300 Meter vom Kolosseum entfernt) deutlich kürzer.
› Metro B bis Colosseo

▲ *Bot Platz für 50.000 Zuschauer: das Kolosseum*

6 DOMUS AUREA ★★★ [I9]

Neros legendärer Palast wurde nach langen Ausgrabungsarbeiten erst Ende 1999 für die Öffentlichkeit zugänglich gemacht. Weltweit wurde die mächtige Palastanlage als Sensation gewertet, die dem Besucher einen Einblick in die Geschichte der Kaiserzeit ermöglicht. Leider ist das Domus Aurea seit Ende 2005 wieder geschlossen, nachdem Teile der Palastanlage eingestürzt sind. Vorausichtlich öffnet die Anlage wieder im Herbst 2011.

Die Domus Aurea, zu Deutsch das „goldene Haus", wurde nach dem großen Brand Roms 64 n. Chr. errichtet. Erst die Zerstörung großer Teile der Innenstadt ermöglichte es **Nero**, seine Pläne eines Palastes zu verwirklichen, der alles bis dahin in Rom Gebaute in den Schatten stellen sollte. Ob *Nero* selbst für den Brand verantwortlich ist, darüber streiten sich die Historiker. Dass die Sieger die Geschichte schreiben, dürfte hinreichend bekannt sein. Auch im Fall des *Nero* besteht die Vermutung, dass von seinen Nachfolgern alles getan wurde, um seine Persönlichkeit in ein denkbar schlechtes Licht zu rücken. *Trajan* jedenfalls ließ auf *Neros* Palast seine Thermen errichten. Die Gänge der Domus Aurea ließ er zuschütten, um ein Fundament für seine eigenen Thermen zu legen. *Neros* Andenken sollte ausgelöscht werden.

Wie dem auch sei, glaubt man den zeitgenössischen Historikern, bestand *Neros* Domus Aurea ausschließlich aus Superlativen: Am Eingang begrüßte den Besucher eine 35 Meter hohe Bronzestatue des exzentrischen Kaisers, der sogenannte **Kolossos**, nach dem später das an jener Stelle errichtete Kolosseum benannt wurde.

KLEINE PAUSE

111 [I8] *Trattoria Valentino*

Preisgünstige und gute römische Küche in der Nähe des Kolosseums. Obwohl mitten im Touristenzentrum gelegen, serviert der freundliche Inhaber Vincenzo mittags und abends italienische Hausmannskost. Unbedingt probieren muss man, wenn es sie gibt, die Spaghetti mit „vongole" (Venusmuscheln).
Via Cavour 293, Tel. 06 4881303, geöffnet 12–15 Uhr, 19–22 Uhr

› *Cavour 313 (s. S. 48)*

Gleich nebenan befindet sich ein in Rom sehr beliebtes Lokal. Hier gibt es eine Auswahl ausgezeichneter italienischer Weine, zu denen leckere Häppchen gereicht werden. Es gibt auch Sandwiches zum Mitnehmen. Geöffnet 12.30–14.30 Uhr, 19.30–1.30 Uhr, im Sommer sonntags geschlossen, www.cavour313.it

Die Statue war umgeben von einem riesigen künstlichen See, an dessen Ufern Miniaturstädte errichtet wurden. Weinberge, Viehweiden und Wälder wurden angelegt, kurzum, es handelte sich um eine **künstliche Welt** aus dem ersten Jahrhundert nach Christus. Im Inneren des Palastes waren die Wände mit Gold und Marmor verkleidet. *Nero* selbst soll bei der ersten Besichtigung des Palastes bemerkt haben, dass er nun endlich in einem Haus leben könne, das eines menschlichen Wesens würdig sei.

Eigentlich ging *Neros* Plan noch viel weiter: Er wollte eine Palastanlage bauen, die sich vom Palatin zum Forum Romanum und bis hin zum Esquilinhügel

ARCHÄOLOGIE UND POLITIK

Italien steckt in einer Krise. Die chronische Staatsverschuldung lässt befürchten, dass es Italien ähnlich wie Griechenland ergehen könnte. Die zunehmende Ausländerproblematik und die Umtriebe der Mafia, die dem Land keine Ruhe gönnen, sorgen für eine gedrückte Stimmung innerhalb der Bevölkerung.

In solchen Krisenzeiten wirkt eine Erinnerung an die große römische Vergangenheit des Landes sehr wohltuend. So ist es denn vielleicht auch kein Zufall, dass Ende 2007 der Chefausgräber auf dem römischen Palatinhügel, der Archäologe Andrea Carrandini, voller Stolz und recht medienwirksam die ***Entdeckung der Kulthöhle „Lupercale"*** *verkündete. Entdeckt wurde das Gewölbe in 16 Metern Tiefe, direkt unter dem Palast des Augustus, des ersten Kaisers des Römischen Reichs.*

Die Höhle war in altrömischer Zeit eine bedeutende Kultstätte, die als ***„Kinderstube" von Romulus und Remus*** *verehrt wurde. Hier sollen die Zwillinge angeblich von der Wölfin gesäugt worden sein. Im alten Rom wurde jedes Jahr vor der Grotte ein Fest gefeiert, auf dessen Höhepunkt ein Ziegenbock geschlachtet wurde. Mit den blutigen Hautlappen des getöteten Tieres wurden die anwesenden Frauen geschlagen - dadurch sollten sie rein und fruchtbar werden. Der italienische Kulturminister und ehemalige Oberbürgermeister Roms, Francesco Rutelli, verkündete stolz: „Es ist unglaublich, dass ein Mythos plötzlich zu einem realen Ort geworden ist."*

Schon bald häuften sich aber Zweifel an der „großartigsten Entdeckung, die jemals gemacht wurde." Der Leiter des Deutschen Archäologischen Instituts in Rom etwa ***hält die Entdeckung eher für einen Speiseraum*** *aus der römischen Kaiserzeit. Andere Historiker schlossen sich der Meinung des Deutschen an. Der Ausgräber Carrandini aber wischt solche Bedenken vom Tisch, eine Haltung, für die ihn die römische Bevölkerung geradezu verehrt. Schließlich sorgt der renomierte Archäologe dafür, dass sich die Bewohner der italienischen Hauptstadt ihrer großen Vergangenheit gewiss sein können.*

erstrecken sollte - sie wurde allerdings nur teilweise verwirklicht.

Der **Eingang zur Domus Aurea** kann leicht übersehen werden. In der Ruinenlandschaft der Trajansthermen ist es ein unscheinbares Loch in dem Gewühl der römischen Innenstadt, das in die beeindruckende Stille der Domus Aurea führt.

Die Fantasie des Besuchers ist gefordert. Die schmucklosen Wände waren einst mit Marmor verkleidet, Stuckverzierungen und Fresken schmückten die riesigen Räume und Gänge. Als absoluter Höhepunkt ist der **oktagonale (achteckige) Saal** anzusehen. Der Grundriss war damals eine Neuheit. Zeitgenossen *Neros* berichteten von einem Speisesaal, der mit einem Mechanismus ausgestattet war, der es ermöglichte, ihn um seine eigene Achse zu drehen. Die Archäologen haben jedoch in dem oktagonalen Raum keine Hinweise auf eine derartige Einrichtung gefunden.

EXTRATIPP

Park der Villa Celimontana [I10/11]
Der nur wenigen bekannte Park der Villa Celimontana lädt inmitten der hektischen Innenstadt zu einem Spaziergang durch Zypressenalleen, unter Palmen und den typisch römischen Schirmpinien. Im Sommer findet regelmäßig ein Jazzfestival statt. Der Park der Villa wird dann während der abendlichen Konzerte mit Teelichtern ausgeleuchtet. Ein einmaliges Erlebnis, das sich niemand entgehen lassen sollte.
› *Metrolinie B bis Colosseo, Eingang über die Via della Navicella*
› *www.villacelimontanajazz.com*

Bereits im späten 15. Jahrhundert wurde die Domus Aurea wiederentdeckt. Da die mächtigen Räume mit Erde zugeschüttet waren und nur der obere Teil durch die Deckenlichter zugänglich war, wurden die entdeckten Räume als Grotten bezeichnet. Schnell verbreitete sich im Europa der Renaissance die Kunde von der Entdeckung der Grotten mit ihren wunderschönen Malereien. Die berühmtesten Maler der Zeit pilgerten zur Domus Aurea: *Raffael, Pinturicchio, Giovanni da Udine*. Schnell kamen die ersten **Grotesken** in Mode, so benannt nach den als Grotten bezeichneten Fundstellen. Das Prinzip der römischen Malereien wurde kopiert: Pflanzenmotive, Bänder, Masken und Fabelwesen wurden spielerisch auf einer Fläche verteilt, blieben jedoch immer auf eine Mittelachse bezogen. Hauptbeispiel der Grotesken in der Hochrenaissance sind die Stanzen *Raffaels* im Vatikan.

Die Grotten gerieten später wieder in Vergessenheit, ernsthafte Ausgrabungsarbeiten fanden erst im 20. Jh. statt.

7 KONSTANTINSBOGEN (ARCO DI COSTANTINO) [I9]

Unübersehbar direkt vor dem Kolosseum steht der mächtige Konstantinsbogen. Letztendlich ist er ein Symbol für den Untergang Roms. 315 n. Chr., als das Weltreich schon in seinen letzten Zügen lag, wurde der Triumphbogen von *Konstantin* zur Erinnerung an den Sieg über seinen Gegenspieler *Maxentius* errichtet. *Konstantin* war überzeugt davon, dass er den Sieg nur deshalb errungen hatte, weil ihm vor der Schlacht *Jesus Christus* erschienen sei. Schon bald darauf lies *Konstantin* das Christentum als Religion im Römischen Reich zu. Trotzdem befindet sich auf den Reliefs des Triumphbogens kein Hinweis auf das Christentum, vielmehr bediente man sich aus anderen Reliefs der Kaiserzeit und montierte Stücke davon in das Bauwerk hinein.

8 PALATIN (MONTE PALATINO) ★★★ [H9]

Der Palatinhügel war die erste Heimstätte der Römer, ist also somit ein „Muss" für jeden an römischer Geschichte Interessierten. Nach der Überlieferung des Geschichtsschreibers Titus Livius befand sich hier die Höhle, in der die Brüder Romulus und Remus von einem Hirten aufgezogen wurden.

Neuere Ausgrabungen weisen auf dem Palatin tatsächlich **latinische Siedlungen** nach, die bis auf die Zeit um 1000 v. Chr. zurückgehen. In der Kaiserzeit wurden die Bürger Roms aus ihren Behausungen vertrieben, um Platz zu schaffen für die Aristokratie. Der Zugang zum Palatin war von nun an nur noch den einflussreichen römischen Familien erlaubt. Dementsprechend wurde das Gebiet architektonisch umgestaltet: Repräsentative **Kaiserpaläste** entstanden, von denen heute noch einige Überreste zu sehen sind.

Übrigens leitet sich das deutsche **Wort Palast,** genau wie das italienische *palazzo,* von Palatin ab.

Wer gleich nach dem Eingang nach links geht und dann der Treppe nach oben folgt, hat einen herrlichen Blick auf das **Stadion des Domitian.** Kaiser *Domitian* (81–98 n. Chr.) war der emsigste Bauherr auf dem Palatin. Die 160 Meter lange und 47 Meter breite Rennbahn war nur der Familie des Kaisers zugänglich.

KLEINE PAUSE

112 [I9] ***Taverna dei Quaranta***
Ein ausgezeichnetes und preisgünstiges Restaurant mit typisch römischer Küche und sehr freundlicher Bedienung ist die Taverna dei Quaranta. Di. und Fr. gibt es frischen Fisch. Eine Reservierung ist angebracht. Via Claudia 24; Tel. 06 7000550; So. Ruhetag.

An das Stadion schließt die Domus Augustana, der **Kaiserpalast,** an. Auch dieser Palast wurde in der Zeit des *Domitian* erbaut und diente noch den folgenden römischen Herrschern und ihren Familien über Jahrhunderte als Wohnhaus.

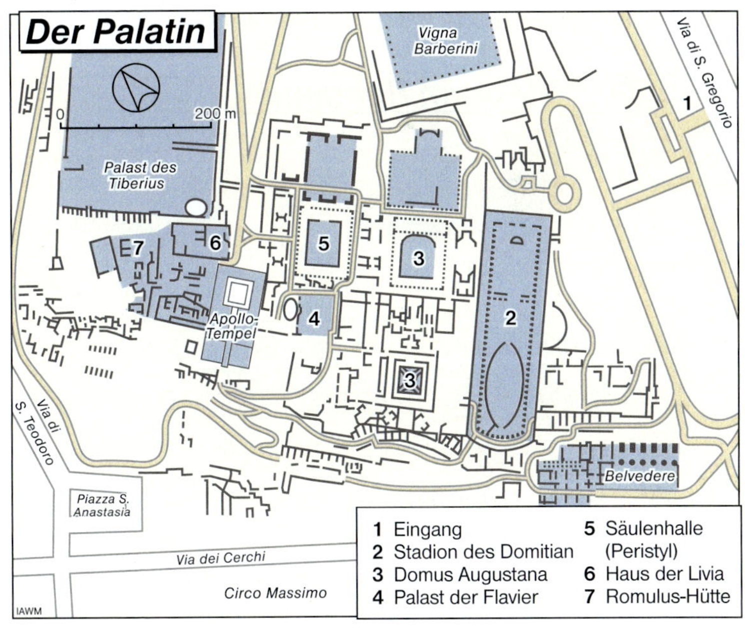

Im Zentrum des Palatin liegt der **Palast des Geschlechts der Flavier.** Es sind noch die Überreste des großen Säulenhofs (Peristyl) im Inneren des Palastes zu erkennen. Das ovale Gebilde war wahrscheinlich ein Brunnen im Speisesaal des Palastes. Hier befand sich das Lebenszentrum der kaiserlichen Familie: Die Thronhalle, eine Kapelle für die römischen Hausgeister, die Laren, ein eigenes Gerichtsgebäude und der große Speisesaal, kurzum alles was ein römischer Herrscher so brauchte.

Unterhalb des Palastes der Flavier befindet sich das ältere **Haus der Livia,** der Gattin von Kaiser *Augustus.* Es ist keineswegs sicher, dass *Livia* hier gelebt hat, lediglich eine Inschrift im Haus legt die Vermutung nahe. Das relativ gut erhaltene Gebäude vermittelt einen interessanten Einblick in die Wohnverhältnisse, die im alten Rom vorherrschten.

Nur wenige Meter vom Haus der Livia entfernt befinden sich die ältesten Siedlungsreste auf dem Palatin. Viel wird der Besucher aber von der sogenannten **Romulus-Hütte** hier nicht sehen, außer den eifrigen Ausgrabungsarbeiten der Archäologen. Hier lebten die Menschen, die den Grundstein für das römische Weltreich legten, ob sie jetzt *Romulus* und *Remus* hießen ist dabei eher unwichtig.

Vom südlichen Ende des Palatin aus hat man einen wunderschönen Blick auf den **Circus Maximus** (Circo Massimo) gleich unterhalb und den gegenüberliegenden Aventinhügel. Im Circus Maximus fanden die beliebten Wagenrennen statt und wer erinnert sich nicht an den Monumentalfilm Ben Hur?

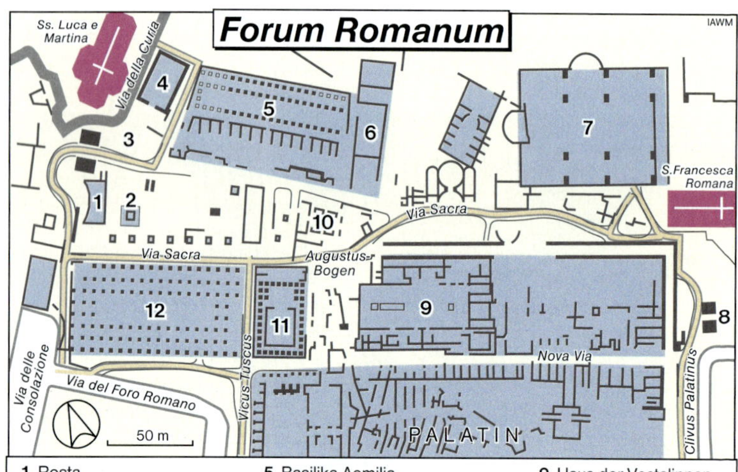

1 Rosta
2 Phokas-Säule
3 Bogen des Septimus Serepus
4 Kurie
5 Basilika Aemilia
6 Antoninus-Faustina-Tempel
7 Maxentius-(Konstantins-Basilika)
8 Titus-Bogen
9 Haus der Vestalinnen
10 Cäsar-Tempel
11 Kastor- u. Pollux-Tempel
12 Basilika Julia

Auf dem **Aventin** lebten in römischer Zeit die Plebejer, also die nicht grundbesitzende Klasse der römischen Gesellschaft. Immer wieder kam es in Rom zu sozialen Unruhen und bürgerkriegsähnlichen Auseinandersetzungen zwischen den beiden Gruppen. Die römischen Patrizier, also die Grundbesitzer, waren aber klug genug, die Plebejer zumindest soweit in die römische Gesellschaft zu integrieren, dass es nie zum endgültigen Bruch kam, was sicherlich das Ende der römischen Weltherrschaft bedeutet hätte.

› Metrolinie B bis Colosseo. Der Eingang befindet sich in der Via San Gregorio 30, nur wenige Schritte vom Konstantinsbogen entfernt.
› Geöffnet: Ende März bis September täglich 8.30 bis 19.15 Uhr, Oktober bis 18.30 Uhr, von November bis Februar nur bis 16.30 Uhr und von Februar bis Ende März bis 17 Uhr.

9 FORUM ROMANUM (FORO ROMANO) ★★★ [H9]

Bis zur Kaiserzeit war hier der Treffpunkt des alten Rom. Zwischen Tempeln und Markthallen und den Buden der Geldwechsler wurden religiöse Riten gepflegt, Geschäfte gemacht und Gericht gehalten. Heute erwartet den Besucher eine von mediterraner Vegetation überwucherte, wildromantische Ruinenlandschaft, die immer noch einen Eindruck von der Größe und Macht des alten Rom vermittelt.

027ro Abb.: bw

► *Morbider Charme: der Antonius-Faustina-Tempel auf dem Forum Romanum*

Vom Palatinhügel führt der Weg über eine Treppe hinunter zum Forum Romanum. Gleich auf der rechten Seite befindet sich der **Titus-Bogen.** Er wurde zu Ehren des Kaisers *Titus* errichtet, der im Jahre 70 n. Chr. Jerusalem eroberte und damit die Vertreibung des jüdischen Volkes aus Israel besiegelte. Die Darstellungen auf dem Bogen erzählen die Geschichte des Feldzugs.

Weiter geht es über die **Via Sacra** nach links zum Kern des Forums. Über die Via Sacra führten übrigens die Triumphzüge der Römer nach erfolgreichen Feldzügen.

Im Zentrum des Forums (links von der Via Sacra) befindet sich der **Tempel der Vesta**, von dem allerdings nur noch einige Säulen und eine Mauer erhalten sind. Die Vestalinnen waren die Priesterinnen des alten Rom; sie wurden bereits im Kindesalter ausgewählt und durften kein körperliches Gebrechen aufweisen. Sie mussten sich verpflichten, 30 Jahre lang unverheiratet zu bleiben und sich ausschließlich den ihnen übertragenen Aufgaben zu widmen: der Darbringung von Opfern und vor allem dem Hüten des heiligen Feuers, das den Römern als Zeichen für den Fortbestand des Staates galt. Am Neujahrstag, im alten Rom war das der 1. März, löschten die Römer in ihren Häusern das Feuer und holten sich ein neues an der Flamme des Vesta-Tempels. Der Feuerkult reicht weit in die vorrömische Zeit zurück: Für die ersten Hirten auf dem Palatin war ein ständig brennendes Feuer, von dem sich jeder bedienen konnte, Lebensgrundlage. Das Erlöschenlassen des Feuers war das schlimmste Vergehen, dessen sich eine Vestalin schuldig machen konnte; es hatte den sicheren Tod zur Folge.

Der Weg führt weiter über die Via Sacra. Auf der linken Seite sieht man die gewaltigen Ausmaße der Gerichtshalle des antiken Rom, die **Basilika Julia.** Die hier abgehaltenen Prozesse zogen meistens eine große Menge von Zuschauern an, die mit lautstarkem Interesse die Vorgänge im Gerichtssaal verfolgten. Die Basilika wurde zum wesentlichen Teil zwischen 55 v. Chr. und 44 v. Chr. unter *Caesar* erbaut und schließlich unter seinem Nachfolger *Augustus* fertig gestellt. Sie war 101 m lang und 49 m breit. Nur die Fundamente sind erhalten geblieben. Die Christen übernahmen später den Grundriss der Basiliken für ihren Kirchenbau.

Gegenüber der Basilika Julia kann man die Überreste der **Basilika Aemilia** sehen. Die Basilika war die Heimat der römischen Geldwechsler und, schenkt man den Berichten der Zeitgenossen Glauben, eines der schönsten Gebäude der damals bekannten Welt.

Der Ziegelbau der **Kurie** (links neben der Basilika Aemilia) ist eines der besterhaltenen Gebäude auf dem Forum. Von hier aus kontrollierte der römische Senat die Geschicke des Weltreichs. Da die Kurie nur Platz für 300 Senatoren bot und die Zahl der Abgeordneten im Lauf der Zeit immer größer wurde (zur Zeit *Cäsars* etwa 800), mussten die Versammlungen oft im Freien abgehalten werden. Im 7. Jahrhundert wurde die Kurie in eine Kirche umgewandelt.

› Metrolinie B bis Colosseo. Der Eingang befindet sich auf der Via San Gregorio, nur wenige Schritte vom Konstantinsbogen entfernt.
› Öffnungszeiten s. Palatin. Das Kombiticket für Kolosseum, Palatin u. Forum Romanum kostet 12 €.

VON SAN PAOLO BIS ZUM ZENTRALFRIEDHOF

Zwischen der Pyramide und dem römischen Zentralfriedhof verkehrte noch bis vor wenigen Jahren **die legendäre Straßenbahnlinie 3.** Viele Touristen waren begeistert von den alten, klapprigen Wagen, die mitten durch die römische Innenstadt keuchten.

Seit einigen Jahren wird die Straßenbahn durch einen Bus ersetzt, der auf den alten Straßenbahnschienen verkehrt. Sicherlich hat dadurch der „Straßenbahntrip" viel von seinem Flair verloren. Trotzdem bieten sich dem Reisenden viele schöne Aussichten über das alte Rom. Auf der Strecke sieht man drei der sieben **Pilgerkirchen,** die laut *Pius IX.* (1886) alle an einem Tag besucht werden müssen, um „Bußwerke" zu vollbringen. Nur so kann – dem Papst zufolge

▲ *Ein Stück Ägypten in Rom: die Pyramide*

– eine vollkommene Reinigung von den Sünden erreicht werden.

Am Ende des „Straßenbahntrips per Bus" kann man sich den römischen **Zentralfriedhof** *(Campo Verano)* anschauen, der so ganz anders ist als die Begräbnisstätten im deutschsprachigen Raum.

Am besten besorgt man sich ein **Tagesticket,** mit dem man immer wieder ein- und aussteigen kann. Es kostet 4 €, ist 24 Stunden lang gültig und kann an Zeitungskiosken und in Tabakläden erworben werden.

10 SAN PAOLO FUORI LE MURA

Die fünfschiffige Basilika ist eine der bedeutendsten in Rom. San Paolo zählt zu den vier **Patriarchalbasiliken** und zu den sieben Pilgerkirchen der Stadt. Über Jahrhunderte wurde hier, analog zu St. Peter, das Grab des *Petrus* vermutet. Bis zum Neubau des Petersdoms im 16. Jahrhundert war San Paolo die größte Kirche Roms. Sehenswert ist der kleine, aber reich ausgeschmückte **Kreuzgang** aus dem 13. Jahrhundert und das 131 Meter lange Haupthaus mit seinen korinthischen Säulen.

› Metrolinie B bis San Paolo

11 PYRAMIDE UND FAO-GEBÄUDE [G12]

Weiter gehts es mit der Metro B bis zur Haltestelle Piramide. Die **Pyramide,** die sich vor dem früheren Stadttor befindet, geht auf den Volkstribun *Gaius Cestius* zurück, der ein Freund ägyptischer Kultur war, eine Modeerscheinung, wie sie damals in Rom weit verbreitet war. Wie ein Pharao wurde der Römer im 1. Jh. n. Chr. beigesetzt. Merkwürdig verloren steht die weiße Marmorpyramide heute da, umtost vom römischen Verkehrslärm.

Die Bauarbeiten dauerten, wie die Inschrift auf der Pyramide besagt, 330 Tage. Das Grab misst 22 Meter an den Längsseiten und 27 Meter in der Höhe und ist mit Marmor aus Carrara verkleidet. Im Jahre 271 n. Chr. wurde das Grab des Cestius **Bestandteil der Aurelianischen Mauer** 21. An der Pyramide haben viele der unzähligen römischen **Katzen** eine Heimstätte gefunden. Einige Bürger haben sich der Tiere angenommen und bringen regelmäßig Futter hierher.

Weiter geht es zum **Circo Massimo** 19 (auf der linken Seite), dem Zirkus, in dem zur Kaiserzeit die berühmten Wagenrennen stattfanden. Das bombastische Gebäude auf der rechten Seite ist das **Verwaltungszentrum der Welternährungsorganisation FAO,** die den symbolischen Mietpreis von einem Euro im Jahr bezahlt. Das Gebäude, im Stil des italienischen *razionalismo* gehalten, sollte einmal das Afrikaministerium *Mussolinis* beherbergen. Die Säule neben dem Gebäude stammt aus Äthiopien; *Mussolini* ließ sie nach der Eroberung des afrikanischen Staates hier aufstellen.

Vor dem FAO-Gebäude befindet sich die Haltestelle der Buslinie 3. Die Strecke, die zwischen zwei römischen Hügeln, dem **Celio** und dem **Palatin** 8 (linker Hand) entlangführt, gehört sicherlich zu den eindrucksvollsten Wegen in Rom.

Der Bus fährt durch eine **historische Parklandschaft** vorbei an den **Siedlungsstätten der ersten Römer** (am Anfang des Palatin, gleich auf der linken Seite) und trifft dann auf das weltberühmte **Kolosseum** 5, wo sich ebenfalls eine Haltestelle befindet.

› Metrolinie B bis Haltestelle Piramide

☐ Cityatlas S. 230, 226

⑫ SAN CLEMENTE ★★★ [J9]

Die Kirche von San Clemente ist eines der eindrucksvollsten Gebäude Roms. Auf die Fundamente alter Häuser wurde immer wieder ein neues gesetzt – eine Zeitreise durch die Geschichte der Stadt.

Die von außen betrachtet eher nüchterne Kirche aus dem 12. Jh. hat eine überaus prächtige Innenausstattung: Der Triumphbogen und die Apsis sind mit Mosaiken geschmückt, der Fußboden ist mit Marmorintarsien verziert. Die mittelalterliche Gestaltung des Innenraums gehört neben **Santa Maria in Cosmedin** ⑱ zu den einzigen noch erhaltenen Räumen dieser Epoche: Während der Renaissance und des Barock wurde alles Mittelalterliche in Rom vernichtet.

Über eine kleine Treppe führt der Weg in die **frühchristliche Unterkirche** aus dem 4. Jh. Nach ihrer Zerstörung durch die Normannen wurde sie erst 1857 wiederentdeckt. Aber der Abstieg in die Vergangenheit geht noch weiter. Eine schmale Treppe führt hinab in ein **römisches Wohnhaus.** Sein interessantester Raum ist das Mithräum, in dem sich die Anhänger des Mithras-Kults versammelten, einer Modereligion, die im Rom der Kaiserzeit in ihrer Popularität durchaus mit den frühen Christen konkurrierte.

EXTRATIPP

Gemüsemarkt

[K8] Ganz in der Nähe, auf der Via Emanuele Filiberto an der Piazza Vittorio Emanuele II., findet jeden Vormittag (außer Sonntag) ein typisch römischer Gemüsemarkt statt.

› Haltestelle Colosseo. Am Kolosseum vorbei rechts in die Via Labicana, von dort rechts zur Via di San Giovanni in Laterano
› Geöffnet: täglich 9–12.30 Uhr und 15–18 Uhr, während der Heiligen Messe geschl., sonntags erst ab 10 Uhr geöffnet

⑬ MUSEUM DES ITALIENISCHEN WIDERSTANDSKAMPFES ★★ [K9]

Nach dem Kolosseum führt der Weg in die schnurgerade Via Labicana, die schließlich in die Viale Manzoni übergeht. Kurz bevor die Tram scharf nach rechts abbiegt, kreuzt sie die Via Torquato Tasso.

In der Via Torquato Tasso war während der deutschen Besetzung Roms das Hauptquartier der SS untergebracht. Nach der Absetzung *Mussolinis* durch den italienischen König und dem Frontwechsel der italienischen Truppen im Sommer 1943 besetzten deutsche Truppen für ein Jahr lang Rom. In dieser Zeit wurden in den Kellern der Via Torquato Tasso italienische Widerstandskämpfer gefoltert und getötet. Im Juli 1944 wurde Rom schließlich von amerikanischen Truppen befreit. Heute ist hier das **Museo Storico della Lotta di Liberazione** eingerichtet. Das Museum hat sich zur Aufgabe gemacht, die Geschichte des Widerstandes in Rom zu dokumentieren. So können die ehemaligen Zellen der Widerstandskämpfer besichtigt werden. Besonders ergreifend sind die Inschriften, die die Gefangenen an den Wänden ihrer Zellen hinterlassen haben.

Wer den cineastischen Klassiker „Rom – offene Stadt“ von *Roberto Rossellini* gesehen hat, sollte unbedingt hier gewesen sein. Der Film handelt von der deutschen Besetzung Roms und begründete den Stil des „Neorealismo“.

- Haltestelle Manzoni, Via Torquato Tasso 145
- Geöffnet: Di. bis So. von 9.30–12.30 Uhr; Di., Do. und Fr. von 15.30–19.30 Uhr; montags Ruhetag, Eintritt frei; www.viatasso.eu

14 SAN GIOVANNI IN LATERANO ★★ [K10]

Der Bus fährt nun an der **Kirche San Giovanni in Laterano** vorbei, die erste Residenz der Päpste und heute eine der sieben Pilgerkirchen Roms (die Haltestelle befindet sich direkt vor der Kirche). Übrigens ist nicht der Petersdom, sondern der Lateran die römische Bischofskirche, denn Sankt Peter gehört zum Vatikan, einem eigenständigen Staat. Das Gebäude beeindruckt durch das von dem Barockarchitekten *Borromini* für das Heilige Jahr 1650 gestaltete Innere mit den riesigen, 4,25 Meter hohen Apostelfiguren aus Marmor.

> EXTRATIPP
>
> **Flohmarkt an der Via Sannio**
>
> [K10/11] **Via Sannio.** *Entlang der Via Sannio findet jeden Vormittag (außer Sonntag) ein Flohmarkt statt, auf dem man neue und gebrauchte Bekleidungsstücke, aber auch Schlafsäcke und Rucksäcke erstehen kann. Am Samstag hat der Markt bis 17 Uhr geöffnet. Wer ihn besuchen will, steigt am besten an der Kirche San Giovanni in Laterano aus.*

Der **Lateranpalast**, rechts neben dem Eingang der Kirche, war Amtssitz der Päpste von Kaiser *Konstantins* Zeiten

029ro Abb.: apt

bis 1309, als die Päpste vorübergehend den heiligen Stuhl nach Avignon verlegten. Erst danach entschloss sich der Papst, in den leichter zu verteidigenden Vatikan zu ziehen.

Links vor dem linken Querschiff führt ein Tor zu dem sehr sehenswerten **Kreuzgang** aus dem 13. Jh. (Eintritt: 2,50 €). Im hinteren rechten Kirchenschiff informiert das **Museo Laterano** über die Geschichte der Kirche.

› Geöffnet: täglich 7–18.45 Uhr, im Winter bis 18 Uhr

15 PORTA MAGGIORE [M9]

Der Bus fährt rechts an der Porta Maggiore vorbei. Das Tor wurde im Jahr 52 n. Chr. unter Kaiser *Claudius* vollendet. Besonders bemerkenswert ist das **Grab vor der Porta.** Es handelt sich um die letzte Ruhestätte des Bäckers *Eurysaces,* der seiner Zunft hier mit seinem Grab in der Form eines Backofens ein Denkmal setzte. Die Grabstätte stammt aus dem 1. Jh. v. Chr. *Eurysaces* muss sehr gutes Brot gebacken haben, sonst hätte er sich diese Grabstätte wohl nicht leisten können.

16 SAN LORENZO ★★ [M8]

Die Buslinie 3 fährt nun in das moderne Rom ein – das **Arbeiterviertel San Lorenzo.** Durchkreuzt von einer futuristisch anmutenden **Stadtautobahn** bildet das Stadtviertel einen harten Kontrast zum touristischen Rom. Für den Besucher ist dies eher von Vorteil: Hier gibt es eine Menge günstiger **Restaurants,** deren Preise dem Einkommen der hier ansässigen Bevölkerung angemessen sind.

030ro Abb.: apt

San Lorenzo wurde am 19. Juli 1943 von den Alliierten bombardiert. Im Zusammenhang damit kam es zur Absetzung *Benito Mussolinis* (siehe „Von den Anfängen bis zur Gegenwart“, s. S. 61).

› Online-Infos: www.sanlorenzoroma.org

▲ *Die Ruinen der Porta Maggiore*

◀ *San Giovanni, Innenansicht*

Kulinarisches in San Lorenzo

- 113 **Osteria.** Eine der typischen Arbeiterkantinen in San Lorenzo. Hier kann man noch für 4 € einen Teller Nudeln inklusive Getränk bekommen (einschließlich Gedeck). Ideal für ein schnelles Mittagessen. Via dei Reti 40; nur mittags geöffnet
- 114 **Tram-Tram.** Das Lokal an der Ecke Via dei Piceni/Via dei Reti gehört einer etwas gehobeneren Klasse an, aber auch hier gibt es Nudelgerichte schon ab 8 €.
- 115 [L8] **Ristorante Pulcino Ballerino.** Alternatives und junges römisches Publikum. Hier gibt es sehr gute Salate und Nudelspeisen ab 5 €; nur abends geöffnet. Via degli Equi 66/68; Tel. 06 490301
- › **Arancia Blu.** Das Lokal gehört zu den bekanntesten und besten fleischlosen Restaurants Roms (s. S. 48).

17 CAMPO VERANO ★ [M7]

Die nächste Haltestelle liegt am Campo Verano, dem römischen **Zentralfriedhof**, der streng nach antiker Sitte außerhalb der ehemaligen Stadtmauern angelegt wurde. Der Campo Verano ist so groß, dass er von einem umfangreichen Straßennetz durchzogen ist; ohne Auto käme hier keiner zu seinen Toten.

Ein Besuch eröffnet Einblicke in römische **Begräbniskultur.** Der Normalbürger findet seine letzte Ruhestätte in winzig kleinen Nischen, in die gerade ein Sarg hineinpasst. Wohlhabendere Römer ruhen in kleinen Marmortempeln, die von pathetisch in den Himmel strebenden Engeln umrahmt sind – meistens als Teil einer Familiengruft. Neben dem italienischen Nationalhelden *Garibaldi* und dem berühmten Komponisten *Rossini* findet sich hier auch das Grab der von Partisanen hingerichteten Mussolinigeliebten *Clara Petacci.*

Links neben dem Eingang des Friedhofs befindet sich die **Basilika San Lorenzo**, eine weitere der sieben Pilgerkirchen. Sie wurde an der Stelle errichtet, an der der **Heilige Laurentius** im Jahre 258 auf einem glühenden Rost gemartert wurde. Verfolgt wurde der Heilige aus handfesten materiellen Gründen: Er hatte die Kirchengelder an die Armen verteilt. Auf den Befehl der Behörden hin, ihnen das Geld auszuhändigen, sagte er: „Die Armen sind die Schätze der Kirche." Die von diesem Satz wenig beeindruckten Scharfrichter griffen zum Rost.

Gegenüber dem Friedhof befindet sich das **Universitätsgelände.** Über Jahrhunderte hinweg hatten die päpstlichen Ordensinstitute und Hochschulen – besonders die päpstliche Universität, die *Sapienza* – für höhere Bildung gesorgt. Erst unter dem Faschismus wurde zwischen 1932 und 1935 die *Università di Roma* errichtet. Heute sind mehr als 150.000 Studenten an der Universität eingeschrieben. Wer Lust hat, kann noch einen Spaziergang über das Gelände der römischen Universität machen. Freunde italienischer Literatur können an den Bücherständen immer mal wieder eine interessante Ausgabe von *Moravia* oder *Pitigrilli* finden.

- › Die letzte Straßenbahnlinie 3 Richtung Zentrum fährt um 22 Uhr.

VOM AVENTIN NACH TESTACCIO

18 BOCCA DELLA VERITÀ UND SANTA MARIA IN COSMEDIN ★★ [G9]

Einer der berühmtesten und wohl meistbesuchten Orte in Rom ist sicherlich der Wahrheitsmund, in den wohl fast jeder Romtourist einmal seine Hand gesteckt haben muss. Die schöne Kirche gleich nebenan wird dabei oft vergessen.

In der antiken Zeit nahm der **Viehmarkt** *(Forum Boarium)* ziemlich genau das Areal der heutigen Piazza della Bocca della Verrità ein. Der Rundtempel auf dem Platz wird zwar als das **Haus der Vesta** bezeichnet, weil er in seiner Form dem Vesta-Tempel auf dem Forum Romanum 9 ähnelt, über seine Herkunft ist aber so gut wie nichts bekannt. Wahrscheinlich stammt er aus der Zeit des *Augustus* (um Christi Geburt).

031ro Abb.: fs

Die Kirche **Santa Maria in Cosmedin** am südlichen Ende des Platzes ist vor allem wegen des sogenannten Wahrheitsmundes berühmt, der sich an ihrem Eingang befindet. Dabei ist die kleine Kirche selbst ein wahres Kleinod. Ihren Namen gaben ihr die Byzantiner, die zwischen dem 5. und 8. Jahrhundert n. Chr. einen großen Einfluss in Rom ausübten, von dem aber so gut wie nichts übrig geblieben ist. Der Bau wurde 772 begonnen. Heute ist die Santa Maria in Cosmedin die einzige orthodoxe Kirche Roms. Hier werden regelmäßig Messen nach griechisch-orthodoxem Ritus abgehalten.

Der von zwanzig antiken Säulen getragene **Innenraum** beeindruckt durch seine Schlichtheit. Die Santa Maria in Cosmedin ist keineswegs mit Prunk überladen wie so viele andere Kirchen in Rom. Ein Gang in die Krypta, der leider oft verschlossen ist, führt zu Gräbern und den Fundamenten eines antiken Tempels.

Vor dem Eingang zu der Kirche befindet sich auf der linken Seite die berühmte **Bocca della Verità (Wahrheitsmund).** Das Marmorgebilde stammt vermutlich aus dem 5. Jahrhundert v. Chr. und stellt den Gott Faunus dar, welchem die Gabe der Vorsehung zugeschrieben wurde. Im Mittelalter wurde der Stein zur Wahrheitsfindung benutzt: Ein nicht geständiger

◄ *Beißt er oder beißt er nicht: Touristenhand im Wahrheitsmund*

Straftäter musste seine Hand in den Mund des Ungeheuers legen. Bei einem Meineid soll die Hand abgebissen worden sein. Allerdings hat vermutlich jemand mit dem Schwert nachgeholfen. Heute bilden sich lange Schlangen vor dem Wahrheitsmund, weil viele Touristen Familienangehörige oder Freunde vor der Marmorscheibe ablichten möchten.

› Geöffnet: 9–13 Uhr und 15–18 Uhr. Am Eingang zu der Kirche bilden sich immer lange Schlangen. Wahrscheinlich wollen viele Reisende nicht ohne ein Foto von dem Wahrheitsmund nach Hause fahren. Übrigens muss jeder, der sich hier fotografieren lässt, 0,50 € bezahlen.
› Bus 30 bis Haltestelle Bocca della Verità

⑲ CIRCUS MAXIMUS (CIRCO MASSIMO) [H10]

In der Talsenke zwischen den zwei berühmtesten römischen Hügeln, dem Palatin und dem Aventin, fanden vor 2000 Jahren Wagenrennen statt, die bei den vergnügungssüchtigen Römern sehr beliebt waren.

Ein Blick zurück in die Urgeschichte Roms: Wer auf dem Gelände des Circus Maximus steht, kann sich gut die **Zwillinge Romulus und Remus** auf den Hügeln vorstellen, die auf ein göttliches Zeichen warten, wer denn nun das Recht habe, hier eine Stadt zu gründen. Nach der Überlieferung des römischen Historikers *Titus Livius* bestieg *Romulus* den Palatin und *Remus* den Aventin. Das Gottesurteil fiel allerdings sehr doppeldeutig aus: Sechs Geier überflogen den Aventin des *Remus;* er sah darin ein Zeichen, dass die göttliche Wahl auf ihn gefallen war. Bald darauf zog allerdings ein Geschwader von zwölf Geiern über den Palatin des *Romulus,* für den damit die Sache auch klar war: Die Anzahl der Geier schien ihm ausschlaggebend. All dies endete mit dem Tod des *Remus:* Als er, um *Romulus* zu verhöhnen, über die von ihm errichtete Mauer auf dem Palatin sprang, erschlug ihn der uneinsichtige Bruder. Seitdem wurde der Palatin von der herrschenden Klasse der Patrizier bewohnt, während der Aventin dem Volk, den Plebejern, vorbehalten blieb.

Der Circus Maximus selbst wurde, der Überlieferung zufolge, von *Tarquinius Superbus* im 6. Jahrhundert v. Chr. errichtet. *Titus Livius,* Roms Geschichtsschreiber, berichtet: „Damals erst ist der Platz für die **Rennbahn** abgesteckt worden, die jetzt die „große" (lat.: maximus) heißt. Für die römische Oberschicht wurden Plätze abgeteilt, wo sie sich Einzeltribünen errichten konnten – man nannte sie Abteile." Die Rennbahn wurde weiter ausgebaut, bis schließlich 300.000 Menschen dort Platz fanden.

Vor allem fanden im Circus Maximus die berühmten römischen **Wagenrennen** statt, bei denen von den Römern hohe Summen auf den Sieger gesetzt wurden. Später wurden dann auch die Kampfspiele der **Gladiatoren** hier abgehalten. Die letzten Spiele veranstaltete übrigens der Ostgotenherrscher *Totila* im Jahre 549 n. Chr.

Heute sind vom Circus selbst nur noch einige Mauerreste aus dem Bereich der **Südostkurve** der Tribüne übrig geblieben. Den **Turm** am südlichen Ende des Circus Maximus ließ die Familie *Frangipani* im Mittelalter als Teil einer Festungsanlage erbauen.

› Metro B bis Circo Massimo oder Straßenbahn Nr. 3
› Der Circo Massimo ist frei zugänglich.

069ro Abb.: bw

20 PIAZZA DEI CAVALIERI DI MALTA ★★ [G11]

Mitten auf dem Aventinhügel befindet sich ein wundervoller, von Palmen und Zypressen umstandener, verträumter Platz. Hier verbirgt sich einer der schönsten Blicke auf den Petersdom.

Wer durch das eisenbeschlagene Schlüsselloch der großen, grünen Holztür hindurchschaut, sieht am Ende eines grünen Pflanzentunnels die Kuppel des Petersdoms. Das Gelände hinter der Tür gehört dem **Malteserorden.** Das gesamte Ensemble rund um den Platz wurde von *Giovanni Battista Piranesi* im Auftrag der Malteser gestaltet.

▲ *Der Grabstein von Goethes Sohn August auf dem Cimitero Protestante* 22

Dies ist sicherlich einer der Orte Roms, den romantische Gemüter auf keinen Fall verpassen sollten. Aber sie werden wohl nicht die einzigen sein: Für römische **Liebespaare** ist der Ort, vor allem an warmen Sommerabenden, schon seit Generationen eine feste Institution.

› Metro B bis Circo Massimo
› Der Innenhof kann nach Voranmeldung samstags 10–11 Uhr besichtigt werden (Tel. 06 67581289).

21 DIE AURELIANISCHE MAUER [G12]

Erbaut wurde die Mauer in den Jahren 271 bis 275 n. Chr. von Kaiser Aurelian als Schutz gegen den immer stärker werdenden Ansturm der Barbarenstämme.

Die alte Befestigungsmauer des *Servius Tullius* aus dem Jahre 387 v. Chr. war unbrauchbar geworden. (Reste der servianischen Mauer sind noch heute am Bahnhof Stazione Termini zu sehen.) Die Aurelianische Mauer ist 6 Meter hoch, 3,5 Meter breit und hatte ursprünglich einen Umfang von 19 km. In seiner Blütezeit verfügte der Festungswall über 383 Türme und 18 Haupttore.

Das am besten erhaltene Teilstück der Mauer verläuft zwischen der **Pyramide** 11 und der **Porta Maggiore** 15. Ein Rundgang dauert knapp drei Stunden, gibt aber einen guten Eindruck von den riesigen Ausmaßen des Schutzwalls.

Wer sich über die Geschichte der Aurelianischen Mauer informieren will, geht am besten in das **Mauernmuseum** (Museo delle Mura, s. S. 26).

› Metro B bis Piramide

22 DER FREMDENFRIEDHOF (CIMITERO PROTESTANTE) ★★ [G12]

Da es noch vor 300 Jahren für Nichtkatholiken verboten war, in der Stadt des Papstes beerdigt zu werden, musste ein Friedhof eingerichtet werden, der es Angehörigen anderer Religionen erlaubte, zu einem Begräbnis zu kommen. Auch einige deutsche Protestanten sind hier beerdigt, unter anderem der Sohn eines weltberühmten deutschen Dichters.

Das Problem wurde immer dringender durch die Entdeckung Roms durch den gebildeten Tourismus im 17. Jahrhundert. Auf der Grand Tour, der Bildungreise für Angehörige vor allem des englischen und deutschen Bildungsbürgertums, kamen zwangsläufig auch Reisende zu Tode. Die katholische Kirche bezeichnete zu dieser Zeit die „Ungläubigen“ immer noch gerne als Verbrecher. Das hatte zur Folge, dass alle nicht-katholischen Ausländer heimlich außerhalb der Stadt begraben werden mussten, bevor der Fremdenfriedhof eingerichtet wurde.

Erst zu Beginn des 18. Jahrhunderts wurde gelegentlich der Platz an der Pyramide für Bestattungen freigegeben. Allerdings musste der Tote eine Person von Stand gewesen sein und es bedurfte der besonderen Erlaubnis des Papstes.

Das erste amtlich beglaubigte Begräbnis auf dem Gebiet des Fremdenfriedhofs fand 1738 statt. Symbole anderer Religionen als der katholischen waren nicht erlaubt. Zugelassen waren nur Steinplatten oder Denkmäler in antiker Form. Überhaupt waren die **Bestimmungen sehr strikt:** Die Särge mussten nachts überführt werden, und zwar auf einem gemieteten Ochsenkarren.

Meist wurde der Transport von der Polizei begleitet, um die radikalen Kinder des Papstes daran zu hindern, den Toten in den Tiber zu werfen. Erst nach der Ankunft durfte das Grab ausgehoben werden – wegen der Dunkelheit ein schwieriges Unterfangen. Die Beteiligung eines katholischen Geistlichen war natürlich undenkbar. Da die meisten an der Cestius-Pyramide Bestatteten Engländer waren, bemühte sich das englische Oberhaus um einen Kompromiss mit dem Vatikan: Seit 1819 durfte ein englischer Geistlicher als Gesandschaftsprediger die Protestanten beisetzen.

Als schließlich 1824 um den Friedhof eine **Mauer** gezogen wurde, war der Protestantische Friedhof zu einer Institution geworden. Der italienische Name für die Ruhestätte ist treffender: Er bezeichnet sie als den Nicht-Katholiken-Friedhof *(cimitiero acattolico).* Heute kann man hier die **Gräber bekannter Atheisten** finden, so etwa die letzte Ruhestätte des bekannten italienischen Kommunisten *Antonio Gramsci.*

In der wunderschönen Grünanlage ruht auch der Sohn *Goethes, August,* der auch im Tod nur Sohn sein durfte; auf dem Grabstein ist lediglich vermerkt, dass hier der Sohn des großen Mannes begraben liegt.

› Metro B bis Piramide
› Eingang in der Via Caio Cestio 6; geöffnet täglich 9–17.30 Uhr, sonntags 9–13 Uhr. Es wird um eine Spende gebeten. Tel. 06 5741900

23 MONTE TESTACCIO ★★ [F12]

Das Stadtviertel ist heute eine der beliebtesten Amüsiermeilen der Stadt. Es gibt viele Nacht- und Musiklokale, die bis in die frühen Morgenstunden geöffnet haben.

Im 3. Jahrhundert v. Chr. wurde das ebene Gebiet für die **Tiberschiffer** zum Entlade- und Verteilerplatz der für Rom bestimmten Lebensmittel und Waren; große Lagerhallen von enormen Ausmaßen wurden gebaut.

Der Testaccio-Hügel, nach dem früher die ganze Ebene zu Füßen des Aventin benannt wurde, erhebt sich etwa 30 Meter über dem umgebenden Viertel und erhielt seinen Namen von dem alten *mons testaceus* (Berg der Tonscherben). Der Berg besteht einzig und allein aus den **Bruchstücken von Amphoren,** die hier weggeworfen wurden. Wenn man sich vorstellt, dass Rom um 200 n. Chr. ca. 1 ½ Millionen Einwohner hatte und die Amphore der hauptsächliche Behälter für Wein und Öl war, kann man sich leicht denken, wie sich in den acht Jahrhunderten, in denen der Handelshafen am nahe gelegenen Tiber bestand, so viele Scherben anhäufen konnten.

0067ro Abb.: bw

Ein schöner **Spazierweg** führt um den Monte Testaccio herum (Via Monte Testaccio), vorbei an den tagsüber natürlich geschlossenen Nachtlokalen, hin zum römischen Schlachthof – der alte Zauber Roms, bevor es Hauptstadt wurde, überkommt den Besucher für einen kurzen Moment.

In unmittelbarer Nachbarschaft befindet sich der **Bahnhof Roma-Ostiense.** Von hier aus gelangt man mit der Schnellbahn zum Flughafen *Leonardo da Vinci.* Der Bahnhof ist durch eine Unterführung mit der Metrostation *Piramide* verbunden.

› Metro B bis Piramide

▲ *Vase in der Villa Borghese*

032ro Abb.: fs

IL VILLAGGIO DEGLI EBREI – DAS RÖMISCHE JUDENVIERTEL

Die Juden Roms gehören sicherlich zu den alteingesessensten Römern überhaupt; so mancher Stammbaum lässt sich bis in die Zeit des Augustus zurückverfolgen. Auch das Stadtviertel, das von den ebrei bewohnt wird, atmet noch den Hauch der Vergangenheit.

Die Bewohner haben heute noch jene starke Bindung an ihren *rione* (Stadtviertel) wie sie im Mittelalter üblich war. Überall erzählen Wandinschriften von jüdischem Selbstbewusstsein: *Israele vivrà* (Israel wird leben) wurde da mit Sprühdosen auf die verwitterten Hauswände geschrieben. Auch wenn heute nur noch 400 Juden auf dem **Gebiet des ehemaligen Gettos** leben, so ist es doch immer noch ein Treffpunkt zum Beten und Diskutieren. Während in anderen italienischen Städten das Getto nur eine Erinnerung geblieben ist, hat es in Rom seine Funktion als identitätsstiftender Lebensraum im Großen und Ganzen bewahrt.

Gibt es **Antisemitismus** in Rom? Der frühere Oberrabbiner der jüdischen Gemeinde von Rom, *Elio Toaff,* meint dazu: „Das Problem ist, dass die Juden im Allgemeinen für die Vorgänge in Israel verantwortlich gemacht werden. Das ist kein Antisemitismus, sondern eine ideologisch-politische Auseinandersetzung."

Mittlerweile gehören antisemitische Parolen in den römischen Fussballstadien aber leider zur Tagesordnung. Trotzdem leben die 18.000 Juden Roms friedlich mitten im Herzen der Stadt. Seit

GESCHICHTE DER JUDEN IN ROM

Schon im 2. Jh. v. Chr. ließen sich Juden in Rom nieder und gehörten damit zu den ersten außereuropäischen Einwanderern. Nach der Zerstörung des wichtigsten Heiligtums der Juden, des Tempels in Jerusalem, durch Kaiser Titus (70 n. Chr.) wurden sie zu Zehntausenden ***als Kriegsbeute nach Rom verschleppt.***

Im 1. Jh. n. Chr. wurden schon 50.000 Juden in der Millionenstadt gezählt. Es ging ihnen nicht schlecht: Sie hatten sich in Trans Tiberim (Trastevere) niedergelassen und gelangten in der römischen Gesellschaft zu ***Einfluss und Ansehen.*** *Von den religiös toleranten Römern wurde ihnen die* ***Religionsfreiheit*** *gewährt, ihre Synagogen waren in der Stadt ein vertrauter Anblick. Mit den Christen verband sie vieles, was solidarische Beziehungen zur Folge hatte. Jesus Christus war schließlich auch Jude gewesen, beide Gemeinden waren religiöse Minderheiten und außerdem hatten jüdische Kaufleute und Einwanderer die neue Lehre nach Rom gebracht.*

Als die Päpste in Rom die politische Gewalt übernahmen, waren die guten Beziehungen zu Ende. Der ***missionarische Eifer der Christen*** *duldete keine anderen Religionen. Die Juden wurden zur gedemütigten Minderheit. Von Innozenz III. wurden sie im Jahre 1215 gezwungen, ein gelbes Erkennungszeichen zu tragen.*

Im 14. Jh. zogen die Juden über die Tiberbrücke in den heutigen ***Rione Sant'Angelo*** *um. Sie suchten den Zugang zum Stadtzentrum, das besser für ihr Gewerbe geeignet war – ihnen war nur der Handel mit Altwaren und Geld erlaubt. In der Via del Corso, wo die berühmten Wagenrennen abgehalten wurden, zwang man die Juden, zur allgemeinen Belustigung mit Pferden um die Wette zu laufen.*

Unter Papst Paul IV. schließlich wurde 1555 die ***Errichtung eines Gettos*** *verfügt. Vom Tiberufer zum Marcellustheater über die Via di Portico d'Ottavia wurde eine Mauer gebaut, deren zwei Tore bei Sonnenaufgang geöffnet und bei Sonnenuntergang wieder geschlossen wurden.*

Schon 40 Jahre zuvor waren in Venedig Juden auf die gleiche Art und Weise von ihren Mitbürgern abgegrenzt worden. Hier hat auch die Bezeichnung „Getto" ihren Ursprung. Neben dem venezianischen Getto lag eine Metallgießerei – das italienische Wort getto für „Metallguss" gab der erzwungenen Kasernierung ihren Namen.

Eine Errungenschaft des jungen italienischen Nationalstaats war zweifellos die ***Abschaffung des Gettos*** *(1870). Es war das letzte Getto in Italien. Erst jetzt begann eine wirkliche Integration der Juden in die römische Gesellschaft.*

Nach der durch die Deutschen erzwungenen Einführung der Rassengesetze durch Mussolini (1938) verschlechterte sich die Situation der Juden spürbar. Zwar wurden die Gesetze unter den Faschisten praktisch nie angewandt, doch unter der Gemeinde griff die Angst um sich. Einige Tausend Juden wurden von den Faschisten in das Stadtviertel Garbatella umgesiedelt. Nach der Besetzung Roms durch die Deutschen (1943) wurden über zweitausend von ihnen ***in Konzentrationslager deportiert*** *– keiner kehrte zurück.*

065ro Abb.: bw

1989 gewährt der italienische Staat den jüdischen Gemeinden eine **relative Autonomie.** Es gibt ein Rabbinergericht, das für religiöse Fragen wie koscheres Essen, Hochzeiten oder Scheidungen zuständig ist, ein eigenes soziales Fürsorgesystem und jüdische Schulen. Die Verwaltung der Gemeinde liegt in den Händen des Gemeinderates mit seinen 57 Mitgliedern. In Rom hat sich auch die Redaktion der jüdischen Wochenzeitung „Schalom" niedergelassen.

24 EHEMALIGES GETTO ★ [F9]

In den alten Gassen des ehemaligen Gettos zwischen der Piazza Mastai und dem Tiberufer gibt es nichts von dem zu sehen, was der Plan des Touristen als zwingend vorschreibt. Trotzdem, oder gerade deswegen, spürt man nirgendwo das **Rom einer vergangenen Zeit** so intensiv wie hier. Für die Römer ist das Viertel ein Ort, an dem man billig Kurzwaren kaufen kann; viele römische Juden sind in der Konfektionsbranche tätig.

25 SYNAGOGE [G9]

Gegenüber der Tiberinsel mit dem Krankenhaus San Giovanni di Dio beherrscht die Synagoge, die 1904 eingeweiht wurde, eindrucksvoll das Stadtviertel. Im Inneren des Gotteshauses dokumentiert ein **Museum** *(Museo Ebraico di Roma)* die Geschichte der Juden in Rom.

› Geöffnet: Mo.–Do. 10–17 Uhr, Fr. 9–14 Uhr; 21. März, 25. April, 8. Mai, 1. und 2. Juni, 15. August und 1. November geschl.; Eintritt 7,50 €; www.museoebraico.roma.it
› Lungotevere Cenci; mit der Straßenbahn 8 bis zum Largo Argentina

26 ARCHÄOLOGIEPARK ZWISCHEN GETTO UND KAPITOL ★ [G9]

Nach dem Besuch des ehemaligen jüdischen Gettos sollte man unbedingt am Ende der Via di Portico d'Ottavia einen Abstecher zum **Teatro Marcello** unternehmen. Seit einiger Zeit ist diese bisher nicht zugängliche Ecke der Innenstadt wieder für die Öffentlichkeit geöffnet. Bei einem Spaziergang durch den Archäologiepark, der zu jeder Tages- und Nachtzeit geöffnet ist, entdeckt der Besucher völlig unbekannte Perspektiven Roms. Die Bebauung des Geländes reicht von der Antike bis in das Mittelalter hinein. Wer den Weg bis zum Ende der Ruinen läuft, befindet sich schon gegenüber dem Kapitol.

› Straßenbahn Nr. 8 bis Largo Argentina

Übrigens: Die **Ruinen am Largo Argentina** sind erst in den 1920er-Jahren entdeckt worden. Hier befand sich das **Theater des Pompejus**, der Ort, an dem *Cäsar* im März 44 v. Chr. ermordet wurde.

KULINARISCHES

116 [F8] **Bäckerei Boccione.** Nicht zuletzt ist das ehemalige Getto berühmt für seine kulinarischen Spezialitäten. Hier, an der Piazza Costaguti, gibt es die typischen jüdischen Süßspeisen (Kuchen aus Mandelteig und Sauerkirschen).

› **Sora Margherita** (s. S. 45). Via Portico Ottavio 1; Sehr einfache Trattoria mit umso besserem, typisch römischem Essen. Ausgezeichnete Nudelgerichte!

117 [F8] **Il Portico.** In diesem Ristorante wird koschere Küche serviert. Am Eingang bestätigt ein Zertifikat des Rabbiners der jüdischen Gemeinde, dass hier unbedenklich koscher gegessen werden kann. Nicht ganz billig (Menü ab 18 €). Via del Portico d'Ottavia 1; Tel. 06 68307937; Di. geschl.

› **Giggetto** (s. S. 42). Das Familienrestaurant direkt neben dem antiken Oktaviator ist berühmt für seine typisch römischen Spezialitäten.

› **Al Pompiere** (s. S. 42). Edles Restaurant, das klassisch römisch-jüdische Gerichte serviert.

033ro Abb.: fs

▲ *Hinter dieser Tür verbirgt sich das Sora Margherita, eines der kultigsten Restaurants im Judenviertel*

◄ *Blick von Trastevere auf Rom und die Ponte Sisto*

ZWISCHEN VIA DEL CORSO UND CAMPO DE' FIORI

Die **römische Altstadt** war in der Antike das große **Exerzierfeld** Roms, wie auch der lateinische Name *Campus Martius,* das dem Kriegsgott *Mars* geweihte Feld, belegt. *Agrippa* ließ das Gebiet kurz vor Christi Geburt durch die Anlage von Bädern und Gärten umgestalten.

Unter den Päpsten wurde nach deren Rückkehr aus dem französischen Exil in Avignon (1377) aus dem gesamten Gebiet ein **kulturelles und wirtschaftliches Zentrum.** Die Via dei Banchi Nuovi etwa war im 15. Jahrhundert die Hochburg der Bankiers, die größtenteils aus den Städten Siena, Florenz und Genua stammten. Zur wirtschaftlichen Entwicklung zog Rom Fremde heran; auch die Künstler, die in Rom arbeiteten, kamen immer aus anderen italienischen Städten. Die **Bankiers der Renaissance** hatten nicht nur die Verantwortung für das Vermögen der Päpste. Sie verwalteten auch das Zollwesen und sicherten sich dadurch einen großen Einfluss.

Der berühmteste Bankier war *Agostino Chigi,* dessen rauschende Feste in ganz Rom bekannt waren (siehe Kapitel „Trastevere", s. S. 125).

Später stellte die Familie der **Chigi** einige Päpste. Eine neue Epoche hatte begonnen: Ein ökonomisch potentes Stadtbürgertum brachte den Klerus in seine Abhängigkeit und sicherte sich somit den Aufstieg in die höheren Etagen des römischen Kirchenadels.

Die Altstadt wurde großzügig gestaltet: Die berühmtesten Bildhauer Europas *(Michelangelo, Bramante)* errichteten hier ihre Brunnen, Straßen und Kirchen, das **Zeitalter der Renaissance** (Wiedergeburt) war angebrochen.

Ab dem 17. Jahrhundert kam der **Barock** immer mehr in Mode. Der Begriff stammt aus dem Portugiesischen und bezeichnet dort eine ungewöhnlich geformte Perle.

Der neue Stil prägte die Architektur in der römischen Altstadt so sehr, dass kaum ein Gebäude sich seinem Einfluss entziehen konnte. *Bernini* und *Borromini* hießen die großen Architekten dieser Epoche. Nach den Worten *Berninis* ist alles barock, „was in irgendeiner Weise kompliziert, müßig, launisch oder exzentrisch ist".

27 VIA DEL CORSO ★★★ [G7]

Der Corso ist schon seit Jahrhunderten eine der Lebensadern Roms. Der Spaziergang auf der breiten Prachtstraße gehört zu den wichtigsten Ritualen der Einheimischen.

Die Via del Corso hat Papst *Paul II.* im 15. Jahrhundert errichten lassen. Gedacht war sie zur Aufwertung seines geplanten Regierungszentrums als große Verkehrsader zwischen der Piazza del Popolo und der Piazza Venezia. Der Papst ließ hier damals seine **Wagenrennen** abhalten. Aber lassen wir uns von *Goethe* erzählen, wie es hier im 18. Jahrhundert ausgesehen hat: „Der römische Karneval versammelt sich in dem Korso. Diese Straße beschränkt und bestimmt die öffentliche Feierlichkeit dieser Tage. An jedem anderen Platz würde es ein anderes Fest sein. (...) Der Korso führt den Namen wie mehrere lange Straßen italienischer Städte von dem Wettrennen der Pferde, womit zu Rom sich jeder Karnevalsabend schließt."

Die Quellen sprechen auch von ausladenden **Trink- und Essgelagen.** Das Konzept von „Brot und Spiele" war auch den Päpsten noch sehr willkommen.

Ein Spaziergang empfiehlt sich abends zwischen 18 und 19 Uhr. In dieser Zeit nehmen die zahlreichen einheimischen Fußgänger von der Straße Besitz. Der Corso ist eine **Flanierstraße,** bei der das Sehen und vielleicht noch viel mehr das Gesehenwerden eine große Rolle spielt. Alles ist ziemlich teuer; der Besucher sollte seinen Kaffee daher lieber in einer der Seitenstraßen westlich des Corso einnehmen, um den Geldbeutel zu schonen. Nicht umsonst ist die Straße voll von Bettlern, die ein paar Brosamen von den wohlhabenden Flaneuren auf dem Corso erbitten.

Übrigens: Auf jeden Fall sollte man vorsichtig sein mit den vielen **Straßenhändlern,** die ihre kleinen Buden mit Getränken, Süßigkeiten und Kokosnüssen betreiben. Für den Preis, den man bei ihnen für ein Getränk bezahlt, kann man sich auch getrost in einem der vielen Straßencafés niederlassen.

› Metro A bis Flaminio

28 PALAZZO DORIA PAMPHILJ [G7]

Wenn man von der Piazza Venezia auf die Via del Corso geht, ist der Palazzo Doria Pamphilj gleich das zweite Haus auf der linken Seite. Hier befindet sich eine **Gemäldesammlung,** die aus dem reichen Besitz der beiden bedeutenden römischen Familien *Pamphilj* und *Doria* stammt. Die Sammlung umfasst Gemälde von großen Meistern wie *Corragio, Tizian, Caravaggio* und *Velázquez,* um nur die bedeutendsten zu nennen.

› Der Eingang befindet sich um die Ecke an der Piazza del Collegio Romano.

› Geöffnet: täglich 10–17 Uhr, Do. geschl.; Tel. 06 6797323; Eintritt: 7 €; www.doriapamphilj.it

› Bus Nr. 40 bis Piazza Venezia

29 PIAZZA COLONNA ★ [G7]

200 Meter hinter dem Palazzo Doria Pamphilj erreicht man auf der linken Seite die Piazza Colonna. Hier steht auch der **Palazzo Chigi,** der Sitz des italienischen Ministerpräsidenten.

Die **Marc-Aurel-Säule,** die den Platz eindrucksvoll beherrscht, entstand zwischen 176 und 193 n. Chr. Sie ist einschließlich der Basis und der Statue auf der Spitze 42 Meter hoch. Das spiralförmig angelegte Relief rund um die Säule zeigt Szenen aus den Kriegszügen *Marc Aurels* gegen die Germanen. Die Details beschreiben eindrucksvoll das Leben im 2. Jahrhundert n. Chr., sind aber leider vom Fuß der Säule aus wegen ihrer Winzigkeit schlecht zu erkennen.

› Bus Nr. 40 bis Piazza Venezia

30 GOETHEMUSEUM [G5]

Man kann auch **Goethes Wohnsitz** in Rom besichtigen. In den Jahren 1786–88 wohnte der Italienreisende bei dem Maler *Tischbein* in der Via del Corso. Erst 1997 wurde das Museum, nur wenige Schritte von der Piazza del Popolo entfernt, wiedereröffnet.

› Via del Corso 18; Metro A bis Flaminio

› Geöffnet: 10–18 Uhr, Mo. Ruhetag; Tel. 06 32650412; Eintritt: 4 €, www.casadigoethe.it

EXTRATIPP

Deutsche Buchhandlung

Wer die nötige Literatur für eine Romreise zu Hause vergessen hat, dem sei die ***Herder-Buchhandlung*** *(s. S. 30) direkt gegenüber dem Palazzo Montecitorio ans Herz gelegt (Piazza di Montecitorio 120; Tel. 06 6794628). Hier findet man eine sehr große Auswahl an deutschsprachiger Romliteratur. Außerdem gibt es in der Buchhandlung ein schwarzes Brett, auf dem manchmal nützliche Informationen weitergegeben werden (z. B. deutschsprachige Babysitter, Italienischunterricht oder Mitfahrgelegenheiten).*

31 PALAZZO MONTECITORIO [G7]

Geht man geradeaus über die Piazza Colonna hinweg, stößt man direkt auf den Palazzo Montecitorio, der seit 1871 **Sitz der italienischen Abgeordnetenkammer** ist *(Camera dei Deputati)*. Der Palast wurde im Jahr 1650 von *Bernini* begonnen, aber erst 1744 von *Carlo Fontana* fertiggestellt.

Auf dem Platz vor dem Parlament steht ein **ägyptischer Obelisk** aus dem 6. Jahrhundert v. Chr., der unter *Augustus* von Heliopolis nach Rom geschafft wurde und ehemals ein Teil der größten Sonnenuhr aller Zeiten war.

› Metro A bis Flaminio

32 GRABMAL DES AUGUSTUS [F5]

In der Nähe der Via del Corso befindet sich das Grabmal des *Augustus* (in die Via Tomacelli einbiegen, dann auf der rechten Seite). Der heutige Zustand wurde erst 1936 nach Ausgrabungen wieder hergestellt. In dem Hügel, der einen Durchmesser von 89 Metern hat, laufen konzentrische Gewölbegänge zu den einzelnen **Grabkammern** der Familie des *Augustus*, den *Julier-Claudiern*.

› Geöffnet: Sa. und So. 10–13 Uhr

› Metro A bis Flaminio

33 ARA PACIS ★ [F5]

Gleich neben dem Grabmal des *Augustus* befindet sich der **Altar des Friedens** *(Ara Pacis)*. Er wurde zwischen 13 und 9 v. Chr. geschaffen und war vom römischen Senat als Erinnerung an die Befriedung des Römischen Reichs durch *Augustus* erbaut worden.

Über 70 Jahre lang war der mächtige Marmorblock von einem gläsernen Pavillon umgeben. Mit dem Auto im Stau auf dem stets überfüllten Tiberufer stehend konnte man genüsslich den Altar bewundern. Dann erhielt der weltberühmte amerikanische Architekt *Richard Meier* den Zuschlag zur Neugestaltung des Ara Pacis. Ein **Museum** sollte entstehen, das den Marmoraltar didaktisch ergänzt. Die römische Architektenschaft zeigte sich nicht begeistert über einen ausländischen Architekten. Mancher hätte natürlich gerne selbst das Projekt vollendet. Nicht wenige Römer fragten sich, was an dem Glaspavillon so schlecht war. Ein kommunalpolitisches Gezerre setzte ein, das erst im April 2006 endete, als der Neubau endlich eröffnet werden konnte.

Entstanden ist ein an der **Bauhausästhetik** angelehntes Gebäude, etwas zu groß geraten für den kleinen Altar. Aber jetzt gibt es wenigstens ein Museum, das dem Besucher die Symbolik des Altars näher erläutert.

KLEINE PAUSE

Italienisches Eis vom Feinsten

*›Die alteingesessene **Eisbar Giolitti** (s. S. 40) darf bei einem Romaufenthalt nicht übergangen werden.)*

118 [F7] ***Gelateria della Palma.*** *Wer es preisgünstiger möchte, geht in diese Gelateria, wo das Publikum zwar nicht ganz so exklusiv ist, das Eis aber genauso gut schmeckt. Via della Maddalena 20–23.*

› Lungotevere in Augusta; Busse 70, 81, 117 bis Piazza Augusto Imperatore oder zu Fuß von der Piazza del Popolo (Metrohaltestelle A Flaminio); Di.–So. 9–19 Uhr, der Ticketverkauf endet 18 Uhr; 1. Jan., 1. Mai und 25. Dez. geschlossen; Eintritt 6,50 € (frei für EU-Bürger unter 18 und über 65 Jahren); www.arapacis.it

34 PIAZZA MADDALENA [F7]

Die schöne Piazza Maddalena, die zum Glück noch nicht als Parkplatz missbraucht wird, wird dominiert durch die rokokohafte Fassade der **Kirche der Heiligen Maddalena**, die 1735 erbaut wurde.

› Bus Nr. 117

KLEINE PAUSE

119 [G7] *L'Arcano*

Das kleine, gemütliche Altstadtrestaurant bietet eine bodenständige italienische Küche zu vernünftigen Preisen. Beachtenswert ist die Tageskarte mit den Empfehlungen des Hauses! Via delle Paste 102; Tel. 06 6781086; www.larcano.it

35 PANTHEON ★★★ [F7]

Der besterhaltene Tempel aus römischer Zeit ist eines der berühmtesten Bauwerke der Welt und seit zwei Jahrtausenden fast unverändert geblieben. Nirgendwo sonst erhält man einen besseren Eindruck von den architektonischen Meisterleistungen der alten Römer.

Der Bau wurde von *Marcus Agrippa,* dem Schwiegersohn des Kaisers *Augustus,* in Auftrag gegeben und 27 v. Chr. vollendet, doch brannte das Gebäude schon im Jahre 80 n. Chr. ab. Das Pantheon in seiner heute noch zu bestaunenden Form ließ Kaiser *Hadrian* zwischen 120 und 125 n. Chr. errichten.

Die lateinische Bronzeinschrift unterhalb des Giebels bezieht sich auf den ursprünglichen Erbauer: *„Marcus Agrippa,* Sohn des *Lucius,* baute diesen Tempel, als er zum dritten Mal Konsul war."

Das Pantheon beeindruckt besonders durch das **Firmament der Kuppel,** in der sich eine kreisrunde Öffnung für das Sonnenlicht befindet, das den Innenraum in ein geradezu magisches Licht hüllt. *Agrippa* weihte den Bau vermutlich den Planetengöttern, die durch das Firmament der Kuppel versinnbildlicht werden sollten.

Die ersten christlichen Kaiser verboten den heidnischen Kult im Pantheon. Benutzt wurde das Gebäude erst wieder, nachdem es Papst *Bonifaz IV.* am 1. November 609 (seitdem wird Allerheiligen an diesem Tag gefeiert) der Madonna und allen heiligen Märtyrern weihte.

Zum Ende des 19. Jahrhunderts wurde das Pantheon zudem **Grabeskirche** für die italienischen Könige. *Victor Emanuel II.* und *Umberto I.* ruhen hier wie auch der Renaissancekünstler *Raffael.*

034ro Abb.: fs

Die gewaltige Wirkung des Innenraums beruht auf seiner ausgewogenen und durchdachten architektonischen **Gliederung:** Höhe und Durchmesser haben identische Maße (43,20 m), wobei die Wände des Zylinders, auf dem die Kuppel ruht, und der Radius der Halbkugel die Hälfte des Durchmessers ausmachen (21,60 m).

› Öffnungszeiten: werktags 9–18.30 Uhr, an Feiertagen 9–13 Uhr; freier Eintritt
› Bus 119 bis Piazza della Rotonda

KLEINE PAUSE

Kaffeepause

In der Nähe des Pantheons wird in der ***Bar Tazza d'Oro*** *(s. S. 40) eine schier unglaubliche Auswahl von Kaffeesorten angeboten, die man nach dem Probieren auch kaufen kann.*

In der Bar ***San Eustachio*** *(s. S. 40) wird der Kaffee in einer derartig festen Konsistenz serviert, dass man denkt, man würde eine Praline essen.*

EINKAUFEN

120 [G7] **Giuliana di Care.** In dem hinreißend altmodischen, bis unter die Decke vollgestopften Laden findet man antike Bücher, alte Drucke und Briefmarken. Via dei Pastini; Tel. 06 6780297; geöffnet 15–20 Uhr

121 [G7] **Spielzeugladen.** Handgeschnitztes Kinderspielzeug gibt es gleich hinter dem Pantheon in einem kleinen Geschäft, an dessen Eingangstür schon eine Pinocchiofigur auf Kunden wartet. Wer Kinder hat, sollte hier gewesen sein. Via dei Pastini 98; Tel. 06 69190894; www.bartolucci.com

36 PIAZZA DELLA MINERVA [G7]

Gleich hinter dem Pantheon sollte man sich noch auf der Piazza della Minerva den von *Bernini* entworfenen **Marmorelefanten** ansehen. Er wurde 1667 modelliert und trägt einen ägyptischen Obelisken, der aus dem 6. Jh. n. Chr. stammt – Kriegsbeute der Römer, versteht sich. Der Elefant zeigt die Verspieltheit *Berninis,* die sich besonders im Gesichtsausdruck des Marmortiers widerspiegelt.

› Bus 119 bis Piazza della Rotonda

37 PALAZZO MADAMA [F7]

Am Corso del Rinascimento steht der Palazzo Madama, in dem sich der **Sitz des italienischen Senats** befindet. Jedes vom Abgeordnetenhaus verabschiedete Gesetz muss hier vorgelegt werden, wo es entweder angenommen oder an das Parlament zurückverwiesen wird. Der Palast wurde im 16. Jahrhundert für die Florentiner Familie *Medici* errichtet. Die Tochter *Karls V.,* die hier vorübergehend wohnte und den Spitznamen Madama innehatte, gab dem Palast seinen Namen. Das Gebäude kann nicht besichtigt werden.

Der **Corso Rinascimento** wurde 1938 angelegt. Einige faschistische Bauten zeugen von dem Versuch *Mussolinis,* die Innenstadt in Besitz zu nehmen.

› Busse 70 und 81 bis Corso del Rinascimento

38 PIAZZA NAVONA ★★★ [F7]

Der berühmte Platz wird gerne als Roms „gute Stube" bezeichnet. In überschäumendem Barock gestaltet, ist er wirklich das Aushängeschild Roms und das hat Tradition. Schon immer diente der Platz der Belustigung der Römer.

Ihre eigentümliche ovale Form verdankt die Piazza Navona nämlich dem **Stadion des Kaisers Domitian** (81–96 n. Chr.), einem der fleißigsten Bauherren des alten Rom. Das Stadion wurde noch bis ins 13. Jahrhundert für Sport und Spiel genutzt.

Dominierend und weltberühmt ist der Brunnen in der Mitte des Platzes, der 1651 fertig gestellte **Brunnen der vier Flüsse** *(Fontana dei Fiumi),* eine der wichtigsten Arbeiten *Gian Lorenzo Berninis.* Die vier jeweils durch eine Steinfigur dargestellten Flüsse sind der Ganges, der Nil, die Donau und der Rio della Plata, die größten Flüsse der zur Zeit der Fertigstellung des Brunnens bekannten vier Kontinente. Damit demonstrierte die Kirche unzweideutig ihren universellen Machtanspruch.

Im Rom des 17. Jahrhunderts gab es allerdings fast einen **Aufstand** wegen der hohen Kosten, die der Bau des Brunnens verschlungen hatte. Sondersteuern, unter anderem auf Brot, wurden erhoben.

Der römische Volksmund behauptet, und dies mit unerschütterlicher Gewissheit, die Figur, die den Nil darstellt, würde ihr Gesicht bedeckt halten, weil sie den Anblick der von *Borromini* gestalteten **Kirche San Agnese** nicht ertragen könne – eine Anspielung auf die Rivalität zwischen *Bernini* und *Borromini.* Die Geschichte ist zwar schön, kann aber leider nur eine Legende sein, weil die Kirche erst später erbaut wurde. In Wirklichkeit ist der Kopf des Nils verhüllt, weil man seine Quelle damals nicht kannte, und der Rio della Plata hebt seine Hand zum Schutz gegen die brennende Sonne Südamerikas.

Gerne werden die beiden anderen Brunnen auf dem Platz übersehen. Das

Nordende des Platzes schmückt die **Fontana del Nettuno,** die den Meeresgott Neptun im Kampf mit einer Seeschlange zeigt. Am südlichen Ende des Platzes steht die **Fontana del Moro,** deren zentrale Figur ebenfalls einen Meeresgott darstellt. Der Name bezieht sich wahrscheinlich auf den Bildhauer *Antonio Mori*, der einen Delphin nach den Entwürfen *Berninis* hinzufügte.

Von Anfang Dezember bis zum 6. Januar, dem Heiligendreikönigstag, der in Italien *Befana* (Hexe) genannt wird, findet auf der Piazza Navona jedes Jahr ein **Weihnachtsmarkt** statt.

Wer die Piazza Navona besucht, sollte bedenken, dass sämtliche Cafés rundherum sündhaft teuer sind.

› Busse 30, 70, 81 und 116 bis Corso del Rinascimento

39 MUSEO DI ROMA ★ [F7]

An der Piazza San Pantaleo beherbergt der **Palazzo Braschi** das Museo di Roma. Seit 1952 wird hier eine Auswahl von Gemälden, Terrakottafiguren und Skulpturen ausgestellt.

Das Museum erhebt den Anspruch, das mittelalterliche und zeitgenössische Rom und damit die **Entwicklung der Stadt** zu veranschaulichen. Besonders sehenswert sind die zahlreichen alten Stadtansichten aus dem 18. und 19. Jahrhundert.

› Geöffnet: Di., Mi., Fr.und Sa. 9–13.30 Uhr, Do. 9–13.30 und 17–20 Uhr, So 9–12.30 Uhr, Mo Ruhetag; www.comune.roma.it/museodiroma

› Busse 70 und 81 bis Corso del Rinascimento

035ro Abb.: fs

KLEINE PAUSE

- *Im **Cul de Sac 1** (s. S. 48) werden mehr als 1400 verschiedene Sorten von italienischem Sekt, Champagner und Wein ausgeschenkt. Außerdem werden auch kleine Häppchen angeboten.*
- *Die Preise für Eis sind auf der Piazza Navona nicht anders als unverschämt zu nennen. Die einzige **Eisbar** mit vernünftigen Preisen ist das **Ai Tre Scalini** (s. S. 40).*
- *Im **Da Quinto** (s. S. 40) werden nach Meinung vieler Einheimischer die besten Obstsalate und Milkshakes der ganzen Stadt zubereitet.*
- ***Mimí e Cocó** (s. S. 48). Guten Wein, Suppen und Häppchen gibt es bei Mimí e Cocó in der Via del Governo Vecchio.*
- ***Enoteca Buccone** (s. S. 48). Die Weinstube in der Via di Ripetta bietet einen guten Mittagsimbiss.*

40 PALAZZO ALTEMPS  [F7]

In dem erst vor einigen Jahren renovierten Renaissancepalast sind die einige Meisterwerke der antiken griechischen und römischen Bildhauerkunst zu sehen.

Benannt ist der Palast nach seinem früheren Besitzer, dem Kardinal *Marco Altemps*, der selbst ein leidenschaftlicher Sammler antiker Statuen war.

◀ *Universeller Machtanspruch: der Vierströmebrunnen auf der Piazza Navona 38*

Die Höhepunkte des Museums befinden sich im ersten Stock. Das wohl bekannteste und dramatischste Werk ist die berühmte **Statue des Galliers**, der sich zusammen mit seiner Frau tötet (Saal Nr. 26). Alle Statuen sind Kopien; die Originale waren wohl griechischer Herkunft. *Caesar* ließ die Kopien nach seinem Sieg über die Gallier anfertigen.

- Geöffnet: Di.–So. 9–19.45 Uhr, Mo. Ruhetag; Eintritt: 6,50 €, 2,50 € extra, wenn es eine Ausstellung gibt, unter 18 Jahren freier Eintritt; www.museidiroma.com/alt.htm
- Via di Saint Appolinaire 8; mit den Bussen 70 und 81 bis Corso del Rinascimento

41 CAMPO DE' FIORI ★★★ [F8]

Das Leben auf dem Campo de' Fiori kommt nie zum Erliegen. Tagsüber findet hier Roms beliebtester Gemüsemarkt statt, nach Einbruch der Dunkelheit ist der Platz rund um das Denkmal eines hingerichteten Mönchs einer der beliebtesten Treffpunkte der Nachtschwärmer.

Der Unterschied zur Piazza Navona ist deutlich. Der Campo de' Fiori ist noch immer ein **Platz des römischen Volkes**, viel mehr als die herausgeputzte Piazza Navona 38. Die Häuser rundherum tragen die Patina längst vergangener Zeiten, die Anordnung der Gebäude wirkt ungeplant, geradezu chaotisch. Das **Denkmal** in der Mitte des Platzes zeigt **Giordano Bruno**, den Ketzer. Er wurde hier im Jahr 1600 von den Schergen des Vatikans lebendig verbrannt, weil er sich weigerte, seine Überzeugungen, die dem Unfehlbarkeitsanspruch der Kirche widersprachen, öffentlich zu widerrufen. Die Enthüllung des Denkmals 1887 war eine politische Demonstration des liberalen Italien

GIAN LORENZO BERNINI: MEISTER DES BAROCK

Überall in der Innenstadt stößt man auf seine Brunnen, Palazzi und Skulpturen. Gian Lorenzo Bernini (1598–1680) war der produktivste unter den Künstlern, die für die Päpste arbeiteten.

036ro Abb.: fs

Wie alle Künstler, die in Rom Großes geschaffen haben, war Bernini ein ***Zugewanderter.*** *Als sechsjähriges Kind war er mit seinem Vater, einem Bildhauer aus Neapel, nach Rom gekommen. Seine* ***besondere Begabung*** *stellte er schon früh unter Beweis; als Achtjähriger schuf er einen Menschenkopf aus Marmor. Als Fünfzehnjähriger vollendete er sein „Martyrium des heiligen Laurentius" – um zu einer möglichst glaubwürdigen Darstellung der Schmerzen zu gelangen, hielt er sein eigenes Bein in ein offenes Feuer.*

Der 1605 zum Papst gewählte Paul V. war schon früh auf den begabten Knaben aufmerksam geworden. Der Papst investierte viel Geld in die Neugestaltung Roms, dies nicht zuletzt aus politischen Gründen; der Kirchenstaat versuchte, sich nach den Erfolgen der Reformation ein neues Image zu geben: Beglückung anstelle von Unterdrückung, weg von dem asketischen Klassizismus der Hochrenaissance hin zu einem lebensfrohen und verspielten Stil. Diese Forderungen waren für den jungen Bernini die Spielwiese, auf der er seine Begabung ausleben konnte.

1623 bestieg Urban VIII. den päpstlichen Thron. Von nun an war Bernini ein ***Angestellter des Papstes;*** *der neugewählte Kirchenvater ließ ihm keine Zeit, für andere Auftraggeber zu arbeiten. Mit dem Satz „Bernini ist für Rom gemacht worden und Rom für ihn" erklärte der Papst seine Vorliebe für den Künstler. Die auf den Werken Berninis häufig zu sehenden* ***drei Bienen*** *sind das Wappen der Familie Urbans VIII., der Barberini. Mitte 1525, während der Religionskriege, erhielt der Achtundzwanzigjährige den für ihn bis dahin wichtigsten Auftrag: Der baufällig gewordene* ***Petersdom*** *sollte* ***umgestaltet*** *werden. Er schuf einen riesigen, das Grab des Petrus überspannenden Baldachin aus Bronze und die Grabstätte für seinen Gönner, Papst Urban VIII. Die Neugestaltung der Fassade des Petersdoms wurde für Bernini zur* ***ersten Niederlage.*** *Er hatte vorgeschlagen, die Fassade durch aufgesetzte Türme zu verschönern. Doch während der Bauarbeiten begannen sich Risse im Mauerwerk aufzutun, die Türme mussten schließlich wieder abgetragen werden. Verspottet von seinen Gegnern, aber auch vom Papst, zog sich Bernini krank in sein*

Haus zurück. Allerdings waren die anderen von ihm gestalteten Projekte so eindrucksvoll, dass ihm dieser Fehler schnell wieder verziehen wurde.

Der Künstler bediente sich eines ***großen Mitarbeiterstabes.*** *Die Baumeister, die nach Rom kamen, hatten gegen die Konkurrenz Berninis keine Chance. Ihre Werkstätten wurden meist nach kurzer Zeit von dem Großunternehmen Bernini geschluckt.*

Der ***Charakter des Künstlers*** *war äußerst kompliziert und schwer einzuschätzen; vorübergehend konnte er sehr gut gelaunt sein, dann zeigte er sich wieder von seiner arroganten und unnahbaren Seite. Sein sarkastischer Humor war in ganz Rom gefürchtet. Er war sehr fromm, aber den Genüssen des Lebens nicht abgeneigt. Wenn auch nur von kleinem Wuchs, trug er doch immer die neueste Mode und auch sein Liebesleben war sehr ausschweifend - in Rom munkelte man sogar von einer Geschlechtskrankheit, die er sich zugezogen hätte. Er heiratete erst spät und es scheint, als sei es eine harmonische Ehe gewesen.*

Mit dem Amtsantritt Innozenz X. erlitt Bernini einen schweren ***beruflichen Rückschlag.*** *Der neue Papst war den sinnesfreudigen Werken Berninis gegenüber eher kritisch eingestellt. Ein* ***Gegenspieler*** *trat auf den Plan:* ***Francesco Borromini.*** *Ganz im Gegensatz zu Bernini war er ein an Depressionen leidender Einzelgänger, der stark unter seiner niederen Herkunft litt. Er hasste Bernini dafür, dass dem Wunderkind immer alles in den Schoß gefallen war. Borrominis Kunst war viel beherrschter, nüchterner, weniger spielerisch als die seines Kontrahenten. Als sich nach der Amtsübernahme durch Innozenz für Borromini die Möglichkeit bot, den Rivalen beruflich zu überholen, nutzte er jede Gelegenheit, um Berninis Ansehen zu schaden. Letztendlich blieb aber* ***Bernini der Sieger.*** *Borromini beging, als er erkennen musste, dass sein Gegenspieler nicht zu schlagen war, Selbstmord.*

Als Innozenz X. einen ***Brunnen auf der Piazza Navona*** *38 bauen lassen wollte, beauftragte er verschiedene Künstler, Entwürfe anzufertigen. Bernini war nicht dabei, aber ein Freund überredete ihn, ein Modell anzufertigen. Die Reaktion des Papstes war eindeutig: „Wir müssen in der Tat Bernini beauftragen. Das einzige Mittel, seinen Entwürfen zu widerstehen, ist, sie nicht anzuschauen.“*

Von nun an war Bernini wieder der Baumeister Roms: Er entwarf die Fonseca-Kapelle in der Kirche San Lorenzo, erbaute die Kirche San Andrea al Quirinale und gestaltete, als ***Höhepunkt seines Schaffens,*** *die* ***Kolonnaden auf dem Petersplatz.*** *Berninis Kunst diente der Kirche, ihren Anspruch auf Weltherrschaft zu manifestieren; allerdings war sie nach den Religionskriegen so unglaubwürdig geworden, dass der Machtanspruch sich nur noch in der ins Irreale übersteigerten Kunst Berninis ausdrücken konnte.*

Bis zu seinem Tode hörte Bernini nicht mehr auf zu arbeiten. Er starb im November 1680, nur neun Tage vor seinem zweiundachtzigsten Geburtstag.

◄ *Einer der Engel auf der Engelsbrücke, auch ein Werk Berninis*

gegen den Vatikan. Seitdem wird die Statue von den Linken in Rom als Symbol für ein aufgeklärtes, freidenkerisches Menschenbild angesehen. Einmal im Jahr legt die Vereinigung für die Verbreitung des Atheismus in der Welt am Denkmal einen Kranz nieder. Im Jahre 1975 fand hier die Trauerfeier für den ermordeten querköpfigen Dichter, Schriftsteller und Filmemacher *Pier Paolo Pasolini* statt.

Nach der Verbrennung *Giordano Brunos* wurde der Campo regelmäßig als **Hinrichtungsstätte** benutzt, woran die enge *Via della Corda* (Straße des Stricks), die vom Platz hinunter zum Tiber führt, noch heute erinnert.

Zu *Caesars* Zeiten lag der Campo weit außerhalb der Stadt. *Pompejus, Caesars* Rivale, ließ hier das **erste Marmortheater Roms** errichten. Im Mittelalter geriet die sumpfige Gegend in der Tiberschleife völlig in Vergessenheit, der heutige Name erinnert noch daran – *Campo de' Fiori* heißt Blumenacker. Auch der Campo erblühte erst wieder nach der Rückkehr der Päpste aus dem Exil in Avignon. Im 15. Jahrhundert befand sich hier das **Zentrum des wiedererwachenden Roms.**

Während der **Studentenrevolte 1968** war der Campo Schauplatz der Auseinandersetzungen zwischen Polizei und Studenten. Eine Tafel in der Via degli Specchi erinnert daran, dass auch hier ein Student dem Schuss eines übereifrigen Ordnungshüters zum Opfer fiel: „Hinweggerafft vom Blei des Staates, während er seinen Klassenhass gegen die bürgerliche Justiz manifestierte", steht da in Goldlettern.

In den Jahren zwischen 1951 und 1976 sank die Einwohnerzahl der Innenstadt von 424.000 auf 160.000.

037ro Abb.: fs

Das ständige Ansteigen der Miet- und Bodenpreise **vertrieb die ansässige Bevölkerung.** Die Menschen um den Campo de' Fiori wehrten sich am längsten gegen diese Entwicklung; erst Ende der 1960er- Jahre gaben auch sie nach und wanderten in andere Stadtbezirke ab. *Fabrizio,* dessen Großvater hier schon Obst und Gemüse verkaufte, sagt dazu: „Hier lebt doch keiner mehr, unsere Wohnungen gehören den reichen Ausländern, die höchstens einmal im Jahr für drei Wochen vorbeischauen." Der prominenteste Wohnungsbesitzer am Campo de' Fiori ist der amerikanische Filmregisseur *Francis Ford Coppola.*

▲ *Ein Volksheld auf einem Volksplatz: das Denkmal des Giordano Bruno auf dem Campo de' Fiori* 41

Abends ist der Campo chronisch überfüllt. Die zahlreichen Kneipen ziehen ein meist jugendliches Publikum an. Es handelt sich um einen echten **Volksplatz** mit allen Höhen und Tiefen, die das Leben zu bieten hat. Hier wurde gestorben und geliebt, gefeiert und geweint, demonstriert und getrunken – typisch römisch eben.

› Bus Nr. 40, 46, 62 oder 64 bis Corso Vittorio Emmanuele II.

EINKAUFEN

› 1960 waren noch 130 Marktschirme auf dem Campo zu sehen, heute sind es nur noch 56 und ihre Zahl nimmt ständig ab. Es ist schade um den **Markt,** der hier täglich (auch sonntags) bis 13 Uhr stattfindet. Hier gibt es nach der festen Überzeugung einiger römischer Hausfrauen immer noch das frischeste Obst und Gemüse in der Stadt. Leider stammen aber mittlerweile auch hier einige Tomaten oder Salate aus holländischen Treibhäusern.

122 [F8] **Antica Erboristeria Romana.** Ältester Kräuterladen Roms. Hier werden ausgezeichnete Naturheilmittel, medizinische Salben und alle nur denkbaren Kräuteressenzen verkauft. Via Torre Argentina 15

123 [F8] **Lush.** Via dei Baullari 112, Tel. 06 68301810. Auf den ersten Blick scheint man ein Lebensmittelgeschäft zu betreten. In Wirklichkeit ist aber alles aus Seife: Trauben, Butter, Schokoladenkuchen – der Fantasie sind keine Grenzen gesetzt. Alles ist aus nichttierischen Produkten hergestellt.

KLEINE PAUSE

124 [F8] *Die* ***Bäckerei Il Fornaio*** *bietet ausgezeichnetes Brot und eine sehr gute Pizza al Taglio (in essfertige Stücke geschnittene Pizza aus Hefeteig). Via dei Baullari 6*

42 PALAZZO FARNESE, VIA GIULIA [E8]

Gleich hinter dem Campo de' Fiori liegt der Palazzo Farnese, der heute Sitz der **französischen Botschaft** in Rom ist. Architektonisch interessant sind die für jedes Stockwerk unterschiedlichen Fensterreihen. Das Gebäude kann leider nicht von innen besichtigt werden.

Um die Ecke verbirgt sich eine der berühmtesten optischen Täuschungen der Welt. Im **Palazzo Spada** hat *Borromini* zu Beginn des 17. Jahrhunderts eine Gartengalerie errichtet, die durch einen perspektivischen Trick scheinbar enorme Ausmaße hat. In dem Gebäude ist auch eine Ausstellungshalle (Galleria Spada) mit Gemälden von *Dürer, Rubens* und *Guido Reni* untergebracht.

› Piazza Capo di Ferro; geöffnet tägl. 9–19 Uhr, Mo. Ruhetag

› Mit dem Bus 116 bis Piazza Farnese

Unbedingt sollte man noch einen Abstecher in die **Via Giulia** unternehmen, **eine der schönsten Straßen Roms.** Im 16. Jahrhundert wurde die Straße von Papst *Julius II.* angelegt, der ihr auch den Namen gab. Sie war die erste völlig gerade Straße in Rom. *Bramante* hat an dem Bau der Via Giulia tatkräftig mitgewirkt.

Die Straße ist ein Beispiel für wirkungsvollen Bürgerprotest. Die *Associazione di Via Giulia,* eine Bürgerinitiative, hat nach heftigen Protesten bei der römischen Stadtverwaltung durchgesetzt, dass die Straße seit 1991 nur noch für Anwohner mit dem Auto zu erreichen ist.

KONTROLLIERTES CHAOS – UNTERWEGS AUF ROMS STRASSEN

Auf den ersten Blick herrscht im römischen Straßenverkehr das reine Chaos. Niemand hält sich an die Verkehrsregeln, auf einer zweispurigen Straße stehen die Autos in fünf Reihen nebeneinander und es wird pausenlos gehupt, um, wie es der Schriftsteller Luciano de Crescenzo ausdrückt, „das Gefühl der Gemeinschaft zu erleben."

Im allabendlichen römischen Feierabendstau ***wird erbarmungslos um jeden Millimeter Straße gekämpft.*** *Selbst elegante Herren im Nadelstreifenanzug werden plötzlich zu kleinen „Michael Schuhmachers" und versuchen, andere genervte Autofahrer abzudrängen, um sich selbst einen Weg durch die völlig verstopfte Innenstadt zu bahnen. Es ist ein strategisches Spiel: Zuerst mimt man den Unbeteiligten, den der Stau scheinbar überhaupt nicht interessiert. Stück für Stück versperrt man dem Nebenmann den Weg, sodass er nicht mehr weiterfahren kann und stößt dann selbst in die entstandene Lücke vor. Die mittel- und nordeuropäische Angewohnheit, sich durch Blickkontakt mit dem Nebenmann zu verständigen, ob man denn vielleicht die Spur wechseln könne, führt in Italien zu gar nichts.*

Man fährt in dem Bewusstsein, dass es ***im Grunde keine Regeln*** *gibt und ist gerade deswegen besonders aufmerksam. Meistens funktioniert das auch und es ist immer wieder faszinierend zu beobachten, mit welcher Geschicklichkeit die Römer ihre Fahrzeuge durch das Verkehrschaos bewegen.*

Wie die Menschen sich im Straßenverkehr verhalten, ist überall auf der Welt ein Spiegel der Gesellschaft. In Italien gilt das Motto: ***Wenn sich jeder auf seinen eigenen Vorteil konzentriert, werden alle profitieren.*** *Wenn ich mich jetzt vor diesen Wagen setze, der hier neben mir fährt, ärgert der Fahrer sich zwar, aber der Pkw hinter mir kann dann meinen freigewordenen Platz einnehmen. Also habe ich doch durch meine Eigennützigkeit auch ein gutes Werk getan. Rote Ampeln werden gerne ignoriert: Eine Ampel ist nur dann rot, wenn gerade ein Fußgänger die Straße überqueren will oder Gegenverkehr zu erwarten ist, dann muss man natürlich stehen bleiben.*

Die ***bella figura,*** *spielt auch im Straßenverkehr eine bedeutende Rolle. Natürlich wird kein römischer Mann der attraktiven Dame, die in eine verstopfte Hauptverkehrsstraße einbiegen will, die Vorfahrt verweigern.*

Der Schriftsteller Ennio Flaiano beschreibt mit bissiger Ironie, was passiert, wenn die „gute Figur" zum reinen Selbstzweck wird: Ein Autofahrer winkt an einer Stelle, an der Fußgänger eigentlich die Straße nicht überqueren dürfen, einen Passanten großzügig hinüber. Ein paar Hundert Meter weiter überfährt der gleiche Mann einen Fußgänger, der gerade über einen Zebrastreifen geht. Im ersten Fall konnte der Autofahrer eine „bella figura" machen, im zweiten Fall konnte er nur eine allgemeine Regel befolgen, völlig uninteressant für einen Italiener, der nur an der „guten Figur" interessiert ist.

038ro Abb.: fs

ZWISCHEN PIAZZA DEL POPOLO UND PIAZZA BARBERINI

Das Gebiet zwischen der Piazza del Popolo **43** *und dem Quirinals-Palast* **51** *ist, zumindest für die Touristen, der Mittelpunkt Roms, vor allem wegen des goldenen Dreiecks zwischen der Via del Babuino, der Via del Corso und der Via del Tritone. Hier liegen die schicken römischen Geschäfte; es gibt genügend Gelegenheit, dem Kaufrausch zu verfallen, allein die hohen Preise machen es manchem leicht zu verzichten.*

So ist es nicht verwunderlich, dass die Geschäftsleute das **Verbot des Autoverkehrs** im historischen Zentrum begrüßten – schließlich kauft es sich besser, wenn der Kunde nicht von Abgasen belästigt wird: Das „Goldene Dreieck" zwischen der Via Condotti, der Piazza di Spagna und der Piazza del Popolo ist eine Fußgängerzone.

Parkliebhaber sollten sich einen Spaziergang über den **Pincio** **45** oberhalb der Piazza del Popolo und gleich daran anschließend durch **den Park der Villa Borghese** 46 bis hin zur Via Veneto nicht entgehen lassen. Vor allem Familien mit Kindern werden froh sein, dem Lärm und der Hektik der italienischen Hauptstadt für ein paar Stunden zu entkommen. Im Park der Villa Borghese gibt es einen See, auf dem man mit dem Ruderboot fahren kann, einen Streichelzoo und noch viele andere Freizeitmöglichkeiten.

Während dieses Spaziergangs trifft man auch auf den Kontakthof der Touristen, die **Spanische Treppe** 53 und die **Fontana di Trevi** 50, den berühmten Brunnen, in dem sich *Anita Ekberg* in *Fellinis* bekanntem Film „La dolce vita" Abkühlung von einer heißen römischen Sommernacht verschaffte.

43 PIAZZA DEL POPOLO ★★ [F4]

Die Piazza del Popolo ist das Eingangstor zur römischen Innenstadt. Für Bildungsreisende und Pilger war der Platz bis in das 19. Jahrhundert hinein das erste, was sie von Rom zu sehen bekamen.

Der Platz wurde unter Papst *Sixtus V.* (1585–1590) erweitert – dies vor allem aus Repräsentationsgründen. Die Via Cassia und die Via Flaminia, die großen Verbindungsstraßen des Römischen Imperiums, hatten die aus dem Norden in die Stadt einreisenden Besucher zuerst auf die Piazza del Popolo geführt. Ein Tourist aus dem 18. Jahrhundert schrieb: „Nichts vermittelt eine bessere Vorstellung von der Großartigkeit Roms, als dieser erste Anblick, den die Stadt dem Ankömmling bietet." Diese Bedeutung hat der Platz durch den Bau des Bahnhofs und den Einzug der modernen Verkehrsmittel mit der Zeit verloren: Heute kommen die Touristen aus allen Himmelsrichtungen in die Stadt.

An der Piazza del Popolo liegen die Zwillingskirchen **Santa Maria dei Miracoli** und **Santa Maria in Monte Santo**, die *Carlo Rainaldi* 1660 fertigstellte. Dem **Stadttor** selbst, der Porta del Popolo, haben zwei einflussreiche Papstfamilien der Renaissance ihren Stempel aufgedrückt: Die sechs Kugeln auf dem Tor (ein Werk von *Bernini*) symbolisieren die *Medici*, der Stern darüber die Familie der *Chigi*.

Für die Römer aber ist die Piazza del Popolo immer noch einer der **beliebtesten Treffpunkte** in der Stadt. In jeder Silvesternacht findet hier ein Livekonzert statt, das von vielen jungen Römern besucht wird. Das **berühmte Caffè Rosati** an der Ecke Via Ripetta haben die Touristen den Römern allerdings abspenstig gemacht; früher ein Treffpunkt der Einheimischen, ist es heute leider nur noch ein ärgerlich teurer Ort.

› Metro A bis Flaminio

44 SANTA MARIA DEL POPOLO ★★ [F4]

In die Kirche auf dem gleichnamigen Platz, gleich neben dem Stadttor, kommen eigentlich die meisten Besucher nur, um **Caravaggios Meisterwerke** *Die Bekehrung des heiligen Paulus* und *Die Kreuzigung des heiligen Petrus* in der Cerasi-Kapelle links vom Altar zu sehen.

Die **Grabkapelle** von *Agostino Chigi*, dem reichsten Mann der Renaissance, über den der römische Volksmund unzählige Anekdoten verbreitet hat, wird seit dem Erfolg von *Dan Browns* Buch „Illuminati" aber noch häufiger besucht. Die Kapelle wurde ursprünglich von

066ro Abb.: bw

Raffael entworfen, vollendet hat sie aber der große Meister des römischen Barock *Gian Lorenzo Bernini.*

› Metro A bis Flaminio
› Geöffnet Mo.-Sa. 7-12 und 16-19 Uhr, So. 7.30-13.30 und 16.30-19.30 Uhr

45 PINCIO ★★ [G4]

Wer die Piazza del Popolo aufsucht, sollte auf jeden Fall auf den **Pincio** hinaufsteigen. Von dem kleinen Hügel aus hat man **einen der beeindruckendsten Blicke auf die Stadt.** Romantische Geister sollten sich den Sonnenuntergang nicht entgehen lassen, den man von hier oben besonders gut beobachten kann.

› Metro A bis Flaminio

▲ *Die Villa Borghese*

46 VILLA BORGHESE ★★★ [I4]

Roms grüne Lunge, in der man die Seele baumeln lassen kann. Aber nicht nur das: In einer Villa im Park befindet sich auch eine der berühmtesten Kunstsammlungen Europas.

Wer den Pincio immer weiter hinaufsteigt, gelangt nach etwa 15 Minuten in den Park der **Villa Borghese,** einer der beliebtesten Freizeitparks in Rom. In dem ursprünglich von *Hagenbeck* konzipierten **Zoo,** der heute *Bioparco* heißt, haben die Tiere viel Auslauf und werden artgerecht behandelt. In der großzügigen Parkanlage kann man mal wieder durchatmen, schließlich ist die Luft in der römischen Innenstadt nicht die beste. Mit einem Zug können klein und groß eine Rundfahrt entlang des künstlichen Sees unternehmen. Wer möchte kann ein Ruderboot mieten.

Am Sonntag strömen die römischen Familien in den Park. Da gibt es dann einen Puppenspieler zu bestaunen und römische Väter, die mit ihren Kindern Fußball spielen.

In der nach einer Umbauphase von 14 Jahren 1998 mit großem Pomp wiedereröffneten **Galleria Borghese** ist eine der berühmtesten Kunstsammlungen Europas zu sehen. Sie umfasst Meisterwerke aus dem 16. und 17. Jahrhundert, darunter bedeutende Arbeiten von *Raffael, Caravaggio, Tizian* und *Bernini.*

Gleich nebenan, an der **Pferderennbahn** in der Villa Borghese, kann ein Ausflug in Himmlische Höhen unternommen werden. Mit einem Fesselballon, der unten mit Seilen festgezurrt ist, kann man bis zu 150 Meter hoch über den Dächern Roms schweben und eine einmalige Aussicht über die Stadt genießen. Der „L'Aerophile" ist jeden Tag einsatzbereit, allerdings hängt es natürlich vom Wetter ab, ob er starten kann oder nicht (s. S. 51: „Rom für den Nachwuchs").

Wer weiter in Richtung Via Veneto läuft, an den Statuen einiger Dichter entlang, die Rom besucht haben, wie *Nikolai Gogol, Lord Byron* und *Alexander Puschkin,* gelangt nach zehn Minuten zur **Aurelianischen Mauer** 21.

› Galleria Borghese, Piazza Scipione Borghese 5. Reservierung unbedingt erforderlich unter Tel. 06 32810 oder im Internet nter www.galleriaborghese.it; geöffnet: 9–19 Uhr, Sa. 9–23.30 Uhr, Mo. Ruhetag; Eintritt: 8,50 €

› Metro A bis Flaminio

KLEINE PAUSE

Café im Retrolook

Harrys Bar *(s. S. 32), gegenüber vom Eingang zum Park der Villa Borghese, hält noch fest an dem Flair der 1950er-Jahre*

47 VIA VENETO [H6]

Entlang der in sanften Schwüngen verlaufenden Straße waren in den 1950er-Jahren die Bars der Schickeria untergebracht, die Schauplätze des *dolce vita.* Die Straße hat leider viel von ihrem Glanz verloren. Der Tourismus hat dem besonderen Charme der Via Veneto schwer zugesetzt. Das **Hotel Excelsior**, in dem *Soraya* und Filmstars aus aller Welt ein- und ausgingen, kündet alleine noch vom einstigen internationalen Zentrum der besseren Gesellschaft.

Alles auf der Via Veneto ist sündhaft teuer, die exklusiven Boutiquen genauso wie die Restaurants und Bars. Außerdem befinden sich hier einige Kioske mit einem mehrsprachigen Angebot von Zeitungen und die amerikanische Botschaft.

Die Restaurants und Cafés entlang der Straße haben oft Glaspavillons auf dem Bürgersteig eingerichtet. Von hier kann man auch in der kalten Jahreszeit das Leben auf der Straße beobachten.

› Metro A bis Barberini

48 PIAZZA BARBERINI ★★ [H6]

In der Mitte der Piazza Barberini erhebt sich der **Tritonbrunnen** *(Fontana del Tritone),* ebenfalls ein Werk *Berninis* (1637 vollendet). Vier Delphine halten das Wappen der Papstfamilie *Barberini* mit den drei Bienen, das auf so vielen Werken *Berninis* zu sehen ist. Aus einer Muschelschale wächst ein Meeresgott (Triton) hervor, der aus einer zweiten Schale Wasser trinkt.

039ro Abb.: fs

Im von *Bernini* 1633 vollendeten **Palazzo Barberini** befindet sich die sehenswerte **Nationalgalerie** *(Galleria Nazionale d'Arte Antica)* mit den Gemälden von *Raffael, El Greco, Tintoretto, Tizian* und *Hans Holbein,* um nur einige zu nennen.

› Metro A bis Barberini; der Eingang befindet sich auf der Via Quattro Fontane 13.
› Geöffnet: 9–19 Uhr; Eintritt: 6 €. Besichtigung nur nach Voranmeldung, die auch über das Internet erfolgen kann: www.ticketeria.it.

49 SANTA MARIA DELLA VITTORIA ★★★ [I6]

Die Barockirche gehört zu den prächtigsten Gotteshäusern der Stadt. Berühmt wurde die Kirche in den letzten Jahren aber vor allem durch den Erfolg des Bestsellers „Illuminati" von Dan Brown.

Die Skulptur *Die Verzückung der Heiligen Theresa* von *Bernini* in der Capella Coronaro stellt eine Heilige dar, die von der Liebe Gottes, durch einen Pfeil symbolisiert, durchbohrt wird. Der Gesichtsausdruck der Heiligen lässt Zweifel daran aufkommen, ob sie sich der irdischen oder der himmlischen Liebe hingegeben hat. Die Diskussion zeigt, von welcher Expressivität das Werk beseelt ist.

› Via XX Settembre 17; geöffnet: Mo.–Sa. 7.30–11, 11.30–12 und 15.30–18 Uhr, So. 8.45–10 und 15.30–18 Uhr
› Metro A bis Barberini

50 FONTANA DI TREVI ★★★ [H7]

Plötzlich erhebt sich aus dem Gewirr der Gassen der prächtige Barockbrunnen, der allein wegen der Filmszene aus Fellinis „La dolce vita" noch heute zu den beliebtesten Sehenswürdigkeiten Roms zählt.

Fünfzig Jahre ist es mittlerweile her, dass in einer heißen römischen Sommernacht die üppige schwedische Blondine *Anita Ekberg,* begleitet von *Marcello Mastroianni,* sich zu einem Bad in dem wohl berühmtesten Brunnen Roms hinreißen ließ.

Abgesehen davon ist der Brunnen aber auch wirklich sehenswert. *Nicoló Salvi* arbeitete fast 20 Jahre an dem **barocken Meisterwerk** – kurz vor seiner Vollendung verstarb er allerdings. Die Fontana di Trevi zeigt das Königreich des Ozeans, in der Mitte den Meeresgott *Neptun.* Der Name des Brunnens leitet sich wahrscheinlich von dem Ausdruck „tre vie" ab, der sich auf die drei auf die Piazza mündenden Straßen bezieht.

› Metro A bis Barberini

▲ Besuchermagnet: Fontana di Trevi

51 PALAZZO DEL QUIRINALE [H7]

Hundert Meter südlich von der Fontana di Trevi liegt der **Quirinal**, einer der sieben Hügel Roms, der in altrömischer Zeit eine vornehme Adresse war; hier lebten die reichen Familien der Stadt in vornehmen Wohnhäusern.

Der **Palazzo**, der heute den Hügel schmückt, wurde 1574 von *Papst Gregor XIII.* in Auftrag gegeben. An dem Bau waren die Architekten *Bernini, Madama* und *Fontana* beteiligt.

Im Königreich Italien (1870–1946) war der *Palazzo del Quirinale* Amtssitz des italienischen Monarchen. Seit 1947 residiert hier der **Staatspräsident** der Republik Italien.

Vom Platz vor dem Palast hat man einen **herrlichen Blick** über Rom.

› Mit den Bussen 40, 64 und 70 bis Haltestelle Quirinale
› Besichtigung des Palastes nur So. 8.30–12.30 Uhr; www.quirinale.it

52 SANTA MARIA MAGGIORE ★★★ [J7]

Die frühchristliche Basilika gehört zu den prächtigsten Kirchen Roms.

Die der Marienverehrung gewidmete Pilgerkirche ist bereits im 4. Jahrhundert entstanden. Einer populären **Legende** nach soll in einer Augustnacht des Jahres 352 Papst *Liberius* die Madonna erschienen sein. Sie befahl ihm, dort eine Kirche zu errichten, wo am nächsten Morgen Schnee fallen würde. In der Tat, so die Legende, lag am nächsten Tag, dem heißen Sommerwetter zum Trotz, Schnee auf dem Esquilin-Hügel.

Noch heute schneit es in jedem Jahr am 5. August, allerdings handelt es sich dann um künstlichen Schnee aus einer Schneekanone, die vor der Kirche aufgebaut wird.

Weltberühmt sind die **Mosaiken**, insbesondere in der Apsis der Basilika die Krönung der Jungfrau Maria aus dem 13. Jahrhundert.

Vierzig antike Säulen, Bauschutt aus dem untergegangenen kaiserlichen Rom, tragen die kostbare Kassettendecke, die 1493–98 angeblich mit dem ersten Gold geschmückt wurde, das aus Amerika nach Rom gelangte. Im 17. und 18. Jahrhundert wurde die Kirche mit massiven **barocken Elementen** umgebaut. Die Vorhalle etwa und die rückseitige Freitreppe sind im Barockstil gehalten.

040ro Abb.: fs

▲ *Die Spanische Treppe lädt zum Sitzen und Schauen ein*

In der sehenswerten **Capella Sistina** im südlichen Schiff liegen die Päpste *Pius V.* und *Sixtus V.* begraben. Lediglich eine unscheinbare, in den Boden eingelassene Steinplatte neben dem Hauptaltar erinnert an das Grab des Erbauers so vieler prächtiger Gebäude in Rom, *Gian Lorenzo Bernini.*

› Geöffnet: tägl. 7–19 Uhr
› Metro A und B bis Termini (Hauptbahnhof)

53 PIAZZA DI SPAGNA, SPANISCHE TREPPE ★★★ [G6]

Die Piazza di Spagna ist seit dem ersten Ansturm des Bildungsbürgertums auf Rom im 17. und 18. Jahrhundert ein Treffpunkt für Fremde aus aller Welt. Es liegt wohl an der Struktur des Platzes: Die riesige Treppe lädt zum Ausruhen und Verweilen ein.

Vor allem die wohlhabenden Engländer entdeckten auf ihrer „grand tour“, der klassischen Bildungsreise des Bürgertums, die **Spanische Treppe**, die eigentlich *Scalinata di Trinità dei Monti* heißt. Sie erhielt ihren Namen von der Residenz des spanischen Botschafters im Vatikan, die ganz in der Nähe liegt. 1725 wurde sie von dem Architekten *Francesco de Santis* fertig gestellt. Sie ist eine Studie über den Rhythmus in der Architektur, eine Ekstase der Stufen: gehemmte und wieder beschleunigte Schwünge, die zum Verweilen einladen, um sogleich wieder in die Höhe zu führen. Insgesamt 173 Stufen, die mal konvex, mal konkav geschwungen oder auch nur gerade sind. Die Treppe führt hinauf zum **Park der Villa Borghese** 46.

In den 1960er-Jahren war die Spanische Treppe der **Treffpunkt der Blumenkinder.** *Ernst Jünger* notierte 1968 in seinem Tagebuch: „Ich kam über die Spanische Treppe, dem Treffpunkt von Gammlern und Hippies aus aller Welt. Einer posierte im violetten Rock und silbernen Schuhen, mit blonden Haaren, die bis auf die Schultern fielen, einen Admiralshut über dem geschminkten Gesicht. Ein Hauch von Haschisch in der Luft.“ Dass heute hier kein Haschisch mehr geraucht wird, dafür sorgt schon die Tag und Nacht präsente Polizeistreife auf der Piazza di Spagna. Ein Rat für jeden, der beabsichtigt, Drogen zu konsumieren: Die italienische Drogengesetzgebung wurde erheblich verschärft. Auch der Besitz von kleinen Mengen sanfter Drogen kann zu hohen Gefängnisstrafen führen.

Der Brunnen vor der Treppe, **Fontana della Barcaccia,** hat die Form eines Schiffes. Er wurde von *Pietro Bernini,* dem Vater *Gian Lorenzos,* 1629 fertig gestellt. Eine Legende besagt, der Künstler sei auf die Idee gekommen, den Brunnen zu bauen, als bei einer Tiberüberschwemmung ein hierher getragenes Boot auf dem Platz zurückgeblieben sei.

Die Kirche auf der Treppe, **Trinità dei Monti**, ist eine französische Gründung aus dem Jahre 1585. Eigentlich wollte sich der Sonnenkönig *Ludwig XIV.* vor der

KLEINE PAUSE

*Das **Café Babbington** (s. S. 39) an der Piazza di Spagna 23 ist seit fast 100 Jahren ein Treffpunkt für Einheimische und Ausländer gleichermaßen.*

*Das **Antico Caffè Greco** (s. S. 40) in der Via Condotti, nur ein paar Schritte von der Spanischen Treppe entfernt, ist bekannt für seine illustren Gäste.*

Kirche mit einem Reiterstandbild verewigen. Allein die Päpste duldeten eine derartige Demonstration der französischen Schutzmacht nicht. Immer noch wird hier aber nichtsdestotrotz jeden Sonntag um 11 Uhr ein Gottesdienst in französischer Sprache abgehalten.

Der **Obelisk** vor der Kirche stammt zwar aus Ägypten, die Hieroglyphen wurden jedoch erst in der Antike von einem Römer hinzugefügt. Der allerdings konnte kein Ägyptisch, der „Text" ist daher ein sinnfreies Phantasieprodukt.

Am Fuß der Spanischen Treppe (von oben gesehen gleich auf der linken Seite) liegt das **Keats-Shelley-Museum**, das Handschriften und Porträts der englischen Dichter und auch ihres rombegeisterten Kollegen *Lord Byron* ausstellt. Das Museum erzählt viel von der romantischen Rombegeisterung einer ganzen Epoche.

› Geöffnet: Mo.-Fr. 10-13 und 14-18 Uhr, Sa. 11-14 und 15-18 Uhr; Eintritt 4 €; Tel. 06 6784235; www.keats-shelley-house.org.
› Metro A bis Spagna

EINKAUFEN

Zwischen der Via del Corso und der Piazza di Spagna befinden sich die schicksten Geschäfte Roms. Die berühmteste Straße im sogenannten **„Goldenen Dreieck"** ist die **Via Condotti,** in der viele italienische Edelmarken ihren Sitz haben.

128 [G6] **Schostal.** Wer gute, klassische italienische Herrenhemden mag, sollte unbedingt Schostal aufsuchen. Außerdem gibt es bei Schostal eine reichhaltige Auswahl an Unterwäsche. Die wirklich hervorragend gearbeiteten Hemden kosten um die 50 €. Via del Corso 158

129 [G6] **Valentino Uomo.** Eine wirkliche Fundgrube für den eleganten Herrn. Via Condotti 13 (Ecke Mario dei Fiori)

130 [G6] **Boutique Donna.** Valentinos Zweigstelle für die elegante Dame. Via Bocca di Leone 15-18

131 [G5] **Krizia.** Hier gibt es ebenfalls Mode für die Dame, vor allem schöne Freizeitmode und die berühmten Strickwaren. Piazza di Spagna 87

132 [G6] **Battistoni.** Der Besitzer ist stolz auf seine klassische und schlichte Auswahl an Herrenkleidung, vor allem auch auf die berühmten Krawatten. Via Condotti 57

133 [G6] **Gucci.** Via Condotti 67

134 [G6] **Prada** ist berühmt für seine minimalistische Modelinie, die recht teuer ist. Besonders japanische Touristen sind begeisterte Kunden. Via Condotti 91

135 [G6] **Armani.** Der bekannteste italienische Modeschöpfer hat sich in der Via Condotti 75 niedergelassen.

136 [G5] **Dolce & Gabbana.** Eine der wichtigsten italienischen Modemarken der letzten Jahre. Piazza di Spagna 82

137 [G6] **Versace.** Seine größten Erfolge feiert *Gianni Versace* immer noch in Amerika. In Rom hat er sich in der Via Bocca di Leone 27 niedergelassen.

KULINARISCHES

› Im Ristorante **Otello alla Concordia** (s. S. 43) gibt es authentische römische Küche.
› Gut und günstig essen kann man in der **Hostaria da Gasparone** (s. S. 43).

138 [G5] In der Via dei Greci kann man sich bei **Pizza Pazza** den ganzen Tag über mit der neapolitanischen Spezialität eindecken.

► *Willkommen in Trastevere, der anderen Seite Roms*

042ro Abb.: fs

TRASTEVERE

Heute ist das Stadtviertel auf der anderen Seite des Tiber (lat.: trans tiberim, daher der Name Trastevere) vor allem für seine vielen Kneipen und Restaurants bekannt. Trotz aller Veränderungen der vergangenen Jahre repräsentiert Trastevere heute noch immer ein Stück des alten Rom, das auf der anderen Tiberseite kaum noch vorhanden ist. Natürlich steht auch Trastevere auf dem Plan der Touristen, aber doch deutlich seltener als der Vatikan oder die Spanische Treppe.

In der Antike galt Trastevere als **Heimstätte der Minderheiten** des Kaiserreiches. Schon in vorchristlicher Zeit bildeten sich Ansiedlungen von Juden und Syrern. Erst unter Kaiser *Augustus*, etwa um Christi Geburt, wurde Trastevere römisch. Die Juden wanderten im Mittelalter in das auf der anderen Seite des Tiber gelegene Viertel Sant'Angelo ab. In Trastevere fanden übrigens auch die **ersten Christen Roms** einen Ort, an dem sie ihre Gottesdienste abhalten konnten.

Das Mittelalter sah Trastevere von niederen Ständen bewohnt (Handwerker, Bootsleute, Fischer) und bis in die 60er-Jahre des 20. Jahrhunderts hinein bewahrte sich der Charakter des **Viertels der kleinen Leute.**

Heute kostet der Quadratmeter Grund und Boden zwischen 3500 und 4500 €, wo er vor 30 Jahren noch für 80 € zu haben war. In den 1970er-Jahren wanderten fast 50.000 Einwohner ab. Diese wurden ersetzt von wohlhabenden Amerikanern, die bereit waren, viel Geld für eine Wohnung in Trastevere zu bezahlen. Immobilienhändler und Politiker hatten ebenfalls ihren Anteil an der **Vertreibung der Bevölkerung.**

Besonders schön ist ein Spaziergang von der **Piazza Sonnino** entlang der **Via della Lungaretta.** Am Samstagabend drängen sich vor allem **junge Römer** durch die schummrig beleuchteten, verwinkelten Gassen des Stadtviertels vorbei an unzähligen Straßenhändlern, die ihre Waren feilbieten.

Der Brunnen an der **Piazza Santa Maria** in Trastevere ist ein beliebter Treffpunkt. In den lauen römischen Sommernächten ist es hier so voll, dass man zwangsläufig Tuchfühlung mit der römischen Bevölkerung aufnehmen muss. Viele Bars und Eiscafés laden auch tagsüber zum Verweilen ein.

54 TRÖDELMARKT IN PORTA PORTESE ★ [F10]

Seit über 50 Jahren findet er an jedem Sonntagmorgen statt: der älteste, größte und bekannteste Flohmarkt Roms. Eine Institution, die jeder Flohmarktliebhaber gesehen haben muss.

Nach einem neapolitanischen Sprichwort *chi prima arriva, meglio allogia* (wer zuerst kommt, mahlt zuerst) bleiben für denjenigen, der am Sonntagmorgen zu spät aufsteht, nur die uninteressanten Objekte des Flohmarkts übrig.

Leider hat die Überflutung des europäischen Marktes mit Billigwaren aus Asien auch dem traditionsreichen Trödelmarkt schwer zugesetzt. Antiquitäten findet man kaum noch. Trotzdem bekommt man hier gut das multikulturelle Leben in der italienischen Hauptstadt mit.

Aufpassen sollte man auf Gruppen von Kindern, die das Chaos auf dem Markt ausnutzen, um die Bevölkerung von Porta Portese um ein wenig Kleingeld zu erleichtern.

Wer zufälligerweise nach dem Einkaufen Hunger verspüren sollte, kann die Gelegenheit nutzen, an einer der **Spanferkelbuden** von der römischen Spezialität *Porchetta* zu kosten. Ein Besuch auf dem Markt von Porta Portese ist eine obligatorische Etappe eines Romaufenthalts auch für diejenigen, die nichts kaufen, aber ein bisschen mehr über die **römische Mentalität** erfahren wollen.

› Geöffnet: So. 7–13 Uhr
› Auf der Höhe der Tiberbrücke Ponte Sublicio in Trastevere, entlang der Aurelianischen Mauer; Straßenbahnlinie 3 oder Busse 44 und 75, Haltestelle Porta Portese

55 SANTA CECILIA IN TRASTEVERE ★★★ [F10]

Die wunderschöne Kirche ist einer der bedeutendsten Märtyrerinnen gewidmet, der heiligen Caecilia, die hier lebte und im 3. Jh. n. Chr. von kaiserlichen Soldaten gefoltert und ermordet wurde. Hier liegt einer der beeindruckendsten Orte in Rom, an dem Mythos und Geschichte zusammenfließen.

Das Gotteshaus wurde angeblich über dem Wohnhaus errichtet, in dem die Heilige mit ihrem Mann *Valerianus* lebte. Das **Martyrium**, das sich die Schergen des römischen Kaisers ausgedacht hatten, war **besonders grausam:** Drei Tage lang dauerte die Folter; man versuchte *Caecilia* zu verbrühen und mit heißem Dampf zu ersticken, schließlich wurde sie enthauptet.

Während der Folter soll sie gesungen haben, deswegen ist sie die Schutzheilige der Musik. Beerdigt wurde sie in den **Katakomben von San Callisto** ⓻⓪ auf der Via Appia, wo viele christliche Märtyrer ihre letzte Ruhestätte fanden. Im 9. Jahrhundert wurde ihr Leichnam in „ihre" Kirche gebracht, wo ihr Grab noch heute in der **Krypta** zu sehen ist.

Im Kreuzgang kann man die sehr verblassten, aber immer noch schönen **Fresken** des *Pietro Cavallini* bewundern, eine Darstellung des Jüngsten Gerichts. *Cavallini* war ein bedeutender Zeitgenosse *Giottos*.

Besonders sehenswert ist die **Statue der Heiligen** von *Stefano Maderno*. 1599 wurde das Grab *Caecilias* geöffnet; vermutlich war der Künstler anwesend und fertigte eine Zeichnung von dem angeblich unversehrten Leichnam an: Die Statue der liegenden Heiligen gehört zu den schönsten Skulpturen, die in Rom zu sehen sind.

Von der Krypta aus kann man in ein **römisches Wohnhaus** hinabsteigen, das vermuten lässt, dass die Heilige wirklich hier gelebt hat. Es gibt noch die Reste eines *Caldariums*, einer Art antiker Sauna, zu besichtigen. Die Rohre, durch die der warme Dampf in den Raum geleitet wurde, sind heute noch zu sehen. Es wird vermutet, dass die Römer versuchten, die Heilige mit dem Dampf aus diesen Rohren zu ersticken.

› Piazza Santa Cecilia 22; Straßenbahn Nr. 8 bis Haltestelle Belli
› Geöffnet: tägl. 10–12 und 16–17.30 Uhr, die Freskenmalerei von Cavalini ist nur Di. und Do. 10–12 Uhr zu besichtigen.
› Das römische Wohnhaus unter der Kirche ist täglich 10–12 und 16–18 Uhr geöffnet. Eintritt: 2,50 €

56 VILLA FARNESINA ★★ [E8]

In der Renaissancevilla befinden sich u. a. einige Gemälde von Raffael.

Die Villa aus dem 16. Jahrhundert diente einst dem mächtigen **Bankier Chigi** als Sommerresidenz. Später sollten die *Chigis* einige Päpste stellen. Adel, Klerus und Bürgertum feierten hier in der Renaissance **rauschende Feste**, bei denen es an nichts fehlte. Früher erstreckte sich der Garten der Villa bis hinunter zum Tiberufer. Heute läuft hier leider die stark befahrene Uferstraße Lungotevere hindurch.

Nach einem Festmahl im Garten ließ der Bankier einst alle gebrauchten goldenen Gefäße in den Tiber werfen. Allerdings hatte der geschäftstüchtige *Chigi* heimlich Netze am Flussufer auslegen lassen, um die wertvollen Stücke wieder aus dem Wasser zu holen. Die Gäste jedenfalls waren von der Großzügigkeit des Mannes beeindruckt.

Im ersten Stock in der Sala delle Prospettive zeigen **Fresken** in Trompe l'Œil-Technik Stadtansichten Roms aus der Renaissance

› Geöffnet: 9–13 Uhr (außer an Sonn- und Feiertagen)
› Busse 23 und 280 bis Lungotevere Farnesina

57 BOTANISCHER GARTEN (ORTO BOTANICO) ★ [D9]

Der botanische Garten von Rom liegt am Fuß des schönen Hügels *Gianicolo* nur unweit der Villa Farnesina auf der anderen Seite der Via Lungara. **Über 8000 verschiedene Pflanzenarten** gedeihen hier in einer gepflegten Atmosphäre. Ein Spaziergang durch die wirklich wundervoll duftende Vielfalt an Flora wird daher zum einmaligen Erlebnis mitten in der lauten und hektischen Metropole.

› Largo Cristina di Svezia 24; geöffnet: Mo.-Fr. 8-18 Uhr, Sa. 8-12 Uhr, So. und an Feiertagen geschl.; Eintritt: 4 €
› Busse 23, 280 bis Lungotevere Farnesina

58 SANTA MARIA IN TRASTEVERE ★★★ [E9]

Die Kirche Santa Maria in Trastevere am westlichen Ende der Lungaretta bildet eine touristische Attraktion des Stadtviertels. Die Santa Maria ist mit wunderschönen Mosaiken ausgestaltet.

Der Legende nach soll an der Stelle, an der heute die Kirche steht, am Tag von *Christi* Geburt eine Ölquelle aus der Erde gesprudelt sein. Seitdem diente der Ort den ersten Christen Roms als Treffpunkt zur Ausübung ihrer Riten. Einige Kirchenhistoriker vermuten sogar, dass hier der **erste offizielle Kultort** der Christen in Rom war, zu einer Zeit, als es noch gar keine Kirchen gab. Im 4. Jahrhundert entstand dann auf dem Kultplatz eine Basilika, die Papst *Julius I.* zur Erinnerung an die Urchristen bauen ließ.

Papst *Innozenz II.* hat die Marienkirche im 12. Jahrhundert auf dem Fundament der frühchristlichen Basilika errichten lassen. Auf der Fassade ist ein Mosaik „Maria zwischen zehn weiblichen Heiligen" zu sehen. Ein Meisterwerk der mittelalterlichen Kunst sind die **Mosaiken in der Apsis.** In der Halbkugel (um 1140) sind Christus, Maria und einige Heilige zu sehen. Darunter wird aus dem Leben Marias erzählt: ihre Geburt, die Geburt Jesu, die Heiligen Drei Könige und ihr Tod. Beachtenswert ist auch die teilweise vergoldete **Kassettendecke** des *Domenichino* (1617).

› Piazza Santa Maria in Trastevere; geöffnet: 9-21 Uhr
› Bus 280 bis Lungotevere Raffaello Sanzio

KLEINE PAUSE

*In der **Bar San Calisto** (s. S. 32) bekommt man alles noch zu vernünftigen Preisen.*
*An der Piazza della Scala befindet sich eine kleine **Enoteca** (Weinstube s. S. 48), in der im Stehen am Abend gerne ein Aperitif getrunken wird.*

041ro Abb.: apt

◀ *Santa Maria in Trastevere – Tag und Nacht einen Besuch wert*

59 FOLKLOREMUSEUM (MUSEO DEL FOLKLORE) ★★★ [E9]

Wer sich für Rom im 18. und 19. Jahrhundert interessiert, sollte unbedingt hier gewesen sein.

Das Museum präsentiert Exponate von Künstlern, die in Zeichnungen, Aquarellen und Holzschnitten Rom dargestellt haben. Besonders bemerkenswert sind die **Aquarelle** von *Ettore Roessler Franz* (1854–1907), die heute wegen ihrer fotografischen Genauigkeit als Dokumentation des Lebens im Rom des 19. Jh. gelten. Außerdem bietet das Museum eine sehr ansprechende Ausstellung über den Karneval in Rom und beherbergt eine Ausstellung über den in Rom sehr bekannten Volksdichter *Trilussa.*

Das Museo del Folklore ist eines der wenig besuchten Museen Roms, das mit seinen Darstellungen des 1870 untergegangenen Rom für mich persönlich **zu den schönsten der Stadt** gehört.

› Piazza San Egidio 1b, Tel. 06 5816563; geöffnet: Di.-So. 10–20 Uhr, Kartenverkauf endet um 19 Uhr, geschl. am 1.Mai, 25. Dezember und 1.Januar; Eintriit 2,50 €; www2.comune.roma.it/museodiroma.trastevere. Das Museum ist behindertengerecht ausgestattet.
› Bus 280 bis Lungotevere Farnesina

60 MONTE GIANICOLO ★★★ [D8]

Wer gut zu Fuß ist, kann über die Via Garibaldi auf den Hügel hinaufwandern. Oben wird man von einem der atemberaubendsten Ausblicke über die Stadt für die dabei durchlittenen Qualen entschädigt.

Am Ende der Via Garibaldi steht die **Kirche San Pietro in Montorio** aus dem späten 15. Jahrhundert. Die Kirche wurde an diesem Platz errichtet, weil man glaubte, hier habe *Petrus* den Märtyrertod gefunden. Heute vermutet die Wissenschaft, dass die Kreuzigung doch auf dem Gelände des heutigen Vatikans stattfand.

Berühmt ist sie aber vor allem wegen dem von *Bramante* erbauten **Tempel** rechts neben der Kirche. 16 Granitsäulen stützen den Renaissancebau, eine schöne Miniaturausgabe antiker Bauten. Auf dem Weg auf den Hügel kommt man auch an der **Reiterstatue** vorbei, unter der die brasilianische Frau *Garibaldis, Anita,* begraben ist.

› Bus 41 ist der einzige, der bis zur Spitze des Hügels hinauffährt.

KULINARISCHES

› Das toskanische Spezialitätenrestaurant **Il Ciak** (s. S. 43) bewirtet ein Publikum, das zu einem guten Teil aus der Film- und Fernsehbranche stammt.
› Die **Pizzeria della Scala** (s. S. 38) ist einer der beliebtesten Treffpunkte für junge Römer in Trastevere.
› Die **Trattoria da Lucia** (s. S. 45) bietet bodenständige römische Küche zu vernünftigen Preisen.
› Empfehlenswert ist auch eine Garage in Trastevere, in der die **Da i 2 Ciccioni** (die „zwei Dicken", s. S. 42) römische Hausmannskost kochen.
› Die typisch römische Pizza mit dem leckeren hauchdünnen Teig gibt es bei **Panattoni** (s. S. 38).

058ro Abb.: apt

ENGELSBURG UND VATIKAN

61 ENGELSBURG (CASTEL SANT' ANGELO) ★★★ [E6]

Die frühere Fluchtburg des Papstes ist ein mit verwinkelten, dunklen Gängen durchzogenes Gebäude, dessen geisterhafte Atmosphäre besonders die jugendlichen Besucher anzieht.

Ursprünglich war die Engelsburg ein **Grabbau** für Kaiser *Hadrian* (117–138 n. Chr.). Als Rom im 3. Jahrhundert n. Chr. eine neue Stadtmauer erhielt, wurde das Gebäude in die Verteidigungsanlagen der Stadt integriert und wegen seiner strategisch günstigen Lage am Tiber zur **stärksten Festung der Stadt** ausgebaut.

Ihren **Namen** erhielt die Engelsburg, als im Jahre 590 Papst *Gregor dem Großen* in einer Vision ein Engel über dem Mausoleum des *Hadrian* das Ende der Pest ankündigte. Der Engel auf der Spitze des Gebäudes erinnert noch heute an dieses Ereignis. In bedrohlichen politischen Situationen suchten die Päpste Zuflucht in der Engelsburg. Im Lauf der Geschichte war sie auch häufig Schauplatz für Folterungen und Hinrichtungen.

Sogar auf der Opernbühne gelangte die Engelsburg zu Berühmtheit: Sie diente der Oper „Tosca“ von *Puccini* als Kulisse für den dritten Akt.

Heutzutage kann man noch einige ehemalige Wohnräume des Papstes besichtigen und sich von der **unheimlichen Atmosphäre** des Gebäudes beeindrucken lassen.

› Museo Nazionale di Castel Sant' Angelo, Lungotevere Castello 50; geöffnet: 9–19 Uhr (außer Mo.). Der Eingang befindet sich auf der rechten Seite des Gebäudes; Eintritt: 10 €. Für Besucher unter 18 und über 60 Jahren ist der Eintritt frei.

› Busse 23, 34 und 40 bis Lungotevere Vaticano

62 VIA DELLA CONCILIAZIONE [D6]

Die **Prachtstraße** wurde zur Feier der Versöhnung zwischen Kirche und Staat durch die Lateranverträge (1929) von *Mussolini* in Auftrag gegeben. Dem ehrgeizigen Projekt fielen reihenweise die mittelalterlichen Häuser des *Borgo,* wie die Gegend rund um den Vatikan von den Römern genannt wird, zum Opfer.

Die Straße ist gesäumt mit **Souvenirläden,** die alles führen, was der christlich inspirierte Rombesucher benötigt: *Benedikt XVI.* und natürlich sein volkstümlicher Vorgänger *Johannes Paul II.* auf Postkarten, als Fußabtreter, Gipsfigur oder als Kerze. Auch die nichtchristlichen Besucher, die eine Leidenschaft für Kitsch haben, sollten mal einen Blick in die Schaufenster werfen.

› Metro B bis Ottaviano

◄ *Auf dem Petersplatz herrscht ein ständiges Kommen und Gehen*

63 PETERSPLATZ [C6]

In der Vorstellung seines Schöpfers *Gian Lorenzo Bernini* sollten die den Petersplatz umfassenden **Kolonnaden** die schützenden Arme Gottes symbolisieren. Mit einem perspektivischen Trick gelang es *Bernini,* dem Betrachter im Mittelpunkt des Platzes in der Nähe des Brunnens (die Stelle ist markiert) den Eindruck zu vermitteln, die vier aus Travertin gefertigten Säulenreihen seien eine einzige. Übrigens handelt es sich um insgesamt 284 Säulen.

Im Zentrum des 340 mal 240 Meter großen Platzes steht ein **Obelisk,** den Kaiser *Caligula* nach Rom bringen ließ. Ein Behälter an der Spitze des Obelisken enthält einen angeblich vom Kreuz Christi stammenden Holzsplitter.

› Das **Informationsbüro** links vor dem Petersdom hat von 9–17 Uhr geöffnet. Es organisiert Führungen (nur vormittags) durch die Vatikanischen Gärten (nur mit Führung zu besuchen) und die Sixtinische Kapelle (auch in Deutsch). Eine zweistündige Führung kostet 11 €; Reservierung erforderlich unter Tel. 06 69884466. Übrigens: Wer einen Pilgerausweis vorzeigen kann, zahlt reduzierte Eintrittspreise.

› Noch ein **Tipp**: Wer den Weg zu den Vatikanischen Museen nicht zu Fuß machen möchte, kann auch den Bus benutzen, der alle 30 Minuten vor dem Informationsbüro abfährt (Fahrpeis: 1 €).

› Das deutschsprachige **Pilgerzentrum** vermittelt preisgünstige Unterkünfte in kirchlichen Einrichtungen: Via della Conciliazione 51 (Petersplatz), Tel. 06 6897197, www.pilgerzentrum.de.

› Metro B bis Ottaviano

DER KLEINSTE STAAT DER WELT

*Im Vatikanstaat erwarten den Besucher zwei der wichtigsten Sehenswürdigkeiten Roms: Die gewaltige **Basilica di San Pietro,** der Petersdom, und die **Vatikanischen Museen,** mit einer der weltweit größten Kunstsammlungen.*

*Der **Name Vatikan** stammt aus der Urzeit Roms. Die Historiker nehmen an, dass das heutige Gelände des Kirchenstaates in frührömischer Zeit ein latinisches Dorf war. Die Römer nannten seine Bewohner „Vaticani". Der Name blieb an der Gegend hängen, auch als das jenseits des Tiber gelegene Gebiet längst eingemeindet war.*

*Das politische Kleinstaatgebilde (Stato della Città del Vaticano) ist ein Produkt der Einigung zwischen der faschistischen italienischen Regierung unter Mussolini und dem Heiligen Stuhl. Die **Lateranverträge** (1929) regelten das Verhältnis zwischen Staat und Kirche, das durch die italienische Einigung (1870) dauerhaft gestört worden war: Der Papst hatte sich damals schmollend hinter die Mauern des Vatikans zurückgezogen, zwar Immunität genießend, jedoch keine staatliche Unabhänigkeit.*

*Der Kirchenstaat, der im Mittelalter zeitweise ganz Mittelitalien umfasste, hat heute eine Fläche von gerade mal einem halben Quadratkilometer und zählt rund **900 Einwohner.** Dazu kommen noch 3000 in Rom lebende Angestellte. Dabei handelt es sich hauptsächlich um Geistliche, die Verwaltungsaufgaben übernehmen oder bei der Vatikanbank beschäftigt sind. Aber auch das Reinigungs- und Hauspersonal, die Sicherheitskräfte und die vielen Kunsthistoriker, die sich um die Schätze der Vatikanischen Museen kümmern, zählen dazu.*

***Geografisch** umfasst der Vatikanstaat das Gebiet rund um den Petersdom, einige Kirchen und Paläste in der Stadt sowie die etwa 100 Kilometer von Rom entfernte Sommerresidenz des Papstes, Castel Gandolfo. Staatsoberhaupt des „Stato della Città del Vaticano" ist der Papst. Er verfügt allein über die gesetzgebende und richterliche Gewalt. Damit ist der Vatikanstaat **die letzte absolute Monarchie in Europa.** Politisch erreichte der Vatikan mit den Lateranverträgen die staatlicherseits festgeschriebene Unauflöslichkeit der Ehe, die nur durch das reichlich voreingenommene Tribunal der Kirche selbst annulliert werden konnte (erst 1974 wurde in Italien per Volksentscheid ein Scheidungsgesetz erlassen), und die Steuerfreiheit für das Kirchenvermögen.*

*Als **autonomer Staat** unterhält der Vatikan heute Botschaften in fast aller Welt. Ebenso sind auch ausländische Staaten mit einer Botschaft beim Vatikan vertreten. Daher unterhalten die meisten Nationen in Rom zwei Botschaften: eine für Italien, die andere für den Heiligen Stuhl.*

*Sämtliche Richtlinien der katholischen Kirchenpolitik werden in zehn **Ministerien (Kongregationen)** festgelegt, die jeweils von einem Präfekten geleitet werden. Über 20 Jahre lang war Josef Kardinal Ratzinger, der jetzige **Papst Benedikt XVI.,** Präfekt der Glaubenskongregation, die über Grundsatzfragen des katholischen Glaubens zu entscheiden hat. In dieser Zeit erwarb er sich den Ruf eines konservativen Hardliners. In den Kongregationen werden über so unterschiedliche und seltsame Dinge entscheiden wie die*

Tabuisierung von Büchern, die Annullierung einer Ehe oder die Neubesetzung eines erzbischöflichen Stuhls.

Der Vatikan verfügt sogar über eine eigene Armee, die ***Schweizergarde,*** *bestehend aus 110 Soldaten, (s. S. 138: Exkurs „Die Schweizergarde"). Und er unterhält einen selten benutzten* ***Personen- und Güterbahnhof*** *mit zehn Beamten. Außerdem gehören zum Staatswesen einige* ***Dienstleistungsbetriebe*** *wie die Müllabfuhr, eine Apotheke und ein Supermarkt. Die* ***Fahrzeuge*** *der Bewohner des Kirchenstaats tragen die Initialen SCV (Stato della Città del Vaticano); viele Römer übersetzen die Buchstaben auch mit „se cristo vedisse" (zu Deutsch: „wenn Christus das sehen würde") und meinen damit die Verwicklung des Vatikans in Finanzskandale und Geschäfte mit der Mafia.*

Radio Vatikan *sendet in alle Welt und sorgt als Zuschussbetrieb (es gibt keine Werbeeinnahmen) für ein Loch in der Vatikankasse – genauso wie die Tageszeitung* ***L'Osservatore Romano,*** *deren Auflage bei knapp 8000 Stück liegt, samt den Wochenausgaben in Englisch, Französisch, Spanisch, Portugiesisch, Polnisch und Deutsch.*

An ***Einnahmen*** *fließen in die Kirchenkasse vor allem die Spenden der Gläubigen aus aller Welt. Am Namenstag des Petrus wird in allen katholischen Kirchen der Peterspfennig eingesammelt und an den Vatikan überwiesen.*

› *www.vatican.va/faq/index_ge.htm*
› *www.oecumene.radiovaticana.org/ted/index.asp*

64 PETERSDOM (BASILICA DI SAN PIETRO) ★★★ [C6]

Egal ob katholisch oder nicht: Wer den Petersdom gesehen hat, muss einfach beeindruckt sein von dem gewaltigen Innenraum, den im 16. Jahrhundert die bedeutendsten Künstler der damals bekannten Welt schufen.

Der Legende nach soll dort, wo sich heute die mächtige Kuppel des Petersdoms erhebt, der **Heilige Apostel Petrus gekreuzigt** worden sein. Die zu seinem Andenken errichtete Basilika, angeblich befindet sich sein Grab unmittelbar unter dem Hochaltar, wurde von Kaiser *Konstantin,* dem ersten christlichen Kaiser Roms, in Auftrag gegeben und 328 von Papst *Sylvester* geweiht.

Obwohl die Päpste bis 1377 im **Lateranpalast** 14 am anderen Ende der Stadt residierten, blieb der Vatikan historisch und moralisch die Wiege des Papsttums. Der heutige Petersdom, übrigens die **größte Kirche der Welt,** wurde in 120 Jahren (1508–1628) auf den Ruinen der ehemaligen Konstantinsbasilika erbaut. Insgesamt beteiligten sich vier Künstler an dem Bau: *Bramante, Raffael, Michelangelo* und *Bernini.* Papst *Nikolaus V.* regte den Neubau an. Die Bauten des alten Rom wurden für den Neubau gnadenlos geplündert: Allein aus dem Kolosseum ließ der Papst 2500 Wagenladungen mit Steinen herankarren. In einer besonders schwierigen Bauphase wurde *Michelangelo* hinzugezogen, der dann die **Kuppel** gestaltete, also den Teil des Petersdoms, der als Wahrzeichen der Kirche weithin sichtbar ist. Inspirieren ließ sich der Künstler von der Kuppelkonstruktion des antiken **Pantheon** 35 auf der anderen Seite des Tiber.

068ro Abb.: bw

▲ *Der Petersdom*

Schon die **Eingangshalle** wirkt wie eine riesige Kirche (71 m lang, 14 m breit). In der rechten Ecke steht ein von *Bernini* geschaffenes Reiterstandbild Kaiser *Konstantins.* Die Bronzetür davor ist die berühmte **Heilige Tür** *(Porta Santa),* die nur zu Beginn eines Heiligen Jahres geöffnet wird. Alle 25 Jahre findet ein Heiliges Jahr statt, das letzte Mal 2000.

Durch das Mittelportal geht es in das Hauptschiff. Gleich auf der rechten Seite steht die berühmte **Pietà des Michelangelo** – mittlerweile hinter einer Glasscheibe, seit ein Geistesgestörter mit einem Hammer das Kunstwerk beschädigt hat. Der Mittelpunkt der Kirche ist der 29 m hohe **Papstaltar,** der sich über dem Grab des *Petrus* erhebt. Nur der Papst ist berechtigt, hier die Messe abzuhalten. Der Altar wurde von *Bernini* gestaltet. Am rechten Pfeiler neben dem Papstaltar befindet sich die **Statue des sitzenden Petrus** aus dem 13. Jahrhundert, deren Fuß von den Ehrenbezeugungen der Gläubigen schon ganz blank geworden ist. Ganz hinten in der Apsis beim Hauptaltar steht der berühmte **Heilige Stuhl** *(Cathedra petri),* mit dem die Katholische Kirche gerne identifiziert wird, auch er von *Bernini* geschaffen. Der Bronzethron ist nur eine Hülle für eine alte Reliquie: den Stuhl des Petrus und seiner ersten Nachfolger.

Sehenswert ist auch die **Kuppel** des Petersdoms, die täglich 8–17 Uhr geöffnet ist. Man kann den beschwerlichen Weg zu Fuß (537 Stufen) umgehen, indem man mit dem Aufzug nach oben fährt (Preis: 7 €). Der fährt allerdings nur bis zur Mitte, die restlichen 330 Stufen

045ro Abb.: apt

müssen dann doch zu Fuß bewältigt werden. Die Aussicht lohnt sich auf jeden Fall. Vor allem kann man die von Michelangelo gemalten Deckenfresken und das Jüngste Gericht in all ihren Einzelheiten aus der Nähe betrachten. Von hier oben hat man auch einen herrlichen Blick über die Vatikanischen Gärten und die Zweckbauten des Kirchenstaats.

Außerhalb des Petersdomes – beim Aufgang zur Kuppel – befindet sich der Eingang zu den **Vatikanischen Grotten,** in denen 165 Päpste begraben sind. Unter ihnen befindet sich auch der 2005 verstorbene *Johannes Paul II.*

- Metro B bis Ottaviano
- Am Eingang zum Petersdom gibt es **strenge Sicherheitsvorkehrungen,** deswegen kann es durchaus eine Stunde dauern, bis man die Kirche endlich betreten kann. Alle Besucher müssen durch einen Metalldetektor gehen. Beachten sollte man auch die **Kleiderordnung:** Keine kurzen Hosen für Männer, keine Röcke, die über dem Knie, enden für Frauen. Die Schultern sollten bedeckt sein.
- Sakristei Tel. 06 69883712, Gemeindebüro Tel. 06 69885435
- Hl. Messen: 8.30, 9, 10, 11, 12, 17 Uhr
- **Besichtigung des Petrusgrabes** nur mit vorheriger Anmeldung im Ufficio Scavi. Um das Büro zu erreichen, muss man an der Schweizergarde vorbei (links vor dem Eingang des Petersdoms) und sich einen Termin geben lassen. Am besten meldet man sich einen Tag vorher an, um sicherzugehen, an der 1 ½-stündigen Führung auch wirklich teilnehmen zu können. Eintritt: 5 €.
- Im Ufficio Scavi kann man sich auch zu einer **Papstaudienz** anmelden. Einzel- oder Gruppenaudienzen sind nur für ein ausgewähltes

▲ *Die gigantische Kuppel des Petersdoms von innen gesehen*

RAFFAEL

Der Renaissancekünstler Raffaello Santi wurde 1483 in dem nördlich von Rom gelegenen Städtchen Urbino als Sohn des Malers Giovanni Santi geboren. Den ersten Malunterricht erhielt er bei seinem Vater. Am wichtigsten waren für den Jugendlichen aber die Eindrücke, die er aus seinen Begegnungen mit Malern und Dichtern in seinem Elternhaus schöpfte; Urbino galt damals als eines der Zentren der italienischen Kultur.

Im Herbst 1504 ließ sich Raffael im Alter von 19 Jahren in ***Florenz*** *nieder, wo er sich in langjährige Studien über Probleme der Anatomie, der Perspektive und der Komposition vertiefte. Er bestritt seinen Unterhalt hauptsächlich durch Aufträge, die er für den florentinischen Adel anfertigte. 1507 schuf er sein bis dahin bedeutendstes Altarwerk, die Grablegung Christi, das bis heute in der Galleria Borghese zu sehen ist.*

Auf dem Höhepunkt seines Schaffens wurde er 1508 vom päpstlichen Hof beauftragt, einige Zimmer im Vatikan, die sogenannten ***Stanzen,*** *neu zu gestalten. Vier große Repräsentationsräume waren auszumalen, eine übermenschliche Arbeit, die seinen schon immer schwächlichen Körper dauerhaft schädigen sollte. 1514 übertrug ihm der Papst auch die Bauleitung des* ***Petersdoms.*** *Diese zusätzliche Anforderung überlebte er nicht. Am 6. April, seinem Geburtstag, starb Raffael im Alter von nur 37 Jahren. Begraben ist der große Künstler im Pantheon.*

Publikum gedacht. Ein Empfehlungsschreiben eines höhergestellten Bewohners des Kirchenstaats ist unbedingte Vorraussetzung (Präfektur des Päpstlichen Hauses, Tel. +39 06 69884857, Fax +39 06 69885863). Möglich ist allerdings die Teilnahme an einer Generalaudienz, die an jedem Mittwoch gegen 10 Uhr in einem kleinen Vorlesungssaal links vom Petersdom stattfindet.

› In dem Postamt gleich nebenan kann man sich mit den bei Sammlern beliebten **Briefmarken** des Kirchenstaats eindecken.

65 VATIKANISCHE MUSEEN (MUSEI VATICANI) ★★★ [C6]

Die unter diesem Begriff zusammengefassten Einzelmuseen bilden insgesamt das größte Museum der Welt.

Wer sich in Ruhe auf die Kunstwerke einlassen will, ist hier aber fehl am Platz. Die unglaubliche Zahl an Touristen, die täglich in die Museen hineinströmen, machen den Kunstgenuss sehr schwierig. Auf jeden Fall sollte niemand beabsichtigen, alles bei einem Besuch zu sehen; da ist es besser, schon vorher eine Auswahl zu treffen. Höhepunkte der Vatikanischen Museen sind sicherlich das Museum Pio-Clementino mit seiner antiken Statuensammlung, die Stanzen des *Raffael* und *Michelangelos* Deckenfresko in der Sixtinischen Kapelle.

› Viale Vaticano; geöffnet Mo.–Sa. und am jeweils letzten So. im Monat. November bis Februar 8.45–13.30 Uhr, Kassenschluss 12.20 Uhr; März bis Oktober 8.45–15.30 Uhr, Kassenschluss 14.20 Uhr. Montags weniger Besucher als an den anderen Tagen.

› Eintritt: 16 €, Audioguide: 7 €; absolutes Fotoverbot, fotografiert wird aber leider trotzdem. Am letzten So. des Monats ist der Eintritt frei und entsprechend lang sind an diesem Tag die ohnehin immer langen Schlangen vor dem Eingang.

› Metro A bis Cipro

Museum Pio-Clementino

Zunächst gelangen die Besucher in das *Gabinetto dell'Apoxyomenos,* das nach der dort aufgestellten Kopie einer griechischen Skulptur aus dem 4. Jahrhundert v. Chr. benannt ist. Sie zeigt einen Athleten, der nach dem Sieg in einem Wettkampf Schweiß und Staub von seinem Körper schabt.

In dem Museum ist die berühmteste Skulpturengruppe der Welt ausgestellt: der **Laokoon**, eine verschlungene Figurengruppe, die im 1. Jahrhundert v. Chr. auf der griechischen Insel Rhodos geschaffen wurde. Jahrhundertelang galt sie als verschollen, bis sie 1506 in der Nähe des Kolosseums in einem Weinberg entdeckt wurde. Sie wirkte prägend auf viele Künstler der Renaissance.

Laokoon war der trojanische Priester des Apoll. Angeblich warnte er seine Mitbürger davor, das bei der vorgetäuschten Abfahrt von den Griechen zurückgelassene hölzerne Pferd in die Stadt hineinzuziehen. Bald darauf wurde *Laokoon* mit seinen beiden Söhnen von zwei Schlangen erwürgt und eben diese Szene wird von der Skulpturengruppe mit ungeheurer Expressivität dargestellt. Wie die meisten Leser wissen werden, versteckten sich in dem Bauch des Pferdes die Griechen, womit das Ende Trojas besiegelt war.

Stanzen des Raffael

Papst *Julius II.* beauftragte 1508 den jungen *Raffael,* die Repräsentationsräume über dem Apartamento Borgia neu auszumalen. „Stanza" bedeutet übrigens auf Deutsch Zimmer. Vier Räume hat *Raffael* ausgemalt. Die **Fresken** in der *Stanza della Segnatura* gelten allgemein als Höhepunkt der Renaissancemalerei. Philosophische und theologische Themen verbinden sich in diesen Gemälden zu allegorischen Kompositionen. Wer all dies wirklich verstehen will, sollte sich einen speziellen Führer zulegen oder zumindest den Audio-Guide benutzen, der am Eingang angeboten wird. Zudem ist noch die *Stanza d'Eliodoro* zu sehen, ein Vorzimmer des Papstes, dann die *Stanza dell'Incendio,* die *Leo X.* als Speisesaal dienen sollte, und die *Stanza di Costatino,* die Ereignisse aus dem Leben Kaiser *Konstantins* zeigt, dem ersten römischen Kaiser, der zum Katholizismus übertrat.

Sixtinische Kapelle

Das berühmteste Gebäude in diesem Komplex, die Sixtinische Kapelle, von Papst *Sixtus IV.* 1473 in Auftrag gegeben, beherbergt das **bekannteste Deckengemälde der Welt**, das *Michelangelo* zwischen 1508 und 1512 malte. Das Werk soll die Erschaffung der Welt darstellen. Das bekannteste Teilfresko (ital.: *affresco* = auf den feuchten Putz gemalt) ist die *Erschaffung Adams* im Zentrum des Deckengemäldes. Jeder hat es schon einmal reproduziert gesehen: Adam liegt am Boden und streckt seinen Zeigefinger dem seines Schöpfers entgegen. Der Raum zwischen den beiden Zeigefingern symbolisiert die überirdische Kraft Gottes, die den Körper des Adam sogleich beseelen wird.

Michelangelo hatte seinerzeit gezögert, den Auftrag anzunehmen, weil er die Malerei gegenüber der Bildhauerei als minderwertig empfand. Die Bemalung der

Decke sollte ihn vier Jahre lang beschäftigen, die er meist in gebückter Stellung auf einem Gerüst unter der Decke zubrachte. Im Zentrum des Freskos sind neun Ereignisse aus dem **Buch Genesis** dargestellt: *Die Trennung von Licht und Finsternis, Die Erschaffung der Himmelskörper, Die Trennung von Land und Meer, Die Erschaffung Adams, Die Erschaffung Evas, Der Sündenfall und die Vertreibung aus dem Paradies, Das Opfer Noahs, Die Sintflut, Die Trunkenheit Noahs.*

Über 20 Jahre später schuf *Michelangelo* das **Fresko an der Altarwand.** Es stellt den Gegensatz zur Erschaffung der Welt dar, das Jüngste Gericht. Jesus Christus umgeben von Maria und den Aposteln urteilt über das Schicksal der Menschheit: Während die Guten zum Himmel aufsteigen (links) und die Bösen zur Hölle hinabsteigen (rechts), vollzieht sich unten die Auferstehung der Toten und in der Mitte rufen die Engel die Menschen mit Posaunen zu Gericht.

KLEINE PAUSE

Den Besuch des Vatikans kann der Reisende mit einem Aperitif in der Abendsonne auf der Terrasse des Vier-Sterne-Hotels ***Atlante Star*** *(s. S. 40) ausklingen lassen.*

88 [D6] ***Benito e Gilbert.*** *Im an den Vatikan angrenzenden Stadtviertel Borgo Pio findet sich das Ristorante Benito e Gilbert. Das Lokal ist sehr klein und bietet hervorragende Fischgerichte sowie eine Auswahl von guten Weißweinen aus der Umgebung Roms an. Via del Falco 19; Tel. 06 6867769; So. und Mo. Ruhetag, am besten reservieren*

DIE SCHWEIZERGARDE

Sie ist die kleinste, bekannteste, meistfotografierte und wahrscheinlich älteste Armee der Welt. ***Seit 500 Jahren*** *sind die Soldaten aus dem Alpenstaat die Wächter des Papstes und der Einrichtungen des Vatikans. Im Februar 2006 wurde der Geburtstag der Truppe gefeiert. Gegründet wurde die Schweizergarde von Papst Julius II., der kein Söldnerheer mehr im Kirchenstaat wollte. Denn Söldner galten als unzuverlässig und kämpften oft nur widerwillig, daher wollte der Papst ein eigenes Berufsheer haben. Zudem hatte Julius II. familiäre Beziehungen in die Schweiz, deren Soldaten einen guten Ruf als Landsknechte genossen. Bis 1825 blieb die Garde eine kämpfende Truppe. Ihre prächtigen* ***Uniformen*** *mit der gelb-blau gestreiften Kniehose sollen angeblich von Michelangelo entworfen worden sein.*

Der Deutschschweizer Elmar Mäder ist seit 2002 der Kommandeur der päpstlichen Soldaten. Er sieht die Garde als ein „Schweizer Qualitätsprodukt, das wir exportieren". In den Jahren zuvor gab es jedoch etliche ***Skandale*** *um die Schutztruppe. Aufsehen erregte im Frühjahr 1998 ein dreifacher Mord hinter den Mauern des Vatikans. Die Opfer waren Mäders Vorgänger Alois Estermann, seine Ehefrau und der Gardist Cedric Tornay, der schnell als Täter identifiziert wurde. Anscheinend hatte er zuerst das Ehepaar und dann sich selbst erschossen, weil er sich von Estermann schlecht behandelt fühlte.*

046ro Abb.: apt

Durch das Verbrechen geriet die Truppe in eine Diskussion über ihren Sinn und Zweck. Von Glanz und Tradition vergangener Zeiten ist nicht mehr viel übrig geblieben. Teilweise tut sich die Schweizergarde sogar schwer, ihr Plansoll von 110 Mann zu erfüllen, weil sich in der Schweiz kaum noch Rekruten zum Dienst melden. Auch die Tatsache, dass einmal im Jahr ein Feuerstoß aus einem MG abzugeben ist, verweist auf den doch etwas ***anachronistischen Charakter*** *der Garde.*

Zudem hat die Schweizergarde ihr Sicherheitsmonopol im Vatikanstaat längst verloren; auch die Gendamerie und die Polizei kümmern sich um die Sicherheitsbelange des Kleinstaats.

Aber natürlich sind noch mehr unsichtbare italienische und vatikanische Sicherheits- und Geheimdienstkräfte im Einsatz, seit sich das „Bedrohungsbild", so Kommandeur Mäder, geändert habe. Das sei aber nicht erst seit den Terroranschlägen vom 11. September 2001 so, schon das ***Attentat*** *auf Johannes Paul II. im Mai 1981 war eine Zäsur.*

Wer Schweizergardist werden will, muss zwischen 18 und 25 Jahre alt, katholisch, ledig und unbescholten sein - und er muss den Dienst in der Schweizer Armee abgeleistet haben. Während der zweijährigen Dienstzeit müssen die Soldaten - offiziell - in absoluter Keuschheit leben.

Über Details der Arbeit spricht Manager Mäder nicht gerne. Aber Geistliche seien ***schwierige Kunden,*** *soviel gesteht er ein, die nicht immer Verständnis für die Sicherheitsmaßnahmen aufbrächten. Natürlich sind die Männer in den Renaissance-Uniformen von Zeit zu Zeit auch als unauffällige Herren im italienischen Maßanzug mit Knopf im Ohr unterwegs.*

Der volkstümliche Johannes Paul II. hatte oft das Bad in der Menge gesucht. Für die 110 „Sicherheitsmitarbeiter" der Garde ist die Arbeit etwas einfacher geworden, weil der scheue Benedikt XVI. nicht viel reist und ganz allgemein weniger Besucher empfängt. Zudem kann sich Sicherheitschef Mäder in seiner Muttersprache mit dem Papst unterhalten, ein Privileg, das er durchaus zu schätzen weiß.

DER DEUTSCHE PAPST

Ende März 2005 herrschte in Rom ***Trauerstimmung.*** *Anlass für die gedrückte Stimmung war das langsame Sterben des Papstes. Seit Jahren schon war Johannes Paul II. gesundheitlich schwer angeschlagen. In den letzten Wochen hatte sich die Lage aber dramatisch verschlechtert.*

Vor allem die Römer hatten den Papst aus Polen ***in ihr Herz geschlossen.*** *Er war ihnen sympathisch in seiner offenen Art. Und nicht zuletzt war es auch seine Ablehnung des Irakkriegs, die im antikriegsgestimmten Italien auch in nichtkirchlichen Kreisen Sympathien für Johannes Paul II. hervorriefen.*

Als Johannes Paul II. schließlich und endlich von seinem Leiden erlöst wurde, war die Trauer in Rom groß. Sofort wurde natürlich die Frage diskutiert, wer sein Nachfolger werden könnte. ***Kardinal Ratzinger*** *wurden zwar durchaus Chancen eingeräumt, aber die Spekulationen um ihn als Nachfolger verdichteten sich erst, als er die Begräbnisfeierlichkeiten für Papst Johannes Paul II. leitete.*

Das ***Begräbnis*** *des alten Papstes und die* ***Papstwahl*** *wurden zu einem medialen Großereignis. Teilweise waren schon Jahre zuvor von den Fernsehsendern Terrassen und Plätze angemietet worden, von denen aus man das Aufsteigen des weißen Rauchs, das traditionell den erfolgreichen Ausgang der Papstwahl signalisiert, besonders gut sehen konnte. Ganz Rom war für die Dauer des Begräbnisses für den Autoverkehr gesperrt. Pilgerscharen aus aller Welt verstopften die Via della Conciliazione, jene breite Prachtstraße, die zum Petersdom führt.*

Zehn Tage später, am 18. April 2005, hielt Ratzinger eine vielbeachtete Rede gegen Materialismus und Relativismus, eines seiner beliebtesten Themen, die von vielen als „Regierungserklärung" verstanden wurde. Schon am Nachmittag des folgenden Tages wurde er im vierten Wahlgang zum 265. Papst in der Geschichte der römisch-katholischen Kirche gewählt. Das ***Konklave,*** *die Kardinalsversammlung in der Sixtinischen Kapelle, in der der Papst gewählt wird, dauerte nur 26 Stunden. Er gab sich den Papstnamen Benedikt XVI. Es wird vermutet, dass er mit dieser Wahl auf den Gründer des Benediktinerordens, Benedikt von Nursia, aber auch auf seinen Namensvorgänger Benedikt XV. (1914–22) anspielt, der als „Friedenspapst" bezeichnet wurde.*

Eine Umfrage der römischen Tageszeitung „La Repubblica" ergab unmittelbar nach dem Amtsantritt Benedikts XVI. eine ***positive Stimmung für den deutschen Papst:*** *Fast 80 % der Italiener erklärten 2005 ihre Sympathie für Ratzinger.*

Aber schon drei Jahre später hat sich das Blatt gegen ihn gewendet. Den meisten Italienern ist dieser Papst zu intellektuell, seine Ansprachen gehen an der emotionalen Gläubigkeit der Einheimischen vorbei. Während der Diskussion über ein neues Partnerschaftsgesetz, das auch homosexuellen Paaren ermöglichen sollte, eine eheähnliche Beziehung zu führen, stellte sich Benedikt XVI. auf die Seite der entschiedenen Gegner des Gesetzes und trug mit dazu bei, die neue

Regelung zu verhindern. Auch die ***Wiederzulassung des tridentinischen Ritus,*** *bei dem die Messe auf Latein gehalten wird, stieß bei vielen Gläubigen auf Ablehnung.*

Die größte Krise seiner Amtszeit erlebte der deutsche Papst als Ende 2009 die ersten ***Missbrauchsfälle in der katholischen Kirche*** *ruchbar wurden.*

Benedikt XVI. schwieg zu den Vorwürfen sogar dann noch, als im Frühjahr 2010 bekannt wurde, dass in der Amtszeit Josef Ratzingers als Erzbischof von München und Freising ein wegen Kindesmissbrauchs vorbestrafter Priester in der Gemeindearbeit der Diözese eingesetzt worden war. Der Mann verging sich auch danach an seinen Zöglingen.

Kritisiert wurde Benedikt XVI. aber hauptsächlich von deutschen Katholiken. Die Kirchenreformbewegung „Wir sind Kirche" etwa zeigte sich enttäuscht, dass der Papst nicht einmal ein kleines Wort des Mitgefühls gegenüber den Betroffenen geäußert habe.

In Italien selbst hat vor allem die linke italienische Tageszeitung „La Repubblica" immer wieder über Missbrauchsfälle durch Priester aus den 1960er- und 1970er-Jahren berichtet. Von der italienischen Kirchenleitung wurden die Vorwürfe jedoch heruntergespielt und die meisten italienischen Gläubigen gaben sich damit zufrieden.

Nie gab es eine derart lebhafte Diskussion über die Verfehlungen katholischer Geistlicher wie im Jahr 2010 in Deutschland.

Ägyptisches Museum (Museo Gregoriano Egizio)

In zehn Sälen werden Mumien, Kolossalstatuen, Sarkophage und Handschriften ausgestellt. Die Gestaltung der ersten beiden Säle ist dem Inneren einer ägyptischen Grabkammer nachempfunden. Viele der Stücke wurden übrigens in Rom selbst gefunden. Die Römer waren große **Verehrer der ägyptischen Kultur** und da das Land eine römische Kolonie war, brachten römische Soldaten viele Kunstgegenstände nach Italien. Besonders sehenswert ist die *Statue des Priesters Udjahorresnet* in Raum I (6. Jh. v. Chr.).

Pinakothek

Die Gemäldesammlung enthält in 16 Sälen Bilder vom Mittelalter bis in die heutige Zeit, die sinnvollerweise in chronologischer Reihenfolge ausgestellt sind und dadurch einen guten Überblick über die Malerei des Abendlandes vermitteln.

Höhepunkte sind im Saal 10 die *Madonna mit Kind und Heiligen* von *Tizian,* die *Grablegung* von *Caravaggio* im Saal 12 und im Saal 8 die Wandteppiche von *Raffael.*

Museo Gregoriano Etrusco

In 18 Räumen sind Gegenstände und Kunstwerke aus der Zeit der untergegangenen **etruskischen Hochkultur** ausgestellt. Man erhält einen guten Einblick in die Geschichte des Volkes, das bis zum Aufstieg Roms die Vorherrschaft in Mittelitalien hatte.

Bemerkenswert sind die Grabbeigaben, die im Raum II ausgestellt sind. Wie die Ägypter hatten auch die Etrusker die Gewohnheit, ihren Toten Alltagsgegenstände ins Grab zu legen, damit sie auf ihrer Reise ins Totenreich gut ausgestattet sind.

047ro Abb.: apt

UNTERWEGS AUF DER VIA APPIA

Die mehr als 2000 Jahre alte Straße beginnt praktisch schon im römischen Stadtzentrum und führt mitten in die unberührte römische Campagna. Einer der schönsten Flecken in Rom!

Heute dient die Appia den Römern als ideale **Picknick-Stätte** für die Großfamilie. Auf Katakomben und neben Grabdenkmälern aus republikanischer Zeit braten die Familienväter eine *grigliata,* während die Frauen sich um das mitgebrachte Gemüse kümmern und Teller verteilen.

Die Appia war die erste Straße Roms, die nicht nach ihrer Funktion oder ihrem Ziel benannt wurde wie z. B. die Salaria, die Salzstraße, oder die Tiburtina, die ihren Namen von ihrem Zielort Tivoli erhielt. Vielmehr wurde sie nach ihrem Gründer, **Appio Cieco,** benannt. Unter der Leitung des Abkömmlings der bedeutenden römischen Sippe *Claudia* wurde die Straße 312 v. Chr. fertig gestellt. Zuerst führte sie nur in das 217 km entfernte Capua (heute: Santa Maria Capua Vetere, in der Nähe von Neapel). Damals konnte die Strecke in der seinerzeit unglaublich kurzen Zeitspanne von fünf bis sechs Reisetagen bezwungen werden.

Die Römer verbanden mit dem Bau der Straße auch eine **strategische Absicht;** fertig gestellt wurde die Appia während der Samnitenkriege. Der schwierige Verbündete Capua, in dessen Reihen es eine romfeindliche Bewegung gab, die mit den Samnitern sympathisierte, konnte durch den Bau der Appia endgültig an Rom angebunden werden. Die Römer konnten nun in dem durch die Appia erschlossenen Gebiet **neue Kolonien** gründen oder bereits bestehende verstärken. Schon 190 v. Chr. führte die Via Appia bis Brindisi, dem Tor des Orients. Damit war für den römischen Imperialismus der Weg frei für die Raubzüge in den Nahen Osten und Nordafrika. Der in der Nähe von Rom liegende Hafen von Ostia wurde erst später in Betrieb genommen. Die Beute musste also über die 584 km lange Straße nach Rom geschafft werden.

An der Appia wurden in altrömischer Zeit die Angehörigen der bedeutenden Familien begraben. Ein altes Gesetz schrieb den Römern vor, ihre Toten vor den Toren der Stadt zu beerdigen. Trauerzüge geleiteten die Verstorbenen zu ihren Grabstätten. Die Totenmaske wurde während des Trauerzuges von Leuten getragen, die an Größe und Aussehen dem Verstorbenen ähnlich waren. Diese kleideten sich dann auch in entsprechende Gewänder: War der Verstorbene ein Konsul oder Prätor, so trugen sie eine Toga mit Purpursaum, war er etwa Zensor, so bekleideten sie sich mit einem Gewand aus Purpurstoff. Die **Überreste der alten Grabstätten** entlang der Appia Antica künden noch heute von der einstigen Begräbnisstätte.

Noch etwas zu der **Reisegeschwindigkeit** auf römischen Straßen: Der speziell für *Cäsar* angefertigte, gefederte Wagen konnte pro Tag 150 Kilometer zurücklegen; zudem konnte der Staatschef seine Korrespondenz auf der Fahrt erledigen.

Ein makabres Detail zur Appia: *Crassus* ließ nach dem Sieg über *Spartakus* die bei den Kämpfen gefangenen aufständischen Sklaven an der Via Appia kreuzigen. In römischer Genauigkeit ließ er auf der über 200 Kilometer langen Strecke bis Capua alle 200 Meter ein Kreuz errichten als Mahnung an alle, die Ähnliches im Schilde führen sollten – ein Symbol für die Sachlichkeit und Härte der Römer.

Von Genauigkeit der Planung sprechen auch die baulichen Details der Straße: Sie war 4,15 m breit und damit auch für Gegenverkehr geeignet, begrenzt von 1,50 m breiten Bürgersteigen, die man sich als mit Steinen eingefasste Trampelpfade vorstellen muss. In regelmäßigen Abständen von etwa 14 km befanden sich Poststationen zum Pferdewechseln, Übernachten oder Essen. Alles mutet wie eine **antike Autobahn** an und steht für ein Rom, das gerade im Begriff war, die Weltherrschaft zu erobern.

Während der ständig wachsenden Bedrohung des Imperiums durch die **Germanen** in nachchristlicher Zeit wollten die Römer den Feinden auf keinen Fall Versorgungs- und Unterschlupfmöglichkeiten vor den Toren Roms bieten. Deshalb ließen sie die Straße veröden.

Die ursprüngliche Via Appia hatte ihren **Ausgangspunkt** an der Porta Capena, die in republikanischer Zeit ein Stadttor Roms bildete. Heute kennzeichnet die **Piazza di Porta Capena** [H10] inmitten der Stadt die Stelle, an der das Tor einmal gestanden hat. Um das richtige „Appia-Feeling“ zu bekommen, sollte

◄ *Mitten im Grünen: die Grabstätte der Cecilia Metella auf der Via Appia* man seinen Rundgang gleich hier beginnen. Für einen Spaziergang zur Appia Antica mit ihren Gräbern, urchristlichen Katakomben und der Gedenkstätte für die 335 von den Deutschen erschossenen Italiener sollte man einen ganzen Tag veranschlagen.

› Mit der Metrolinie B fährt man bis Circo Massimo, geht dann am FAO-Gebäude vorbei und stößt nach etwa 50 Metern auf die Piazza di Porta Capena. Hier geht rechts die Via delle Terme ab.
› Eine andere, nicht uninteressante Möglichkeit ist die **Annäherung** an die Appia **über das Tal der Caffarella** (Metrolinie A bis Colli Albani). Durch eine der Seitenstraßen in Richtung Via Latina gelangt man in das riesige Caffarellatal. Von hier aus bis zur Via Appia muss man mit gut zwei Stunden rechnen. Dieser Weg ist nur Leuten zu empfehlen, die gut zu Fuß sind.
› Wer den Weg auf der Via Appia lieber mit dem Bus zurücklegen möchte, nimmt den Bus 218, der bis zu den Fosse Ardeatine 69 fährt.

66 CARACALLA-THERMEN (TERME DI CARACALLA) ★★★ [I11]

Eine faszinierende künstliche Welt aus dem 3. Jahrhundert n. Chr. Die Thermen waren ausgestattet mit Bibliotheken, Gärten, Sportmöglichkeiten und Sauna.

Sie waren allen Bürgern frei zugänglich. Eine Referenz, wohl auch ein Motivationsschub, den das schwankende römische Imperium seinen Bürgern verpassen wollte, Teil des Konzepts von „Brot und Spiele". Allerdings war dem Bau nur ein relativ kurzes Leben beschieden: Nach der Schließung der römischen Aquädukte 537 n. Chr. war es vorbei mit der öffentlichen Freizeitanlage.

Das riesige Gelände ist auch ein **Parkerlebnis** zum Verweilen und Ausspannen, umgeben von Schirmpinien und Wiesen. Sehr sehenswert sind die postmodern anmutenden Bodenmosaiken im Bereich des Schwimmbads.

Vier Phasen umfasste das **Baderitual** des römischen Bürgers: Zuerst stand

EXTRATIPP

Der archäologische Park an der Via Appia

*Jahrelang diente das Gebiet zwischen der Via Appia und dem Caffarellatal als Müllabladeplatz und Spekulationsobjekt. Genauso lange währt der Kampf verschiedener Umweltschutzgruppen gegen den **Missbrauch** des Gebiets. Nach mittlerweile mehr als 12 Jahren, so lange gibt es schon ein Gesetz über die Gründung des Parks, sind erste zaghafte Maßnahmen in Kraft gesetzt worden, die das insgesamt 3500 Hektar große Gelände dauerhaft schützen sollen. An Sonn- und Feiertagen ist der Autoverkehr eingeschränkt. Umweltschutzgruppen organisieren an den Wochenenden **Fahrradtouren** entlang der Via Appia.*

› *Vor der Hausnummer 58 ist der Verleih von Zweirädern 9.30–17 Uhr geöffnet. Eine Fahrradtour über die Appia, auch wenn die Straße manchmal in altersbedingtem Zustand ist, kann nur wärmstens empfohlen werden. Information unter Tel. 06 5126314.*
› *Informationen über den archäologischen Park sind unter Tel. 06 5135316 erhältlich.*

048ro Abb.: apt

man in einem warmen Raum, dann nahm man ein Bad im warmen Wasser, gefolgt von einem Gang ins kalte Wasser. Den krönenden Abschluss bildete die ausgiebige Massage des ganzen Körpers. Der **Komfort** überstieg teilweise sogar die Leistungen heutiger Schwimmbäder: Im oberen Stockwerk waren Falltüren angebracht, deren Schächte direkt zu Karren führten, welche die benutzten Handtücher sofort zur Wäsche abtransportierten.

▲ *Wellness im alten Rom: die Caracalla-Thermen*

Von Anfang Juli bis Mitte August finden in den Caracalla-Thermen auch **Opernaufführungen** statt. Informationen über das laufende Programm erhält man beim Touristenbüro in der Via Parigi 5.

› Geöffnet: 9–18 Uhr, im Winter 9–15 Uhr; Eintritt 6 €
› Metro B bis Circo Massimo

67 VIA DI PORTA SAN SEBASTIANO [J12]

Über die Piazza Numa Pompilio führt der Weg über die Via di Porta San Sebastiano, **eine der schönsten Straßen** in Rom. Auf Kopfsteinpflaster kommen wir an von Efeu überwachsenen riesigen mittelalterlichen Mauern vorbei. Die Idylle wird aber leider von dem heftigen Autoverkehr gestört, der mit ungehinderter Stärke am Fußgänger vorbeirauscht. Bürgersteige sind hier leider nicht vorhanden, würden der Straße aber auch viel von ihrer Schönheit nehmen.

68 CAFFARELLATAL ★★ [I d3]

Die alten Römer verehrten das Tal als magischen Ort. Noch heute kann man sich der Faszination der urwüchsigen Landschaft kaum entziehen.

Auf jeder Anhöhe im Tal sieht man die Wellen des **Betonmeeres** der Gegend zwischen Via Latina und Appia Nuova hart an die Ufer des malerischen Valle della Caffarella schlagen. Aber wir haben noch Glück: Erst vor wenigen Jahren wurde geplant, die das Viertel Porta Marancia durchkreuzende Via Cristoforo Colombo, über die Appia Antica hinweg, mit der Via Latina zu verbinden. Das wäre das Ende des malerischen Tals gewesen, eine der Urstätten des alten Rom. Das Projekt konnte nur durch den Widerstand einiger Initiativgruppen, vor allem des Vereins „Italia Nostra", und den Protest des querköpfigen Stadtplaners *Antonio Cederna* erst einmal aufgeschoben werden.

Bei einem Spaziergang durch das Tal wird man teilweise stark enttäuscht wegen umherliegender Autoteile, **Müllabladeplätze** und sonstiger „Segnungen" der Zivilisation. Doch sollte man sich davon nicht abschrecken lassen, genauso wenig wie von den **finsteren Gestalten,** die ab und zu den Weg des Spaziergängers kreuzen. Vielleicht sollte man den Weg nicht unbedingt alleine machen und auf die übliche touristische Ausstattung wie Kamera und Bargeld verzichten. Der Weg führt über die nichtasphaltierte Via della Caffarella (hinter der Quo-Vadis-Kirche) nach ca. einem Kilometer – links neben einem Bauernhaus – zum **Tempel des Dio Redicolo,** wo, nach *Titus Livius, Hannibal* derartig schreckliche Visionen hatte, dass er auf die Erstürmung Roms verzichtete. Der Bau zeigt das **Grabmal,** das *Herodes Atticus,* einer der reichsten Männer des Römischen Reiches, im zweiten nachchristlichen Jahrhundert für seine Frau errichten ließ.

Folgt man weiter der Straße, die nun eine scharfe Wendung nach links macht über den Caffarellabach hinweg, kommt man zu einem riesigen **alten Bauernhaus.** Links am Gutshof vorbei und dann wieder rechts kommt man nach etwa 20 Minuten auf die Via Latina, von wo aus der Bus Nr. 87 ab der Piazza Zama ins Zentrum zurückfährt.

Wer noch Lust hat, weitere Schönheiten des Caffarellatals zu entdecken, geht rechts am Bauernhof vorbei (über den steilen Weg) und hält sich von nun an am besten immer rechts, um auf den breiten Weg zu kommen, der parallel zum Caffarellabach verläuft. Wenn auf der linken Seite die Überreste eines mittelalterlichen Turms auftauchen, überquert man auf einem Steg diesen Bach. Auf der rechten Seite (Richtung Stadt) befand sich der von den Römern als **Heiliger Wald** *(Bosco Sacro)* verehrte Hain. Im 7. Jahrhundert v. Chr. hielt hier König *Numa Pompilius,* nach *Titus Livius,* Zwiesprache mit der Nymphe *Egiria.* In der Vorstellung des Geschichtsschreibers *Livius* inspirierte sie *Numa,* den Stadtstaat zu zivilisieren.

- Unzählige Informationen zu Natur und Geschichte des Caffarellatals, auch in Deutsch: www.romacivica.net/tarcaf
- Bus 218 bis zur Kirche Domine Quo Vadis

FOSSE ARDEATINA

Text von Marie Luise Kaschnitz

Im Bewusstsein der Menschen ist der schlimmste Tod der zufällige und sinnlose, weshalb denn auch alles getan wird, um aus unglückseligen Opfern Märtyrer und nach freiem Ermessen handelnde Helden zu machen. Auf den Inschriften des großen Mahnmals bei den Fosse Ardeatina kommt dieses Bedürfnis zum Ausdruck ... da reden die Toten voll Pathos und könnten doch schweigen, da schon der Ort ihre Geschichte auf die erschütterndste Art und Weise erzählt.

Für die zweiunddreißig bei einem Bombenattentat im März des Jahres 1944 umgekommenen SS-Soldaten war an Menschenleben die zehnfache Zahl eingefordert worden. Eine Anzahl mehr oder weniger Verdächtiger hatte man an Ort und Stelle aufgegriffen, darunter völlig Unbeteiligte, die sich gerade in der Nähe [...] befanden. Die Gefängnisse, auch die polizeilichen Überwachungsstellen, hatten Opfer geliefert, Juden, Antifaschisten, Missliebige aller Art.

Am 24. März wurden die für den Sühnetod Bestimmten auf der Via Ardeatina in die Campagna hinausgeführt, an einen Ort, der beides zugleich sein konnte, Hinrichtungsstätte und Grab. In den Sandhügel eingeschnitten fanden sich hier Gänge, hoch und verzweigt, man begeht sie noch heute und folgt damit dem letzten Weg der vom Tode zusammengewürfelten Schar. Nur dass es damals dort drinnen dunkel war, während jetzt der Himmel hereinschaut - gerade die Sprengung, durch die das Massengrab unzugänglich und unauffindbar gemacht werden sollte, riss ein Stück der Erddecke weg.

Jetzt brennen zudem hier und dort an den glatten Lehmwänden Lämpchen, eines auch über der besonderen Grabstätte der menschlichen Überreste, die keine Gestalt mehr ergaben. Die anderen Toten liegen draußen in den nach der Art römischer Triklinien aufgemauerten Reihensarkophagen, ein gewaltiges finsteres Rechteck, das eine einzige auf niederen Stützen ruhende Betonplatte überdeckt.

Das sind die Denkmäler der Toten der Fosse Ardeatina: Die monumentale Grabplatte, die Dreiergruppe des Bildhauers Coccia, welche drei Männer, einen jungen Erschrockenen, einen trotzig Aufbegehrenden und einen leidend Gebeugten, zusammenbindet, die Gitter aus schwarzem, gusseisernen Dornengeschlinge, der Hügel, von dem aus man über das junge Lorbeergebüsch eines künftigen Haines zum Grabmal der Caecilia Metella hinüberblicken kann.

Von allem bleibt die tropfnasse Grabfinsternis unter der Betonplatte am nachhaltigsten im Gedächtnis, das furchtbar Abschließende jedes Todes, aber auch das gewaltsame Ersticken und Verbergen dieser besonderen Hinrichtung sind in der einfachen Anlage erschütternd zum Ausdruck gebracht. [...]

Ein Freund, dessen Familienangehörige an ähnlichen Orten und ebenso unbekannt ruhen mögen, führte uns. [...] Er war es, der uns angesichts unserer wachsenden Bedrückung erzählte, dass unter den Toten auch ein SS-Mann des Erschießungskommandos, ein Verweigerer des furchtbaren Auftrags, gewesen sei.

69 FOSSE ARDEATINE ★★ [I c4]

Die Fosse Ardeatine sind die wichtigste Gedenkstätte des italienischen Widerstands im 2. Weltkrieg.

Nachdem eine Gruppe italienischer kommunistischer **Partisanen** in der Via Rasella ein Bombenattentat auf einen Lastwagen der SS verübt hatte, bei dem 32 Soldaten ums Leben kamen, wurden von den Deutschen hier am 24. März 1944 335 Italiener zur Vergeltung des Anschlags kaltblütig umgebracht. Dem Leiter der Aktion, *Kappler,* gelang es im August 1977, aus einem italienischen Militärkrankenhaus zu entkommen. Schlagzeilen machte 1995 die Entdeckung des zweiten Mannes des Verbrechens, *Erich Priebke,* in Argentinien. Erst nach einem Revisionsverfahren wurde er zu 15 Jahren Haft verurteilt, die Strafe aus gesundheitlichen Gründen jedoch in Hausarrest umgewandelt.

Die Gedenkstätte ist von **bombastischen Ausmaßen,** gespenstisch und erdrückend suggestiv. Das gerade geborene demokratische Italien benutzte das Mahnmal zur Eigenwerbung und auch zur Verdrängung der eigenen faschistischen Vergangenheit. Hier werden Menschen zu Helden gemacht, die keine waren und keine sein wollten. Der etlichen jüdischen Opfer unter den in den Fosse Ardeatine Hingerichteten wird durch einen einsamen Davidsstern und hebräische Inschriften gedacht.

› Geöffnet: 8–17.45 Uhr (Sommer), 8–16.45 Uhr (Winter); der Eintritt ist kostenlos.

Das kleine **Museum** auf dem Gelände ist wegen Personalmangels nur morgens mit Sicherheit zugänglich.

› Geöffnet: werktags 9–13.30 Uhr, Di., Do. und Sa. auch 16–19 Uhr, So. 9–13 Uhr, Mo. Ruhetag; Eintritt: 2,60 €

› Bus 218 ab Porta San Sebastiano bis Fosse Ardeatine

70 KATAKOMBEN VON SAN CALLISTO (CATACOMBE DI SAN CALLISTO) ★★★ [I c4]

In den Katakomben befindet sich eine Krypta für die Märtyrerpäpste aus dem dritten nachchristlichen Jahrhundert, die von den Römern wegen ihres Glaubens hingerichtet wurden. Weiter hinten befinden sich in kilometerlangen Gängen die Gräber Tausender Christen, fein säuberlich aufeinandergestapelt, um weiteren Platz für die Toten der immer größer werdenden Gemeinde zu gewinnen.

Eine **Besichtigung** der Katakomben ist nur mit einem autorisierten Führer möglich. Vor dem Eingang sammeln sich die Gruppen vor den aufgestellten Schildern, die die jeweilige Sprache, in der die Führung durchgeführt wird, anzeigen. Alles hier atmet einen Hauch von christlich inspiriertem Massentourismus, trotzdem handelt es sich um einen durchaus lohnenswerten Ausflug in die Geschichte des Urchristentums.

Der römische Volksdichter *Gioacchino Belli* (1791–1863) dichtete über den schwunghaften **Handel mit den Skeletten** der Märtyrer:

„Ein heiliges Labyrinth, da sind verstreute Schienbeine, Beckenknochen, Finger, Zehen, man kann auch hier und da ein Steißbein sehen, all die Reliquien finden sich noch heute. Im bleichen Flackerschein des Ewigen Lichts sammelt man sich das heilige Gebein und macht ein Skelett davon, das kostet nichts. Und bringt noch Geld, denn es wird gern

DAS URCHRISTENTUM

Die Geschichte der katholischen Kirche hat sowohl einen heidnischen als auch einen jüdischen ***Ursprung:*** *Noch bis ins 5. Jahrhundert hinein wurde die noch junge Religion in den Mosaiken der Basiliken in doppelter allegorischer Gestalt verkörpert, als Juden- und als Heidenkirche. Wurzeln, die später von der Kirche leider wieder gekappt wurden.*

Noch bis nach dem 2. Weltkrieg wurde in der Karfreitagsliturgie des Papstes das diskriminierende Wort von den „Perfides Judaei" verwendet. Die ***Juden*** *hatten großen Anteil an der Entstehung und Verbreitung des Christentums. Die Gemeinde bestand größtenteils aus Kaufleuten, die regen Austausch mit dem Mutterland pflegten und dadurch die Römer schon früh mit der Lehre Christi bekannt machten.*

Die frühe Christengemeinde Roms muss man sich als die große fundamentalistische ***Oppositionsbewegung*** *im Rom der ersten Jahrhunderte unserer Zeitrechnung vorstellen. Eine Übernahme der politischen Macht aber, wie dann mit dem Übertritt Kaiser Konstantins zum Christentum geschehen, war in den Evangelien ursprünglich nicht vorgesehen. Dieser Ansatz entstand erst durch den Einfluss finanzkräftiger und gebildeter Kreise der Gesellschaft: Der sektiererische Charakter der Gemeinde wurde zunehmend in den einer schlagkräftigen Oppositionsbewegung transformiert.*

Die frühen Christen Roms entstammten überwiegend den ***niederen Ständen,*** *die sich in den überfüllten Vororten Roms drängten wie z. B. in Trastevere. Sie fanden sich auch unter denen, die ihr Brot in den Vergnügungsstätten verdienten und im Zirkus oder Amphitheater vor den Augen der römischen Aristokratie ihr Leben lassen mussten. Schließlich traten auch die Sklaven massenhaft zu der neuen Sekte über. Reiche Bürger konnten nur beitreten, wenn sie ihren Reichtum aufgaben.*

Paulus beschreibt in einem Sendschreiben an die christliche Gemeinde in Rom die nach seiner Ansicht überkommenen Gruppenstrukturen: Die Unterscheidung von Juden und Heiden, Sklaven und Freigeborenen, Griechen und Barbaren, Männern und Frauen erklärt er in der neuen Gemeinschaft der Christen für null und nichtig. Das reinigende Bad der ***Taufe*** *beschreibt Paulus als die Entkleidung von den ehemaligen sozialen und religiösen Trennungen der Gesellschaft.*

Erster Schritt zur Veränderung dieser ursprünglich sozialen Bewegung der Außenseiter der römischen Gesellschaft war der Entzug der direkten Kontrolle der ***Gemeindegelder*** *durch die Angehörigen der Sekte selbst. Zunehmend wurden ab dem Ende des 2. Jahrhunderts n. Chr. die Gelder von Funktionären verwaltet. Sie übernahmen langsam die Organisation der Sekte, entdemokratisierten die Gemeindestruktur und gestanden den vermögenden Mitgliedern immer mehr Einfluss zu.*

Ansätze zu einer ***zentralen Territorialverwaltung*** *zeichneten sich in Rom bereits zur Zeit Papst Fabianus' (236–250) ab. Er teilte die Stadt in sieben Bezirke und unterstellte jeden einem Diakon. Spätestens da war es dann vorbei mit der basisdemokratischen Bewegung.*

DETAILKARTE I: Via Appia

80	Da Priscilla [I b1]
139	Sora Rosa [I e6]
66	Caracalla-Thermen (Terme di Caracalla) [I11]
67	Via di Porta San Sebastiano [J12]
68	Caffarellatal [I d3]
69	Fosse Ardeatine [I c4]
70	Katakomben von San Callisto (Catacombe di San Callisto) [I c4]

KLEINE PAUSE

› *Hervorragend speist man in der Trattoria* ***Da Priscilla*** *(s. S. 42).*

139 [I e6] **Sora Rosa.** *Wunderschönes Gartenrestaurant. Der Service lässt zwar etwas zu wünschen übrig, aber der Garten und das gute Essen entschädigen den Besucher. Via di Tor Carbone 74; Tel. 06 7188453*

gekauft. Wo noch was fehlt, flickt man ein Stückchen ein, das Ganze wird als Märtyrer getauft."

Die ältesten frühchristlichen Katakomben befindet sich gleich neben der **Villa Ada** am nördlichen Rand der Innenstadt (siehe „Rom zum Träumen und Entspannen", s. S. 49).

› Ab Hauptbahnhof (Stazione Termini) sind die Katakomben zu erreichen mit dem Bus Nr. 714 bis San Giovanni in Laterano, dann umsteigen in den Bus Nr. 218, der direkt bis zu den Katakomben fährt.
› Geöffnet: 8.30–12 und 14.30–17.30 Uhr bzw. 17 Uhr im Winter (Mi. Ruhetag); Eintritt: 5 € bzw. 3 € (unter 18 Jahren)

Nach dem Besuch der Katakomben kann man den Ausgang nehmen, der auf die Via Appia führt. Nun hat man die Qual der Wahl, was als nächstes zu besichtigen ist. Folgt man der Appia in Richtung Süden (nach rechts gehen), kommt man nach ca. 1,5 Kilometer zum **Circo di Massenzio** [I e5]. Auf dem Gelände des Zirkus mit seiner 482 Meter langen Rennbahn ist auch das dem Pantheon nachempfundene **Grabmal des Romulus** zu sehen, des Sohnes Kaiser *Maxentius* (3. Jh. n. Chr.).

› Buslinie 118 ab Viale Terme di Caracalla
› Geöffnet: 9–13.30 Uhr, So. 9–13 Uhr, von April bis September Di., Do. und Sa. auch 16–19 Uhr, montags geschl.; Eintritt: 2,60 €

Nach weiteren 500 Metern folgt das **Grabmal der Caecilia Metella** (Tomba di Cecilia Metella) [I e5], dessen Besuch man sich aber auch sparen kann. Interessant ist nur der mittelalterliche Turm über dem Grabmal aus dem 1. Jahrhundert v. Chr.

› Geöffnet 9–19 Uhr; Eintritt: 2 €

Wer jedoch von den Callisto-Katakomben aus wieder auf der Appia in Richtung Rom zurückläuft, kommt nach etwa 500 Metern (rechts an der Weggabelung) zur **Kirche Domine Quo Vadis** [I b2]. An dieser Stelle soll *Petrus* auf der Flucht vor der Verfolgung *Christus* begegnet sein, der ihn aufforderte, wieder nach Rom zurückzukehren. *Petrus* folgte dem Befehl und erlitt den Märtyrertod.

› Geöffnet 7.30–13 und 14–18.30 Uhr; Eintritt frei

049ro Abb.: fs

EUR

Der seltsame Name ist kein römischer Dialekt, vielmehr steht er für eine Abkürzung und soll „Esposizione Universale di Roma" bedeuten. EUR liegt etwa fünf Kilometer südlich von Rom und repräsentiert ein Musterbeispiel des faschistischen Städtebaus.

Das Gelände war für die in Rom geplante **Weltausstellung** gedacht. Die Idee, in der italienischen Hauptstadt eine Weltausstellung zu veranstalten, kam 1935 vom Bürgermeister Roms, *Bottai.* Das Areal hat offensichtlich *Mussolini* selbst bei einer Besichtigung 1936 ausgesucht. Die **architektonische Gesamtkonzeption** des Projekts E 42, so lautete das offizielle Verwaltungskürzel, übernahm der führende Architekt der faschistischen Epoche, *Marcello Piacentini.* Die Weltausstellung sollte eine Olympiade der Zivilisation sein, eine Selbstdarstellung des faschistischen Regimes. Die Bauarbeiten, die 1938 begonnen hatten, mussten jedoch bei Kriegsausbruch eingestellt werden. Nach dem Krieg bot das Gelände nach den Worten des italienischen Schriftstellers *Guido Piovene* den Anblick eines modernen Pompeji. Erst 1950 wurde der ehemalige Leiter des Projekts, *Virgilio Testa,* damit beauftragt, die Gebäude zu restaurieren bzw. fertig zu stellen – ein nahtloser Übergang eines faschistischen Projektes in die junge Demokratie.

Auch die **Straßennamen** in EUR zeugen noch vom Geist der Zeit: die „Straße der römischen Zivilisation" etwa oder die „Straße der Zivilisation der Arbeit". Ganz im Sinne des Duce wurde das Stadtviertel fertig gebaut.

Heute dokumentiert EUR eindrucksvoll die menschenverachtende Haltung des italienischen Faschismus – ein längerer Spaziergang bedrückt durch die **Gewalt der riesigen Gebäude**, unter der das Individuum nur noch verloren wirkt. Allerdings zeigt sich, dass die italienische faschistische Architektur auch vom Modernismus des **Bauhaus** beeinflusst war.

In EUR sind viele **Ministerien** und die Verwaltungsgebäude des italienischen Staates untergebracht. Außerdem ist es eine **exklusive Wohngegend** – abseits des Autoverkehrs außerhalb der Stadt gelegen, ist man trotzdem mit der Metro in wenigen Minuten im Stadtzentrum. Über 50 % des 439 Hektar großen Areals sind dem öffentlichen Nahverkehr und Grünflächen vorbehalten. Das ist nicht nur in Rom bzw. Italien eine Ausnahme, sondern gilt auch international als beispielhaft.

Einer der größten und auffälligsten Bauten ist der **Palazzo della Civilità Italiana** [II b3] in der Viale della Civilità del Lavoro. Heute ist darin ein Bürogebäude untergebracht. Von den Römern wird der Bau auch als das eckige Kolosseum bezeichnet. Am anderen Ende der Viale Civilità del Lavoro erhebt sich der mächtige **Palazzo dei Congressi**, der 1938 von *Adalberto Libera* erbaut wurde.

Auch die Kirche **Pietro e Paolo** [II a3] (von *A. Foschini* 1939 fertig gestellt) in der Viale dei SS gibt einen guten Eindruck, wie Rom heute aussehen würde, wäre der Faschismus an der Macht geblieben. Der Durchmesser der Kuppel misst ganze 28 Meter. Damit liegt sie hinter der Kuppel des Petersdoms an zweiter Stelle in Rom.

◀ *Geplant für die Weltausstellung, die nie stattfand: die faschistische Musterstadt EUR*

Vor allem gibt es in EUR aber zwei sehr wichtige Museen, die man besuchen sollte. Das erste ist ein Geschenk des Fiat-Konzerns an die italienische Bevölkerung, das **Museo della Civilità Romana** (s. S. 26).

Das Museum besteht aus **zwei getrennten Ausstellungsräumen** rechts und links vom Eingangsportal. Mit einem Ticket können beide Räume besucht werden. Da die Säle nur sehr schlecht beschrieben sind, empfiehlt es sich, am Eingang den **Katalog** zu kaufen, der auch auf Deutsch erhältlich ist.

Das Museum versucht, einen Gesamtüberblick über die **Geschichte des antiken Rom** von den Anfängen bis zum Frühchristentum zu geben. Zahlreiche Modelle vermitteln anschaulich auch das Alltagsleben der Römer. Allerdings ist leider meistens nur ein Teil des Museums zu besichtigen, da immer irgendetwas gerade renoviert wird. Bei meinem letzten Besuch hatten starke Regenfälle gerade das **Modell des antiken Rom** unter Wasser gesetzt, übrigens das Aushängeschild des Hauses: ein 200 m² großer Reliefstadtplan, der Rom darstellt, wie es im 4. Jahrhundert ausgesehen hat.

› Eingang Ecke Viale della Civilità Romana/ Via dell'Architettura; geöffnet: 9–19 Uhr (Mo. geschl.); Eintritt: 6 €

Ein weiteres wichtiges Museum ist das **Museo Nazionale delle Arti e Tradizioni Popolari**, Piazza Marconi 8 [II b3]. Es beschäftigt sich mit dem Leben der einfachen Bevölkerung in Italien im Lauf der Jahrhunderte. Anhand von

Gegenständen aus dem Alltag wird versucht, ihre Lebenssituation für die Besucher anschaulich zu machen.

140 [II b3] **Museo Nazionale delle Arti e Tradizioni Popolari**, Piazza Marconi 8; geöffnet: 9–14 Uhr (werktags), 9–20 Uhr (an Feiertagen); Eintritt 2 €; Metro B bis Haltestelle EUR Fermi

In der Via delle Tre Fontane ist ständig ein **Vergnügungspark** *(Luna Park)* [II d2] mit Achterbahn, Riesenrad und Schießbuden eingerichtet (s. S. 52).

KULINARISCHES

141 [II c3] **Ristorante Comodore.** Das Lokal in der Nähe des künstlich angelegten Sees in EUR bietet sehr gute Speisen (viele Fischgerichte) zu nicht ganz niedrigen Preisen zwischen 15 und 30 € pro Person. Mo. Ruhetag, ansonsten mittags und abends geöffnet. Piazzale Metro Marconi 11; Tel. 06 5912702

142 [II e2] **Ristorante La Montagnola.** Das Ristorante, etwas außerhalb des Zentrums von EUR gelegen, ist etwas preisgünstiger und die Portionen sind außerordentlich groß. Hausspezialitäten: Fisch und Pizza aus dem Holzkohleofen. Via Benedetto Croce 111 (parallel zur Viale del Tintoretto); Tel. 06 5415331; Mo. Ruhetag

143 [II c5] **Ai tre leoni.** Das Restaurant zeichnet sich durch seine große Auswahl an Gerichten aus. Von Pizza bis Languste gibt es hier einfach alles. Viale del Arte 5; Tel. 06 5913750

144 [II a4] **Chalet del Lago.** Die Bar an der Piazzale Metro Marconi, direkt am künstlich angelegten See in EUR, ist 12–1 Uhr geöffnet (Mo. Ruhetag). Abends treffen sich hier die jungen Menschen zwischen 20 und 30. Ein Pianist sorgt dann für die musikalische Unterhaltung. Hier gibt es sehr gute Cocktails und Eisspezialitäten.

145 [II b5] **Giolitti.** Direkt am künstlich angelegten See in EUR hat die renommierte Eisdiele eine Zweigstelle eröffnet. Hier schmeckt das Eis genauso hervorragend wie im Stammhaus an der Abgeordnetenkammer. Unbedingt das Fruchteis probieren! Via Oceania 90

146 [II b4] **Cinti.** Eine der wenigen **Weinstuben** in EUR. Hier gibt es eine reiche Auswahl an italienischen und ausländischen Weinen und zudem ein reichhaltiges Angebot an Schnaps und Whisky. Nicht zu verachten sind auch die kleinen Häppchen mit Gänseleber und Kaviar. Viale Europa 21; Tel. 06 5923300; geöffnet 8.30–13.30 und 15.30–20 Uhr, So. Ruhetag

- 108 Luna Park [II d2]
- 141 Ristorante Comodore [II c3]
- 142 Ristorante La Montagnola [II e2]
- 143 Ai tre leoni [II c5]
- 145 Giolitti [II b5]
- 146 Cinti [II b4]
- 144 Chalet del Lago [II a4]
- 7 Museo della Civilità Romana [II d4]
- 140 Museo Nazionale delle Arti e Tradizioni Popolari [II b3]
- 175 Polizeidienststelle Stadtteil EUR [II c4]

DETAILKARTE II: EUR

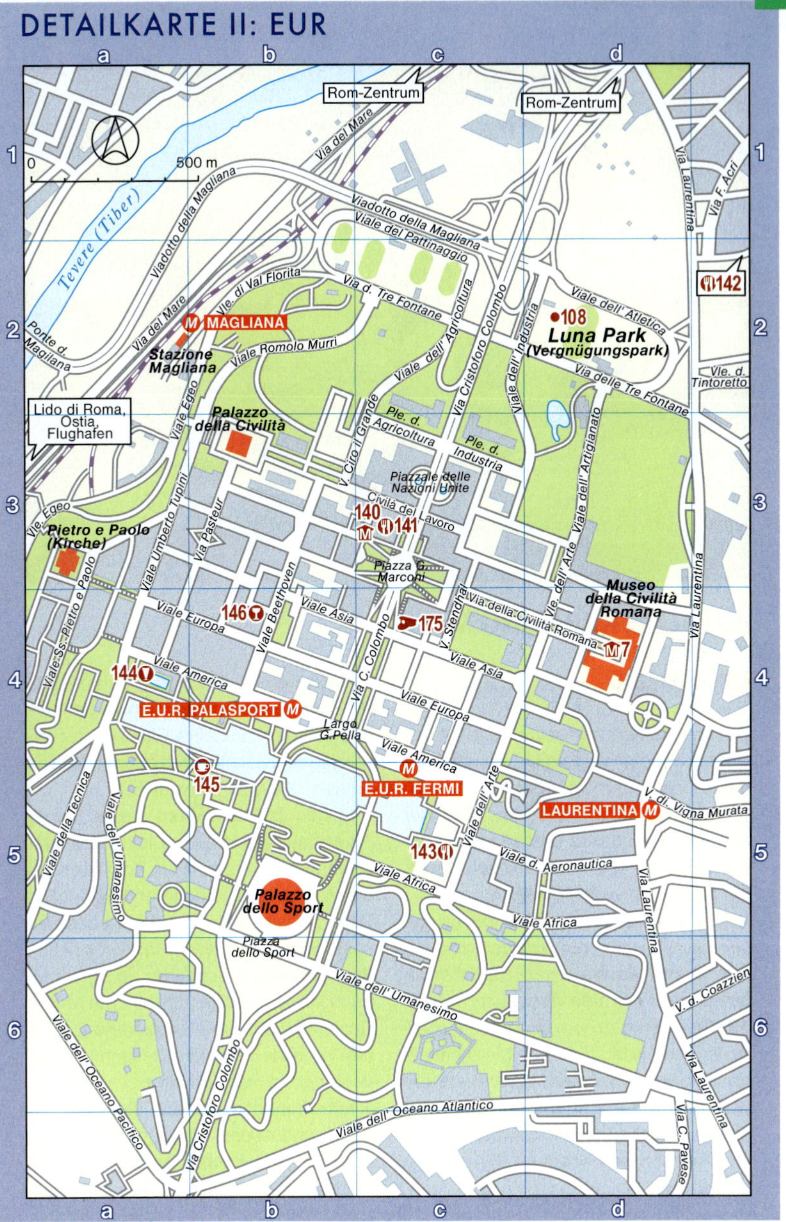

007ro Abb.: apt

AUSFLUG RICHTUNG MEER

71 OSTIA LIDO

Ostia ist berühmt für seine Hässlichkeit: Lieblos aneinandergereihte Hochhäuser prägen das Stadtbild. Aber es gibt auch schöne Seiten zu entdecken, etwa der herrliche Pinienwald Castelfusano oder die außerhalb des Zentrums gelegenen, frei zugänglichen Badestrände.

Die eigentliche Stadt Ostia gibt es erst seit gut 100 Jahren. Nach der Trockenlegung der Pontinischen Sümpfe unter *Mussolini* wurde Ostia Lido in den **1930er-Jahren** zu dem Badeort der „besseren Gesellschaft" Roms. Die architektonisch interessanten Badeanstalten und die Villen am Strand erinnern noch an die rauschenden Feste, die hier von den Reichen und Schönen Roms gefeiert wurden.

Nach dem 2. Weltkrieg nahm Ostia die Zugewanderten aus dem Süden Italiens auf. Der ehemalige Glanz Ostias verblasste schnell, die Stadt bekam den Ruf eines schlechten Wohnviertels.

In den **1980er-Jahren** setzte wieder ein sozialer Wandel ein: Die unbezahlbar gewordenen Mietpreise in Rom zwangen den Mittelstand, zunehmend auch nach Ostia zu ziehen. Außerdem zog das Personal des immer bedeutender werdenden Flughafens Leonardo da Vinci nun auch immer häufiger dorthin. Die teuren Geschäfte auf der Hauptstraße Ostias, der Via delle Baleniere, zeugen von der veränderten Sozialstruktur.

Eine Funktion hat sich die Stadt mit ihren mittlerweile 200.000 Einwohnern aber immer bewahrt: An den Wochenenden des heißen römischen Sommers strömen die Einheimischen an den **Strand** von Ostia. Leider ist das Meer so verschmutzt, dass wir nicht zu einem erfrischenden Bad raten können. Die Römer interessieren sich aber meistens nicht für derartige Einwände. Sauberer wird das Wasser, je weiter man Richtung Süden (Torvaianica) fährt.

Wer einen Spaziergang im **Pinienwald** *(pineta)* unternehmen will, fährt vom Bahnhof Ostia Lido mit dem Bus Nr. 6 bis zur Kreuzung Viale di Castel Porziano/ Viale Villa di Plinio. Von hier aus führt ein Spazierweg (für Autos ist die Einfahrt verboten) 2 km weit durch den herrlichen Pinienwald. In der Kurve, die man dann erreicht, führt ein Waldweg durch einen Zaun zur wenig bekannten **Villa des antiken Dichterfürsten Plinius.** Es sind zwar nur noch die Grundmauern und ein Neptunmosaik erhalten geblieben, aber die herrliche Vegetation in der Umgebung entschädigt den Besucher.

› Anfahrt: mit dem Auto über die Via del Mare (etwa 30 km); mit der Metro B ab Hauptbahnhof (Termini) bis Piramide, dann umsteigen nach Ostia Lido (etwa 25 Minuten)

Kulinarisches

› Das Fischrestaurant **Peppino al Mare** (s. S. 37) ist in Ostia so etwas wie eine Kultadresse.

147 Das **Ristorante Edone** ist das „Volksrestaurant" in Ostia. Dort gibt es eine einfache und preisgünstige Fischküche. Das Restorante liegt direkt am Meer. Lungomare P. Toscanelli 103; Tel. 06 56339213

◄ *Die Ruinen des Forums und des Kapitols in Ostia Antica*

Baden

› Mit dem Bus Nr. 61 fährt man ab Bahnhof Lido di Ostia an der Uferstraße in Richtung Torvaianica. Hier gibt es sehr schöne **Sandstrände,** an denen auch das Wasser etwas sauberer ist als im Zentrum Ostias. Ein Tipp: Am Kilometer 7,8 (Beschilderung beachten) auf der Uferstraße (Richtung Torvaianica) gibt es direkt am Strand einige Holzhütten, die gerne von den jungen Römern an heißen Sommerabenden aufgesucht werden. Hier kann man etwas trinken und essen.

› Wer in ein Schwimmbad gehen will, das auch einen Zugang zum Meer hat, geht in das **Stabilimento Balneare Kursaal** auf dem Lungomare Lutatio Catullo 36–40. Eintritt: 8 €.

72 OSTIA ANTICA ★★★

Den Besucher erwartet eine gut erhaltene antike Vorstadt, in der hauptsächlich das Proletariat Roms lebte. Die Touristen haben die Ausgrabungen von Ostia Antica noch einigermaßen verschont.

Wirkliche Bedeutung für Rom erlangte Ostia erst zur Kaiserzeit. Die Appia Antica als große Versorgungsstraße wurde zunehmend von dem immer bedeutender werdenden **Handelshafen** Ostia abgelöst. Zu seiner Blütezeit im 1. Jh. n. Chr. zählte Ostia 50.000 Einwohner. Hochhäuser mussten errichtet werden, um der immer stärker werdenden Nachfrage nach Wohnraum gerecht zu werden. Ostia muss wohl die **multikulturelle Stadt** schlechthin gewesen sein; davon zeugen noch heute die Überreste der Mithras-Heiligtümer, der Synagogen und ägyptischen Tempel. Auf dem Gelände der Ausgrabungen gibt es eine kleine Cafeteria, einen Buchladen und ein Museum.

Gleich neben der Ausgrabungsstätte liegt das moderne Dorf Ostia Antica,

MASSAGEN AM STRAND – EIN TAG IN OSTIA

In der Antike war Ostia der Hafen von Rom, ein multikultureller Mikrokosmos, in dem alle die Völker vertreten waren, die dem römischen Weltreich angehörten: Ägypter, Syrer, Germanen, Griechen etc. Vor 2000 Jahren zählte die laute und lebenslustige Hafenstadt 50.000 Einwohner.

Das moderne Ostia des 21. Jahrhunderts dient den Römern als Ausflugsziel: eine ***Trabantensiedlung am Rand der italienischen Hauptstadt,*** *mit langen Sandstränden und guten Fischrestaurants. Multikulturell ist der Ort auch heute noch. Hier trifft man auf die typisch* ***italienische Ausländerproblematik der illegalen Immigration.***

063ro Abb.: fs

Lassen Sie uns einen Spaziergang durch Ostia unternehmen. Wir beginnen morgens auf dem Weg zu einer Bar. Auf der Via delle Balneiere, der schicken Einkaufsstraße Ostias, sitzen überall ***Schwarzafrikaner,*** *die auf ausgebreiteten farbigen Tüchern alle in den letzten Monaten erschienenen CDs als Raubkopien zum Spottpreis von fünf Euro anbieten. Neben den CDs stapeln sich Handtaschen von Gucci und Prada für jeweils 100 Euro. Dass sie bei diesem Preis nicht echt sein kann, liegt auf der Hand. Nutznießerin des Geschäfts ist die italienische Mafia, die auch in Süditalien Produktionsstätten für gefälschte Markenprodukte unterhält. Als sich ein Fahrzeug der Carabinieri nähert, packen die Händler eilig ihre Tücher mitsamt der Ware zusammen und sind in Sekundenschnelle in den Nebenstraßen verschwunden. Einen erwischen die Staatsdiener noch, nach der Aufnahme seiner Personalien kann der Mann wieder gehen.*

Weiter geht's zum Strand. Der gelbe Bus der Linie 61 ist schon überfüllt. Kein einziger Fahrgast scheint Italiener zu sein. Einer packt eine Ziehharmonika aus und spielt ein Zigeunerlied. Der Bus hält am Paradise Beach. Zuerst steigen einige ***Inder*** *aus. In ihren zusammengerollten Strohmatten verbergen sie ihre Ware – Sonnenhüte und -brillen, Bikinis, Shorts und Wasserpistolen –, die sie gleich ihrer italienischen Kundschaft am Strand anbieten werden. Im nächsten Bus kommen* ***Menschen asiatischer Herkunft.*** *„Viele sind spezialisiert auf Massagen, spottbillig!" sagt der italienische Kellner im Strandrestaurant „Ar Zagaja". Und wirklich: Die Vietnamesin Lu Yi nimmt für eine Ganzkörpermassage 20 Euro. Sie bearbeitet gerade den Rücken von Olimpia, einer* ***Rumänin,*** *die früher* *als Putzfrau in den Villen der Reichen gearbeitet hat. Jetzt hat sie einen Italiener aus der Mittelschicht kennen- und lieben gelernt, der als Angestellter am Flughafen Fiumicino arbeitet. Olimpia hat es geschafft und freut sich, dass auch sie nun eine Massage am Strand genießen kann und dass bald eine italienisch-rumänische Hochzeit gefeiert wird.*

Oben an der Hauptstraße betreiben zwei ***Nordafrikaner*** *einen Parkplatzservice. Man parkt sein Auto in der zweiten Reihe, gibt einem der Männer die Schlüssel und zwei Euro. Sobald sich eine freie Parklücke auftut, wird der Wagen von den selbsternannten Parkwächtern in die sich öffnende Lücke umgesetzt.*

An einer Kreuzung treffen wir Ludwik, einen ***Polen*** *aus Warschau. Er steht seit Jahren täglich hier und putzt auf Nachfrage die Scheiben der Autos während der Rotphase der Ampel. Hinter ihm läuft ein kleiner Junge, nicht älter als zwölf Jahre, der den Autofahrern Tempotaschentücher und Duftbäume anbietet, auch er kein Italiener.*

Alle Ausländer, die uns an diesem einen Tag in Ostia begegnet sind, leben ***illegal in Italien*** *und hoffen, bei der nächsten Legalisierungsaktion der Regierung eine Aufenthaltsgenehmigung zu erhalten. Niemand würde auf die Idee kommen, ihre Daseinsberechtigung anzuzweifeln. Schließlich möchte keiner auf die preiswerten Massagen verzichten, auf den Parkservice oder die 5-Euro-CDs und vor allem möchte die Mafia auch weiterhin ihre gefälschten Designertaschen verkaufen.*

das heute hauptsächlich von Angestellten des nahegelegenen Flughafens bewohnt wird. Ein Spaziergang durch die mittelalterlichen Gassen lohnt sich auf jeden Fall.

› Öffnungszeiten (Ausgrabungsstätte): täglich 8.30–18 Uhr, in den Wintermonaten bis 16 Uhr, Mo. Ruhetag (geschl. am 25. Dezember und am 1. Januar); Eintritt: 4 €, unter 18 und über 65 Jahren freier Eintritt; www.ostiaantica.info
› Anfahrt: mit dem Auto über die Via del Mare (etwa 30 km); mit der Metro B ab Hauptbahnhof (Termini) bis Station Piramide, dann umsteigen nach Ostia Antica
› Touristeninformation: Pro Loco, Ostia Lido, Piazza della Stazione 34 (am Bahnhof), Tel. 06 56278

Kulinarisches

148 Fischspezialitäten werden bei **Il Monumento** angeboten. Piazza Umberto I. Nr. 8; Tel. 06 5650021; Mo. Ruhetag; für ein Menü muss man mit etwa 30 € rechnen.

Unterkunft

› Ein schöner Landgasthof *(agriturismo)* befindet sich in Ostia Antica. **Il Casale** ist sehr ruhig gelegen in einem rustikalen Landhaus am Rande von Ostia inmitten unberührter Natur. Schöne Zimmer mit einfachen Holzmöbeln, Doppelzimmer ab 60 €. Via del Fosso di Dragoncello 52, Tel. 06 5211832

NOTRUF

Wichtige Telefonnummern in Ostia Lido

› ***Erste Hilfe:*** *Ospedale Giovanni Battista Grassi, Via Passeroni, Tel. 06 5666162*
› ***Polizei:*** *Via dei Fabri Navali 27, Tel. 06 5625633*

EXTRATIPP

Ausflug ins Land der Zauberin Kirke

Nur knapp 100 Kilometer südlich von Rom liegt einer der schönsten Badestrände Latiums. Der ***Monte Circeo*** *ist sagenumwoben: Der Legende nach soll sich hier die Höhle der Zauberin Kirke befunden haben, die in Homers „Odyssee" die Gefährten des griechischen Helden zu Schweinen verwandelte. Bis heute ist der Strand des Ferienortes Sabaudia von den Folgen der Zivilisation verschont geblieben. In dem* ***Nationalpark*** *dürfen keine neuen Gebäude errichtet werden.*

An dem malerischen, 13 Kilometer langen Lido di Sabaudia weht seit 2008 die blaue Flagge, die nur an die saubersten Gewässer in Italien verliehen wird. Die Dörfer und Städte im südlichen Latium wurden in den 1930er-Jahren im ***Bauhausstil*** *errichtet, nachdem das nahezu unbewohnte Gebiet der sogenannten Pontinischen Sümpfe trockengelegt wurde. Heute zählt die an die Nordsee erinnernde Dünenlandschaft im Sommer zu den* ***beliebtesten Naherholungszielen*** *der Römer. Am schönsten ist es in Sabaudia im Oktober. Den Italienern ist es dann zu kalt, aber mit etwas Glück erreichen die Temperaturen auch dann noch Höchstwerte um die 28 Grad.*

Sabaudia liegt etwa 90 Kilometer südlich von Rom und ist am besten mit dem Auto über die Via Pontina zu erreichen.

73 FIUMICINO

Ein kleines, nicht besonders schönes Fischerdörfchen, das aber einen Besuch lohnt allein wegen der vielen guten **Fischrestaurants**, die sich auf der Uferstraße Via Torre Clementina befinden.

Jeden Nachmittag ab 16 Uhr findet auf der Uferstraße ein **Fischmarkt** statt, den man unbedingt gesehen haben sollte. Die Fischer kommen dann in den Hafen von Fiumicino zurück, wo die Fischhändler die frische Ware an die schon wartende Kundschaft verkaufen.

› Mit dem Auto Richtung Flughafen (Aeroporto Leonardo da Vinci), von dort aus beschildert. An der Metrostation Piramide kann man in die Schnellbahn zum Flughafen umsteigen. Von dort aus nimmt man am besten ein Taxi nach Fiumicino.

Kulinarisches

› Das Restaurant **La Lampara** (s. S. 38) zeichnet sich durch seinen großen, eher ungemütlichen und lauten Speisesaal und durch die hervorragende und preisgünstige Küche aus. Die zahlreichen Fischspeisen sind immer frisch zubereitet.

› Nicht gerade billig, aber wirklich ausgezeichnet ist **Bastianelli al Molo** (s. S. 38). Hier treffen sich gerne die römischen Berühmtheiten, um exzellente Fischgerichte zu genießen. Schöne Terrasse mit Blick aufs Meer.

PRAKTISCHE REISETIPPS

Rom als europäische Touristenmetropole bietet natürlich die komplette Palette touristischer Dienstleistungen. Um sich in der Masse der Informationen schnell zu orientieren, haben wir in diesem Kapitel alle für einen Citytrip wichtigen Reisehinweise zusammengetragen.

Sollte dennoch eine Frage offen bleiben, helfen die unter „Informationsquellen" aufgeführten Adressen weiter. Schreiben Sie uns, wenn sich zwischenzeitlich etwas geändert hat oder Sie interessante Hinweise an Leser der nächsten Auflage weitergeben möchten.

AN- UND RÜCKREISE

MIT DEM FLUGZEUG

Flüge aus Deutschland

Die **Lufthansa** bietet Flüge nach Rom hin und zurück ab ca. 100 € an. Ein Linienflug kostet etwa 700 €. Für Personen unter 24 Jahren gibt es einen Jugendtarif, der bis zu 20 % unter den genannten Angeboten liegt. Direktflüge starten z. B. ab Frankfurt/Main, Düsseldorf, Stuttgart und München. Reservierung unter Tel. 01803 803803. www.lufthansa.com

Auch das preisgünstigste Angebot von **Alitalia** fängt bei etwa 100 € an (Hin- und Rückflug innerhalb von zwei Wochen). Reservierung unter Tel. 01805 074747. www.alitalia.de

Auch die **Billigfluglinien** bieten Flüge nach Rom. Wer rechtzeitig bucht, kann bereits einen Flug ab 20 € bekommen.

- **Air Berlin,** www.airberlin.com
- **dba,** www.flydba.com,
- **Easy Jet,** www.easyjet.com
- **Germanwings,** www.germanwings.com
- **Hapag Lloyd Express (HLX),** www.hlx.com
- **Ryan Air,** www.ryanair.com

Flüge aus der Schweiz

Ein Linienflug mit der **Swiss** ab Zürich in der Economyclass kostet etwa 800 Sfr. Wer mehr als 28 Tage vor dem Abflug bucht, kann über 50 % sparen. Swiss International Airline, www.swiss.com, ab Basel, Genf und Zürich

Günstiger fliegt man mit:

- **Air Berlin,** www.airberlin.de, ab Zürich
- **Darwin Airline,** www.darwin-airline.com, ab Bern, Lugano
- **Easyjet,** www.easyjet.com, ab Basel, Genf
- **Helvetic,** www.helvetic.com, ab Zürich
- **Niki Airline,** www.flyniki.com, ab Zürich
- **Virgin Express,** www.virgin-express.com, ab Genf

Flüge aus Österreich

Austrian Airlines bietet einen Flieg-und-Spartarif für 350 €. Der Jugendtarif (bis 24 Jahre) kostet 200 €. Direktflüge gibt es täglich ab Wien (www.aua.com).

Auch Billigflieger bieten Flüge aus Österreich und von München nach Rom:

- **Air Berlin,** www.airberlin.de, ab Salzburg, Wien, München
- **dba,** www.flydba.com, ab München
- **Niki Airline,** www.flyniki.com, ab Salzburg, Wien, München
- **SkyEurope,** www.skyeurope.com, ab Wien in 75–80 Minuten mit dem Skyshuttle für 10 € zum Flughafen Bratislava

Ankunft mit dem Flugzeug

Rom hat zwei Flughäfen: **Leonardo da Vinci** ist der größere. In **Roma Ciampino** landen neben den Fliegern der Billigfluglinien auch Charter- und Militärflugzeuge.

- **Infos** zu beiden Flughäfen: www.adr.it
- **Fluginformation:** Leonardo da Vinci-Airport Tel. 06 65951, Ciampino Tel. 06 794941

Leonardo da Vinci

Der Flughafen „Leonardo da Vinci" liegt 36 km südwestlich von Rom in Fiumicino und hat drei Abfertigungshallen. Die Ankunftshallen sind unten, die Abflughallen oben (**Halle A** Inlandsflüge, **Halle B** internationale Flüge und **Halle C** internationale und interkontinentale Flüge).

- In der Halle B (Ankunft/Arrivi) befindet sich ein **Informationsbüro der APT,** des Fremdenverkehrsamts. Hier kann man sich kostenlos mit Informationsmaterial und Karten eindecken. Geöffnet: 8.15–19.15 Uhr
- Mit dem **Zug (Leonardo Express)** fährt man für 12 € in 60 Minuten bis zum

Hauptbahnhof (Stazione Termini) im Zentrum. Der erste Zug fährt halbstündlich ab 6.37 Uhr, der letzte um 23.37 Uhr. Ab Hauptbahnhof fährt der erste Zug zum Flughafen um 5.52 Uhr und dann ebenfalls halbstündlich bis um 22.52 Uhr.

- Auch mit der **U-Bahn** kann man im 20-Minuten-Takt nach Rom fahren (ab 6.27 Uhr bis 23.27 Uhr) bis nach Tiburtina über Trastevere, Ostiense und Tuscolana. Das Ticket kostet 4,30 €. Die Fahrkarten sind im Flughafen, am Bahnsteig oder in den Zeitungsläden erhältlich. Beim Betreten des Bahnhofs muss das Ticket an einem Automaten entwertet werden. Die **Bahnsteige** sind unterirdisch und der Weg dorthin im Flughafengebäude gut ausgeschildert.
- Bei Ankunft in der Nacht gibt es vier **Nachtbusse.** Abfahrtszeiten: 0.30, 1.15, 2.15, 3.30 und 5 Uhr.
- Die Fahrt mit dem **Taxi** bis zum Bahnhof dauert 40–50 Minuten und kostet etwa 45 €. Beim Verlassen des Terminals wird man oft schon von vermeintlichen Taxifahrern angesprochen. Schwarztaxis sollten gemieden werden, da es schon mal zu unangenehmen Überraschungen kommen kann.
- **Mietauto:** Alle Mietwagenfirmen sind in dem Gebäude gegenüber dem Terminal zu finden.

LITERATURTIPP

Fliegen ohne Angst

In diesem Sachbuchratgeber werden Informationen und Tipps vermittelt, die dem Unwohlsein und der Angst beim Fliegen entgegenwirken sollen:

- *Theorie der Flugangst*
- *Grundlagen des Fliegens*
- *Als Passagier und im Cockpit*
- *Eingebaute Sicherheit*
- *Entspannungstechniken wie Autogenes Training, Akupressur, Muskelrelaxation, Atemtechniken, Mentales Training*

Reise Know-How Verlag, Bielefeld

Ciampino

Der Flughafen der Billiganbieter liegt etwa 15 Kilometer südöstlich des Stadtzentrums, die Stadt ist gut zu erreichen. Die Fluggesellschaften unterhalten einen **Shuttle Service** in die Stadt.

- Es gibt auch öffentliche Verkehrsmittel. Die blauen **COTRAL Busse** fahren vom Flughafenvorplatz von 6.30–23.10 Uhr bis zur Metrostation der Linie A (Anagnina).
- **Taxi:** Eine Fahrt ins Zentrum kostet ca. 40 €.
- **Zug:** Abfahrt von der Haltestelle Ciampino alle 15 Minuten ins Stadtzentrum, einfache Fahrt 3 €
- **Mietauto:** Die Autovermietungen befinden sich direkt neben der Ankunftshalle *(arrivi)*. Die Fahrt dauert mindestens 40 Minuten je nach Verkehrslage. Die GRA Ringstraße führt in Roms Stadtzentrum.

Büros der Fluggesellschaften in Rom

- **Lufthansa:** Via di San Basilio 41; Tel. 199400044; www.lufthansa.it
- **Austrian Airlines:** Via San Basilio 41; Tel. 02 89634296; www.aua.com
- **Swiss International Airlines:** Tel. 848868120; www.swiss.com
- **Alitalia:** Via Bisolati 11; Tel. 06 2222; www.alitalia.com
- **Air France:** Via Sardegna 40; Tel. 848884466; www.airfrance.it
- **British Airways:** Tel. 848884466; www.britishairways.com
- **Air Berlin:** Tel. 848390054; www.airberlin.com
- **Ryanair:** Tel. 899678910; www.ryanair.com
- **LTU:** Tel. 02 43458382; www.ltu.de
- **Germanwings:** Tel. 06 65684024

MIT DEM AUTO

Nach Möglichkeit sollte man es vermeiden, mit dem Auto nach Rom zu fahren (siehe „Autofahren in Rom“, s. S. 166). Wer dennoch mit dem Auto nach Rom fährt, sollte seine **Unfall- und Haftpflichtversicherung** überprüfen. Ratsam ist vor allem eine Versicherung gegen Diebstahl. Besonders ausländische Wagen werden gerne aufgebrochen.

Anfahrt

Für all diejenigen, die aus dem Südosten, Osten und Norden Deutschlands kommen, verläuft die **schnellste Route** über München – Innsbruck – Brenner – Verona – Florenz.

Für Reisende aus dem Südwesten steht noch die Alternative Basel – Gotthard – Mailand – Bologna zur Verfügung. In der Schweiz muss für die Benutzung der Autobahn eine für ein Jahr gültige **Vignette** gelöst werden (27,50 €).

Das Auto ist ein teures Reisemittel, da außer **Benzinkosten** noch die an das Raubrittertum erinnernde **Maut** zu entrichten ist. An den Mautstellen in Italien (bis nach Bologna) kann man auch mit den gängigsten Kreditkarten bezahlen.

Die österreichischen Behörden halten mittlerweile ebenfalls die Hand auf. Das sogenannte **Pickerl** kostet bei Rückfahrt binnen vier Wochen ca. 10 €.

Verkehrsbestimmungen

Grundsätzlich gilt auf italienischen Autobahnen **maximal Tempo** 110 km/h, auf Landstraßen (wie ausgeschildert) zwischen 90 und 110 km/h. Innerhalb geschlossener Ortschaften gilt Tempo 50 km/h.

Neuerdings muss auf Landstraßen und Autobahnen auch bei Tageslicht das **Abblendlicht** eingeschaltet sein. Eine gelbe **Sicherheitsweste** muss im Fahrzeug liegen. Die Weste ist auch bei Dunkelheit gut erkennbar und muss angezogen werden, wenn man mit dem Auto liegen bleibt und aussteigt.

Vergessen Sie nicht, sich bei der Versicherung eine **grüne Versicherungskarte** zu besorgen. Zwar soll nach einer EU-Richtlinie die Karte nicht mehr Pflicht sein, trotzdem bestehen einige Carabinieri auf dem Dokument.

Nützliche Hinweise für Reisen nach Italien erteilt der **italienische Automobilklub** unter: www.aci.it/Deutsch.

Am billigsten fährt man mit einer **Mitfahrzentrale**, die es in sämtlichen Großstädten des deutschen Sprachraums gibt.

Trampern drohen neuerdings auf italienischen Autobahnen hohe Strafen. Je nach Standort werden zwischen 25 € und 100 € Strafe berechnet. Das Tramperverbot gilt nicht nur auf allen Fahrbahnen des Autobahnnetzes, sondern auch auf den Auffahrtstraßen sowie an den Autobahntankstellen.

Neuerdings müssen auch **Temposünder** mit saftigen Geldbußen rechnen. Bereits die Überschreitung des Tempolimits bis zu 10 km/h kostet 100 €. Wer zwischen 10 und 40 km/h zu schnell ist, zahlt knapp 460 €. Schmerzliche 1074 € Strafe und der Entzug des Führerscheins bis zu drei Monaten drohen den Fahrern, die Tempolimits um mehr als 40 km/h überschreiten.

Ankunft mit dem Auto

Egal von welcher Seite man sich Rom nähert, um den *Raccordo Anulare,* die römische **Autobahnumgehung,** kommt der Autofahrer nicht herum. Mittlerweile hat der Raccordo über 50 Ausfahrten. Vorsicht: Wer einmal eine Ausfahrt verpasst hat, läuft Gefahr, sich hemmungslos zu verirren.

Vom Norden kommende Autoreisende (Autobahn A 1) finden an der **Raststätte Salaria Ovest** (etwa 30 km vor der Autobahnumgehung) ein E.P.T.-Büro (Ente Provinciale per il Turismo), das bei der Zimmervermittlung sehr hilfreich ist. Wer aus dem Süden kommt, fährt die **Raststätte Frascati Est** (etwa 20 km vor der Autobahnumgehung) an, die ebenfalls über ein E.P.T.-Büro verfügt.

Die Innenstadt Roms ist zu bestimmten Uhrzeiten für den Autoverkehr gesperrt (siehe auch „Autofahren in Rom“, s. S. 166). Um an den *vigili,* den römischen Stadtpolizisten, vorbeizukommen, sollte man die **Reservierungsbestätigung des Hotels** vorzeigen können.

MIT DER BAHN

Verbindungen

Leider ist die Reise mit dem Zug zwar die umweltfreundlichste, aber vielleicht nicht die billigste Reisemöglichkeit. Ab Frankfurt a. M. zahlt man in der 2. Klasse hin und zurück ca. 330 €, ab Wien 300 €, ab Zürich 174 Sfr.

Mit **Euro-Domino** besteht die Möglichkeit, während eines Monats jeweils drei, fünf oder acht Tage in zwei Ländern außerhalb Deutschlands unbegrenzt mit der Bahn umherzufahren. Die Preise für Italien: 173 € (drei Tage), 213 € (fünf Tage) und 273 € (zehn Tage).

› **Infos:** www.bahn.de

Ankunft mit dem Zug

Der Hauptbahnhof **Stazione Termini** liegt mitten im Zentrum Roms. Das Meisterwerk der modernen Architektur empfängt den Besucher mit seiner imposanten Vorhalle, die einer Wellenform nachempfunden ist. Die Halle wurde 1950 von Luigi Nervi fertig gestellt.

› **Bahnhofsinformationen** unter: www.trenitaliaplus.com

Im Bahnhof unterhält das **Touristenamt** der Provinz Rom (Ente Provinciale per il Turismo) ein Büro. Hier kann man sich mit kostenlosem Informationsmaterial über Rom eindecken und den Roma Pass (s. S. 176) erwerben.

In der Schalterhalle gibt es zwei **Banken,** die auch am Wochenende geöffnet haben. Die **Autovermietungen** haben sich am Gleis 24 niedergelassen (siehe auch: Verkehrsmittel, s. S. 187). Außerdem gibt es in der Ankunftshalle am Gleis 1 ein **Transalpinobüro,** wo Personen unter 26 Jahren zu 20 % verbilligte Fahrkarten kaufen können.

Vorsicht vor **Kofferträgern**, die mit freundlichen Worten beim Tragen helfen wollen. Oft handelt es sich um unseriöse Angebote, die zur Folge haben, dass das Gepäck für immer verschwindet. Die offiziellen Gepäckträger sind blau uniformiert.

Vom Gleis 25 verkehrt ab 6 Uhr bis um 23 Uhr alle 30 Minuten ein Zug zwischen Hauptbahnhof und dem **Flughafen Fiumicino.** Die Fahrtzeit beträgt ca. 30 Minuten. Fahrkarten erhält man an den Automaten, die überall im Bahnhof verteilt sind, oder in der *Biglietteria* am Haupteingang.

Vor dem Bahnhof halten die **Busse**, die den Reisenden in die Innenstadt bringen. Ein Ticket kauft man an dem kleinen **A.T.A.C.-Informationsstand** auf der Piazza dei Cinquecento, gleich links vor dem Hauptbahnhof. Hier kann man auch für 5 € einen Plan erwerben, der über alle Verkehrsmittel in Rom unterrichtet.

Unter dem Bahnhof verkehren die beiden **Metrolinien A und B** (dem Schild Metro folgen). Ein Ticket für die U-Bahn kann man auch in der Biglietteria, die auf dem Weg zu den Metrogleisen liegt, kaufen (1 € bereithalten).

Rückfahrt und Weiterreise

Wer den Bahnhof betritt, findet auf der rechten Seite gleich nach dem Eingang die **Zugauskunft** *(Informazioni Ferroviarie).* Gleich vor dem Eingang zum Auskunftsbüro kann man sich auch an einem Computer in allen europäischen Sprachen kostenlos über internationale Zugverbindungen informieren. Der Auskunftscomputer für nationale Züge befindet sich im Zentrum der Bahnhofsvorhalle. Ebenfalls in der Bahnhofsvorhalle befinden sich die **Fahrkartenschalter.**

› **Zuginformation:** Tel. 06 147888088; www.trenitaliaplus.com

AUTOFAHREN IN ROM

VERKEHRSSITUATION

Die Polizei führt einen gnadenlosen **Kleinkrieg gegen die Autofahrer.** Auf den Verkehrsleitsystemen am Tiberufer wird darauf hingewiesen, welche drakonischen Strafen den Autofahrer erwarten, der etwa trotz Verbots in das historische Zentrum fährt. Überwachungskameras im Zentrum nehmen jeden auf, der unberechtigt mit dem Auto unterwegs ist. Mittlerweile ist es schon ein abenteuerliches Unterfangen, selbst mit dem Taxi das eigene Hotel zu erreichen, da sogar für die römischen Taxifahrer Einfahrtsbeschränkungen gelten.

Notruf des italienischen Automobilklubs ACI: 116

TANKEN

Achtung: Viele **Tankstellen** halten konsequent die Mittagspause zwischen 13 und 17 Uhr ein. Meistens gibt es aber Automaten, an denen man mit Banknoten bezahlen kann. Meistens übernehmen den Service Arbeitslose, die für ein kleines Trinkgeld beim Tanken helfen.

Diesel heißt in Italien *Gasolio.* **Bleifreies Benzin** ist grün gekennzeichnet und hat 95 Oktan (Normal) oder 98 Oktan (Super). Die Preise liegen immer etwa 10 % über dem deutschen Niveau.

PARKEN

Parkplätze gibt es am Tiberufer, natürlich auch nur in begrenzter Zahl. Wer das Glück hatte, einen Platz zu finden, muss am Parkscheinautomat *(parcometro)* ein Ticket lösen. Eine Stunde kostet 1 €.

Es gibt am Rande der Innenstadt zwei große Parkplätze:

- **Villa Borghese,** Einfahrt auf dem Corso Italia oder von der Porta Pinciana; 1 Stunde 1,30 €, ein ganzer Tag (24 Stunden) 16 €
- **Parking Ludovisi,** Einfahrt an der Ecke Via Ludovisi/Via Crispi; 1 Stunde 2 €, ein Tag (24 Stunden) 18 €

MIETWAGEN

Die Vertretungen an den Flughäfen (s. S. 162). Hier die Stadtadressen der größten Anbieter:

- **Avis:** Via Giovanni Giolitti 34; Tel. 06 4814373
- **Europcar:** Via Fiume Giallo 96; Tel. 800 014410
- **Hertz:** Via Veneto 156; Tel. 199112211
- **Maggiore:** Via Po 8; Tel. 147867067

BARRIEREFREIES REISEN

ANREISE

In den **Flughäfen** können behinderte Passagiere auf Wunsch während des Ein- und Aussteigens aus dem Flugzeug sowie beim Aufenthalt im Flughafen von einem Assistenten betreut werden.

ALITALIA verfügt im Flughafen Fiumicino über die *Sala Amica,* einen Warteraum für behinderte oder ältere Personen und alleinreisende Kinder bis 12 Jahre. Infos: Tel. +39 06 2222 oder www.alitalia.it/information/services/assistance/index.html.

Vom **Flughafen Leonardo da Vinci in Fiumicino** erreichen Sie den Hauptbahnhof mit dem Direktzug „Leonardo Express“. Im Bahnhof des Flughafens gibt es auf Wunsch einen Shuttlebusdienst für Rollstuhlfahrer und eine Begleitung für behinderte Personen bis zum Bahnsteig. Am Hauptbahnhof Roms, „Stazione Termini“, steht dann ebenfalls eine Hilfe beim Aussteigen zur Verfügung. Für diesen Service wenden Sie sich einfach an den Hilfsdienst für Behinderte *(accoglienza a persone disabili)* im Bahnhof Fiumicino; Telefon +39 06 47305300.

Der römische **Hauptbahnhof** verfügt über ein Aufnahmezentrum für Behinderte, das auf Wunsch dem Reisenden bei seiner Ankunft und Abreise einen Begleitdienst zur Verfügung stellt. Diesen Dienst kann man telefonisch unter +39 06 4881726 anfordern; Gehörlose können auch das D.T.S.-Telefon unter +39 06 47306245 benutzen.

MIT DEM EIGENEN FAHRZEUG

Ein behinderter Tourist, der eine spezielle Fahrerlaubnis hat, kann die für öffentliche Verkehrsmittel und Taxen reservierte Fahrbahn benutzen sowie auf den reservierten Parkplätzen ohne Schild oder Genehmigungsnummer und gratis auf den kostenpflichtigen Parkplätzen parken, die mit den blauen Linien gekennzeichnet sind.

Für den Zugang zu verkehrsberuhigten Zonen sollten Fahrer ohne Wohnsitz in Rom der Straßenverkehrsbehörde STA früh genug im Voraus den oder die Tage mitteilen, an denen sie Rom besuchen wollen, einschließlich des Kennzeichens des Fahrzeugs und der Genehmigungsnummer.

- **STA,** Tel. +39 06 57118333, kostenloser Anruf Tel. 800154451 (nur von Italien aus); Mo.–Fr. 9–17 Uhr und Sa. 14–18 Uhr; www.sta.roma.it

AUTOVERMIETUNG

Rom bietet verschiedene Möglichkeiten, einen speziell ausgestatteten Minibus mit Fahrer für Personen mit **Rollstuhl** zu mieten. Bitte beachten Sie, dass man die Fahrzeuge lange genug im Voraus buchen sollte, damit sie an den gewünschten Tagen auch wirklich zur Verfügung stehen.

- **Capodarco Coop. Soc. e Integrata,** Tel. +39 06 57177001, Fax 06 5742387; www.capodarco.coop; carpodarco@sociale.it
- **Targarent,** Flughafen Fiumicino; kostenloser Anruf: 199856856 (nur von Italien aus); targarent.reservation@targasys.com
- **Leurini SRL,** Tel. +39 06 30891393, Fax 06 30891393; giulianoleurini@tiscalinet.it
- **Bus Travel Service,** Tel. 06 24408493; www.bustravelservice.com
- **So.Me.T Travel Gest SRL,** Tel. +39 06 66182113; www.sometviaggi.com; somet@sometviaggi.com
- **Schiaffini Travel,** Tel. +39 06 9387123, Fax 06 93361081; www.schiaffini.com; info@schiaffino.com

ÖFFENTLICHER NAHVERKEHR

Zwei **U-Bahnen** verbinden die Altstadt mit den Außenbezirken von Rom. Die Linie A verläuft auf der Strecke Anagnina – Battistini. Die Linie B verkehrt zwischen dem Bahnhof Laurentina zum Bahnhof Rebibbia. Die ältere Linie A wurde in den letzten Jahren an den wichtigsten U-Bahnhöfen mit Aufzügen ausgestattet, damit Rollstuhlfahrer sie erreichen und benutzen können. Bis jetzt sind noch nicht alle Haltestellen der Strecke für behinderte Personen benutzbar. Die Linie B ist hingegen komplett benutzbar bis auf die drei Bahnhöfe Colosseo, Circo Massimo und Cavour.

053ro Abb.: fs

Was den Transport auf der Straße betrifft, so wurden seit Kurzem Rampen im Bürgersteig angelegt und zahlreiche **Busse** mit hydraulischer Plattform in Umlauf gebracht. Wir müssen jedoch darauf hinweisen, dass manchmal die Busse Schwierigkeiten haben, an dieser Rampe zu halten, was die Benutzung durch Passagiere im Rollstuhl erschwert.

Die **Straßenbahn-Linie 8**, die auf der Strecke Casaletto (Außenbezirk) – Torre Argentina (Altstadt) verkehrt, wurde ebenfalls für Passagiere mit Rollstuhl ausgestattet.

- **Informationen** über behindertengeeigneten Transport: Tel. +39 06 46959259; Mo.–Fr. 9–17 Uhr und Sa. 6.30–12.30 Uhr

ADRESSEN UND KONTAKTE

- **Sfoglia Viaggi & Mondo Possibile,** Viale Londra 16, Roma 00142; Tel. +39 06 5042134 und 5042154; www.sfogliaviaggi.com. Vorschläge für Personen mit körperlichen Behinderungen, Programme und spezielle Dienstleistungen für Sehbehinderte, Personen in Dialyse und mit Atemproblemen
- **Italia per Tutti** (Italien für alle), Tel. 06 57177094; www.italiapertutti.it. Informationen (auch auf Deutsch) über Barrierefreiheit in Unterkünften und Sehenswürdigkeiten in ganz Italien.

DIPLOMATISCHE VERTRETUNGEN

- **150** [K6] **Deutsche Botschaft,** Via San Martino della Battaglia, I-00185 Rom; Tel. 06 492131, Fax 06 4452672; www.rom.diplo.de
- **151** [I3] **Botschaft der Bundesrepublik Österreich,** Via Pergolesi 3, I-00198 Rom; Tel. 06 8440141, Fax 06 8543286; rom-ob@bmaa.gv.at, www.austria.it
- **152 Botschaft der Schweizerischen Eidgenossenschaft,** Via Barnaba Oriani 61, I-00197 Rom; Tel. 06 809571, Fax 06 8088510; www.eda.admin.ch/roma

ELEKTRIZITÄT

In Italien herrscht wie in Deutschland 220 Volt Wechselstrom, die Steckdosen unterscheiden sich aber häufig von den in Deutschland üblichen. Am besten kauft man sich vor der Reise noch in einem Haushaltswarengeschäft einen entsprechenden Adapter.

INFORMATIONSQUELLEN

INFOSTELLEN ZU HAUSE

Italienisches Fremdenverkehrsamt ENIT

- 60325 Frankfurt/Main, Barckhausstr. 10; Tel. 069 237434, Fax 232894; frankfurt@enit.it
- 80538 **München,** Prinzregentenstr. 22; Tel. 089 531317, Fax 534527; enit-muenchen@t-online.de
- 1010 **Wien,** Kärntner Ring 4; Tel. 01 505163912, Fax 01 5050248; delegation.wien@enit.at
- 8001 **Zürich,** Uraniastraße 32; Tel. 043 4664040, Fax 4664041; info@enit.ch
- **Internet:** www.enit-italia.de, www.enit.at, www.enit.ch, www.enit.it. Allgemeine Reiseinformationen, Anbieterverzeichnis, Prospektdownload u. v. m. des Staatlichen Italienischen Fremdenverkehrsamtes ENIT

Botschaft Italiens

- 10785 **Berlin,** Hiroshimastraße 1; Tel. 030 254400, Fax 030 25440116; www.ambberlino.esteri.it
- 1030 **Wien,** Rennweg 27; Tel. 01 7125121, Fax 01 7139719;www.ambitalia-tirana.com/ambasciata_vienna
- 3000 **Bern** 16, Elfenstraße 14; Tel. 031 3500777, Fax 031 3500711; www.ambberna.esteri.it/ambasciata_berna

INFOSTELLEN IN DER STADT

Touristische Informationen

153 [J6] **APT** (Azienda di Promozione Turistica di Roma), Via Parigi 5 (Nähe Hauptbahnhof); Tel. 06 82059127 (deutschsprachiges Callcenter); täglich 9–19 Uhr, Sonntag geschlossen. Prospektmaterial und Infos zu allen Sehenswürdigkeiten Roms.

In der Innenstadt verteilt sind die sogenannten **PIT** (Punti di Informazione Turistica) des städtischen Fremdenverkehrsamts. In den achteckigen Pavillons bekommt man Prospekte und Auskünfte.

- Engelsburg, Piazza Pia
- Fontana di Trevi, Via Minghetti
- Fori Imperiali, Piazza del Tempio della Pace
- Lateran, Piazza di San Giovanni in Laterano
- Piazza Navona, Piazza delle Cinque lune
- Santa Maria Maggiore, Via dell'Olmata
- Stazione Termini, Piazza del Cinquecento
- Trastevere, Piazza Sonnino
- Flughafen Leonardo da Vinci, Terminal C, Internationale Ankünfte

ℹ154 [J7] Das **Deutsche Reisebüro** an der Piazza d. Esquilino 27/29; Tel. 06 4827531, informiert in deutscher Sprache über Stadttouren und organisiert Führungen.

- **Hotel-Reservierung:** Tel. 06 6991000; täglich 7–22 Uhr. Kostenlos und ideal für alle, die kurzfristig ein Zimmer suchen.

Fahrplanauskünfte

- Auf der Internetseite der römischen **Verkehrsbetriebe** ATAC kann man Start- und Zielpunkt eingeben für Fahrten mit Bus, Straßenbahn oder Metro. www.atac.roma.it
- **Zugverbindungen** in Italien: www.ferroviedellostato.it
- **Deutsches Reisebüro** (s. o.), Fahrplanauskünfte aller Art

Veranstaltungs- und Kartenservice

•155 [K4] **Il Sogno,** Viale Regina Margherita 192; Tel. 06 85301758; www.romeguide.it. Karten für Konzerte und Veranstaltungen; Callcenter für sofortige Kartenreservierung: 06 85301758

•156 [J7] **ORBIS,** Piazza dell'Esquilino 36; Tel. 06 4827403, 06 4744776; 9.30–13 und 16–19.30 Uhr, Sa. bis 13.00 Uhr

EASY ITALIA – SERVICECENTER

Ab sofort erhalten Urlauber in Italien unter Tel. 039039039 (ggf. italienische Landesvorwahl) zum Ortstarif Auskünfte rund um einen Aufenthalt im Stiefelland.

Das Servicecenter ist täglich von 9–22 Uhr erreichbar. Der Reisende erhält in sieben Sprachen (u. a. Deutsch) Informationen über das aktuelle kulturelle Angebot und Hilfe bei medizinischer Versorgung und in Beschwerdefällen.

INTERNET UND INTERNETCAFÉS

Mit dem in Rom verwendeten Standard kommt jedes WLAN-fähige Gerät zurecht. Mittlerweile gibt es in Rom mehr als 40 Hotspots. Die gesamte römische Innenstadt ist sehr gut abgedeckt. Anmelden muss man sich über seinen Internetbrowser. Eine Stunde am Tag kann man sich kostenlos im Internet bewegen. Informationen und eine Kartenübersicht der Hotspots unter www.romawireless.com (auf Englisch).

@234 [L7] **Internet Cafè,** Via dei Marrucini 12, www.internetcafe.it

@235 [E9] **Studio5web,** Vicolo del Cinque 30a, www.studio5web.com

ROM IM INTERNET

- **www.enit-italia.de.** Offizielle deutschsprachige Website des staatlichen italienischen Fremdenverkehrsamts; Informationen über ganz Italien, einschließlich Rom
- **www.comune.roma.it.** Offizielle Website der Stadtgemeinde Rom; Informationen zu den Sehenswürdigkeiten

052ro Abb.: fs

- **www.museidiroma.com.** Infos zu aktuellen Kunstausstellungen
- **www.hotelreservation.it.** Gut geeignet für Menschen, die kurzfristig ein Hotel suchen.
- **www.pilgerzentrum.de.** Preisgünstige Pilgerunterkünfte in Rom
- **www.atac.roma.it.** Wichtig für alle, die ihre Stadttouren mit dem öffentlichen Nahverkehr unternehmen wollen. Mit Routenplaner für Bus, Metro und Straßenbahn
- **www.ticketeria.it.** Für viele Sehenswürdigkeiten ist eine Voranmeldung obligatorisch, die auch über das Internet vorgenommen werden kann.
- **www.romaeur.it.**Vielen architektonische und historische Details zur Entstehung des faschistischen Stadtviertels EUR
- **www.sanlorenzoroma.org.** Informationen zum Stadtteil San Lorenzo, dem Studentenviertel Roms
- **www.vatican.va.** Offizielle Website des Vatikans
- **www.catacombe.roma.it.** Informationen zu den römischen Katakomben
- **www.romecity.it.** Alles rund um die Stadt, viele aktuelle Neuigkeiten
- **www.romeguide.it.** Englisch- und deutschsprachige Website mit allen Informationen zur Ewigen Stadt von Erotik bis Vatikan
- **www.beniculturali.it.** Alle dem Staat unterstehenden Kulturgüter fallen unter die Aufsicht des mächtigen und einflussreichen Ministero per i beni e le attività culturali. Diese staatliche Behörde verfügt über eine gute Internetseite, auf der viele Sehenswürdigkeiten virtuell besichtigt werden können.
- **www.romace.it.** Die Website der wichtigsten Stadtzeitung Roms mit allen Veranstaltungen, Konzerten, Diskotheken und Ausstellungen, die in Rom gerade stattfinden.

▲ *Porträtmaler auf der Piazza Navona* 38

AKTUELLE PUBLIKATIONEN

- Ein wirklich guter **Stadtplan** *(mappa di Roma)* kann an jedem Zeitungskiosk erworben werden. Empfehlenswert ist etwa der handliche Taschenplan von Editrice Lozzi für 6,20 €, der Rom bis in den kleinsten Winkel hinein geografisch erschließt.
- Die in Rom erscheinende liberale Tageszeitung **Il Messaggero** verfügt über einen umfangreichen Lokalteil mit einem Servicebereich. Er beinhaltet beispielsweise die aktuellsten Kneipen in Rom oder Öffnungszeiten der Nachtapotheken und Tankstellen.
- Sehr zu empfehlen ist auch der Lokalteil der linksliberalen und auflagenstärksten italienischen Tageszeitung **La Reppubblica.** Dieser informiert ebenfalls umfangreich über das Nachtleben, die Restaurants sowie aktuelle Livekonzerte in Rom.
- Für Nachtschwärmer ist die wöchentlich erscheinende Zeitschrift **Roma C'è** ein absolutes „Muss". Sie ist an jedem Zeitungskiosk erhältlich. Wer Italienisch nicht beherrscht, kann beruhigt sein: Die wichtigsten Ereignisse sind in Englisch übersetzt! Erscheint neu an jedem Donnerstag. www.romace.it
- Eine reine Anzeigenzeitung ist das mittwochs und0 samstags erscheinende Blatt **Porta Portese.** Hier werden auch Wohnungen und Jobs angeboten. www.portaportese.com (nur italienisch)
- Die einzige in Rom erscheinende deutschsprachige Zeitung ist die „Prawda des Papstes", der **Osservatore Romano,** der in vielen Sprachen herausgegeben wird.
- Es gibt auch ein **deutschsprachiges Radioprogramm des Vatikans.** Täglich um 15 Uhr gibt es Weltnachrichten auf 96,3 MHz. www.oecumene.radiovaticana.org/ted/index.asp

MEDIZINISCHE HILFE

Am besten besorgt man sich vor der Reise eine Versicherungskarte für das europäische Ausland. Eine Erste-Hilfe-Behandlung *(pronto soccorso)* ist kostenlos. Die Krankenhäuser und Notdienststellen machen vielleicht nicht immer den besten Eindruck, trotzdem können Besucher aber den Ärzten vertrauen.

KRANKENHÄUSER

- **157 Policlinico A. Gemelli,** Unfallstation, Largo Gemelli 8, Via Pineta Sacchetti, Tel. 06 30154036/7
- **158 European Hospital,** Via Portuense 694, Tel. 06 65975
- **159** [D7] **Ospedale Pediatrico del Bambino Gesù** (Kinderkrankenhaus), Piazza di San Onofrio 4, Tel. 06 68 59 2351

KRANKENTRANSPORT

- **Croce Bianca Italiana,** Tel. 06 8181011
- **Nuova Croce Verde Romana,** Tel. 06 24302222

DEUTSCHSPRACHIGE ÄRZTE

- **160** [C7] **Dr. Tobias Wallbrecher,** Via Domenico Silveri 30, Tel. 06 6380569
- **161** [K8] **Dr. Dagmar Rinnenburger Spisanti,** Via Buonarotti 7, Tel. 06 77207573
- **162** [C7] **Dr. Andreas Heinz,** Via Della Stazione San Pietro 45, Tel. 0639387984

DEUTSCHSPRACHIGE ZAHNÄRZTE

- **163** [J3] **Dr. Roswitha und Peter Althoff,** Via Salaria 280, Tel. 06 8848512
- **164** [F3] **Dr. Wolfgang Hornstein,** Viale delle Belle Arti 7, Tel. 3387080610 (Handy)

APOTHEKEN

- Viale Europa 76 (im Stadtteil EUR)
- Viale Marconi 178 (in Trastevere, am südlichen Ende der Viale di Trastevere)
- Via Nomentana 564 (in der Nähe des Parks der Villa Torlonia)
- Via XX Settembre 47 (in der Nähe der Piazza Barberini am östlichen Rand der Altstadt)
- Via Arenula 73 (in der Nähe des Campo de' Fiori)
- Via dello Statuto 35 (in der Nähe des Bahnhofes Termini)

Ständig geöffnete Apotheken

165 [H6] **Farmacia Internazionale,** Piazza Barberini 49 (Altstadt)

166 [I7] **Farmacia Piram,** Via Nazionale 228 (zwischen Bahnhof und Colosseum)

167 [F9] **Farmacia San Agata,** Piazza Sonnino 47 (Trastevere)

TIERÄRZTLICHER NOTDIENST

- **Clinica Veterinaria,** Via Gennargentu 20/24, Tel. 06 8182106

MUSIKSZENE

168 [C5] Den **Alexanderplatz** gibt es nicht nur in Berlin, sondern auch in Rom, und zwar schon seit Langem. Das Musiklokal gilt mittlerweile als einer der ältesten Treffpunkte für Freunde innovativer Jazzmusik. Hier werden auch kleine Speisen angeboten. Via Ostia 9; Tel. 06 39742171; geöffnet 20–1 Uhr, Montag Ruhetag; www.alexanderplatz.it

169 [F10] **Big Mama.** In dem traditionsreichen Musiklokal mitten in Trastevere spielen seit über 25 Jahren internationale Musiker Blues, Jazz, Funk und Rock. Vicolo San Francesco a Ripa 18; Tel. 06 5812551; geöffnet 21–1.30 Uhr; www.bigmama.it; Eintritt 8 €

170 [H12] **Casa del Jazz.** Hier gibt es hochkarätige Jazzkonzerte. In dem Gebäude ist auch ein Restaurant und eine Cafeteria untergebracht. Ein absolutes „Muss" für Jazzfreunde. Via di Porta Ardeatina 55 (2 km südl. des Kolosseums); Tel. 06 704731; www.casajazz.it

171 **Classico Village.** Untergebracht in einer ehemaligen Fabrik ist dies einer der beliebtesten Klubs in Rom für Livemusik: Jazz, Blues, Rythmn and Blues und italienische Rockmusik. Via Libetta 3 (knapp 3 km südlich des Kolosseums); Tel. 06 5728887; 21–3 Uhr, Montag geschl.; www.classico.it

172 [F1] Die von dem Architekten *Renzo Piano* geplante multifunktionelle Musikhalle **Parco della Musica,** besser bekannt unter dem Namen **Auditorium,** eines der wichtigsten Projekte der modernen Architektur im 20. Jahrhundert, wurde 2004 eröffnet und gehört zu den neuesten Attraktionen Roms. In der Saison 2005 hatte das Auditorium schon mehr Besucher als die Royal Albert Hall in London. Die Konzerte, die hier veranstaltet werden, umfassen die ganze Bandbreite der E- und U-Musik: *Gianna Nannini* und *Count Basie* waren schon da, aber klassische Musik hat hier genauso ihre feste Heimstätte. In dem Komplex gibt es auch ein Restaurant, ein Theater, ein Kino und eine Ausstellungshalle. Konzertkarten können direkt im Auditorium gekauft werden; der Kartenvorverkauf öffnet eine Stunde vor jedem Konzert. Das Auditorium liegt im Stadtteil Flaminio. Metro A bis Flaminio und dann mit der Straßenbahn Nr. 2 bis zum Auditorium. Vor dem Hauptbahnhof verkehrt ab 17 Uhr die Linie M, die direkt bis zum Auditorium fährt. Viale Pietro de Coubertin 30; Tel. 199109783; www.auditorium.com

NOTFÄLLE

NOTRUF

In Italien gilt die **Notrufnummer 113.** Mit dieser Nummer erreicht der Reisende gebührenfrei eine zentrale Notrufstelle, die das Gespräch entsprechend weiterleitet.

- **Kindernotruf:** 114
- **ACI** (Italienischer Automobilklub), Notruf: 116
- **Polizei** *(Polizia di stato):* 113
- **Ärztlicher Notdienst:** 118
- **Feuerwehr:** 115

SPERRNOTRUF

Bei **Verlust** von deutschen **Maestro-, Kredit- und SIM-Karten** gilt überwiegend die einheitliche **Sperrnummer 0049 116116**, im Ausland zusätzlich die Nummer 0049 3040504050. Details finden sich im Internet unter www.sperr-notruf.de. Es empfiehlt sich, vor der Reise (von einem erhaltenen Merkblatt bzw. der Kartenrückseite) die individuelle Karten-Sperrnummer zu notieren.

Da es für **österreichische und Schweizer Karten** keine zentrale Sperrnummer gibt, sollten sich deren Inhaber nach einer aktuell gültigen Notrufnummer ihres jeweiligen Kreditkartenanbieters erkundigen.

POLIZEIDIENSTSTELLEN

- 173 [M5] **Porta Pia,** Via Forlì 26, Tel. 06 4417131
- 174 **Porta Maggiore,** Via G. De Agostini 50, Tel. 06 2785991
- 175 [II c4] **Stadtteil EUR,** Via Cristofero Colombo 575, Tel. 06 5439381
- 176 [E3] **Stadtteil Prati** (Nähe Vatikan), Via Ruffini 1, Tel. 06 328071
- 177 [F10] **Stadtteil Trastevere,** Via San Francesco a Ripa 64, Tel. 06 5839141

SONSTIGE HILFSEINRICHTUNGEN

- **Fundbüro** *(Ufficio oggetti rivenuti)*, Circonvallazione Ostiense 191; Tel. 06 67693214
- **Deutsche Botschaft** (s. S. 169)
- **Kinderkrankenhaus** (s. S. 172)

DIEBSTAHL

Wenn man bestohlen wurde, sollte man zur nächsten Polizeistation gehen, um den Fall anzuzeigen. Das ist wichtig für Ansprüche gegenüber Versicherungen (z. B. Reisegepäckversicherung). Ansonsten dient die Anzeige lediglich der Statistik, da die römische Polizei mit den zahllosen Diebstählen hoffnungslos überfordert ist. Wer bestohlen wurde und eine Anzeige machen möchte, wendet sich am besten an die *Polizia di Stato,* die für solche Fälle zuständig ist.

ÖFFNUNGSZEITEN

Feste Ladenöffnungszeiten wie in Deutschland gibt es nicht. Die meisten Geschäfte haben im Winter vormittags 9–13 Uhr und nachmittags von 15.30–19.30 Uhr geöffnet, im Sommer 16–20 Uhr. Im Stadtzentrum gibt es viele Geschäfte, die auf die traditionelle **Mittagspause** verzichten und durchgehend geöffnet haben. Die meisten Läden haben sonntags geschlossen, es findet sich jedoch immer wieder ein geöffneter Supermarkt. In aller Regel sind die Geschäfte am Montagnachmittag geschlossen, aber auch hier gibt es Ausnahmen.

Im **Winter** haben die Lebensmittelgeschäfte am Donnerstagnachmittag geschlossen, im Sommer am Samstagnachmittag. Früher wurde Rom in den **Sommermonaten** Juli und August „die Verlassene" genannt, weil die Einheimischen die Stadt wegen der unerträglichen Hitze fluchtartig verließen. Natürlich waren dann auch die meisten Geschäfte geschlossen. Heute hat sich die Situation etwas beruhigt, viele Römer verbringen den Sommer mittlerweile auch gerne in der Stadt. Um den 15. August herum ist aber auf jeden Fall vieles in der Stadt geschlossen.

POST

Die römische **Hauptpost** *(ufficio postale)* befindet sich an der Piazza San Silvestro 18–20 [F5]. Die roten Briefkästen haben einen Schlitz für Stadtpost *(per la città)* und einen für andere Orte *(tutte le altre destinazioni).* Sämtliche Postämter sind von Montag bis Freitag 8–19 Uhr geöffnet, am Samstag schließen sie schon um 13 Uhr.

Briefmarken *(francobolli)* erhält man auch in jedem Tabakladen und Bars, die außen mit einem weißen „T" auf schwarzem Grund gekennzeichnet sind.

Postkarten und Briefe kosten derzeit 0,60 € in Italien und 0,65 € für das europäische Ausland.

Die italienische Post bietet neuestens auch einen **Schnellservice** an, der etwas teurer ist, aber deutlich schneller als der normale Briefweg. Der Service heißt *Posta Prioritaria* und kostet für einen Brief ins europäische Ausland 0,85 €. Bei jeder Poststelle in Rom kann nach diesem Service gefragt werden.

Außerdem gibt es in Rom noch die **Vatikanische Post.** Das Postamt auf dem Petersplatz 63 gibt eigene Briefmarken heraus und befördert Briefpost deutlich schneller ins Ausland als die italienische Post auf dem normalen Briefweg.

WICHTIGE POSTÄMTER IN DER INNENSTADT

- ✉**178** [G6] **Hauptpost** (ufficio postale), Piazza San Silvestro 18–20
- ✉**179** [F9] Filiale Via Arenula 1
- ✉**180** [H8] Filiale Via Cavour 277
- ✉**181** [J9] Filiale Via San Giovanni in Laterano 96
- ✉**182** [F7] Filiale Via Scrofa 61/63
- ✉**183** [J7] Filiale Via Terme di Diocleziano 30
- ✉**184** [E11] Filiale Viale Trastevere 189

PREISE UND KOSTEN

Rom ist kein preisgünstiges Reiseziel. Vor allem an den Orten, an denen sich viele Touristen aufhalten, sind die Preise grundsätzlich zu hoch. Wer aber einige Regeln beachtet, kann auch relativ günstig durch Rom kommen.

Teuer ist auch das **Übernachten.** Ein Doppelzimmer kostet mindestens 80 € und ein Preis von 180 € kann schon als durchschnittlich gelten.

Preisgünstig ist der öffentliche **Nahverkehr.** Für nur 1 € kann man mit einer Fahrkarte mit Bus, Straßenbahn und Metro durch die ganze Stadt fahren.

Eigentlich sollte ein **Espresso** nicht mehr als 0,80 € kosten. Vor dem Pantheon kann man aber auch schnell mal 2,50 € ausgeben. Meiden Sie solche

Orte und gehen Sie lieber in die nächste Seitenstraße, wo der Kaffee dann wieder einen normalen Preis hat.

Es gibt sie noch, die kleinen, preisgünstigen Trattorien in den verträumten Altstadtgassen - einige davon sind in diesem Buch beschrieben. Durchschnittlich muss man für einen einfachen Teller Nudeln ab 7 € rechnen. Eine Pizza Margherita kostet etwa 6,50 €, ein Hauptgericht (Secondo) ist ab 10 € zu haben. Ein halber Liter Hauswein kostet ab 7 €.

Schuhe italienischer Herstellung sind wesentlich preisgünstiger und besser verarbeitet als in Deutschland und es lohnt sich auch, nach **Oberbekleidung** zu schauen. Billig sind die vielen Märkte unter freiem Himmel, die meistens auch Bekleidung anbieten, allerdings lässt die Qualität zu wünschen übrig.

Die **Eintrittspreise** sind dem Ereignis angemessen. Teuer sind die Vatikanischen Museen mit 16 €, aber hier gibt es eine Möglichkeit, den hohen Eintrittspreis zu umgehen: Am letzten Sonntag im Monat ist der Eintritt frei. Der Eintritt für den Palatin und das Kolosseum, die beiden Hauptsehenswürdigkeiten des alten Rom, beträgt 12 €.

Pro Tag sollte man mit Reisekosten von mindestens 100 € pro Person rechnen.

RADFAHREN

Verschiedene Geschäfte vermieten Fahrräder und Motorroller. Man sollte aber wissen, dass es aufgrund des **starken Verkehrs** nicht ungefährlich ist, Rom auf dem Zweirad zu erkunden, und sich auf Touren in der verkehrsberuhigten Innenstadt oder durch den Park der Villa Borghese 46 beschränken.

Am Wochenende wird ein Großteil des Gebiets rund um die **Via Appia** für den Autoverkehr gesperrt. Hier ist es dann besonders schön, mit dem Drahtesel unterwegs zu sein.

FAHRRAD- UND MOPEDVERLEIH

- •185 [J7] **Bici e Baci.** Ein Fahrrad kostet 10 € am Tag an leihgebühr, Mopeds ab 32 €. Hier werden auch Motorräder verliehen. Die Zweiräder werden sogar bis ins Hotel geliefert Via del Viminale 5 (Metrostation Termini); Tel. 06 4828443; geöffnet 8–19 Uhr; www.romeguide.it
- •186 [J7] **Due Ruote Rent.** Vespas kosten hier ab 30 € pro Tag, Fahrräder 10 €. Via Farini 3 (Metrostation Termini); Tel. 06 4818185
- •187 [F8] **Romarent.** Ein Fahrrad kostet 15 bis 20 € am Tag, Mopeds ab 35 €. Spezielle Wochenendtarife! Vicolo de' Bovari 7a; Tel. 06 6896555; geöffnet 8.30–19 Uhr
- •188 [I8] **Scoot-a-long.** Via Cavour 302; Metro B bis Cavour; Tel. 06 6780206

ROMA ARCHEOLOGIA CARD UND ROMA PASS

Die *Roma Archeologia Card* eine sieben Tage gültige Eintrittskarte für folgende **Museen und Ausgrabungsstätten:**

- alle fünf Standorte des Museo Nazionale Romano
- Kolosseum 5
- Palatin 8
- Caracalla-Thermen 66
- Grabmal der Caecilia Metella an der Via Appia
- Villa der Quintilier

Die Kosten für das Ticket belaufen sich auf 22 €. Alle Personen zwischen 18 und 25 Jahren zahlen nur 12 €, Kinder und Jugendliche unter 18 Jahren sowie Personen über 65 haben freien Eintritt. Erhältlich ist die Karte im Besucherzentrum des Fremdenverkehrsamtes von Rom (Via Parigi 5), im Hauptbahnhof oder an den Kassen der genannten Museen und Ausgrabungsstätten (Ausnahme: Grabmal der Caecilia Metella und Villa der Quintilier).

Der *Roma Pass* bietet Ermäßigungen auf den Eintritt in mehr als 40 Sehenswürdigkeiten, Kunstausstellungen, Theater- und Musikveranstaltungen. Die ersten beiden Museen können kostenlos besichtigt werden. Zusätzlich kann man drei Tage lang alle öffentlichen Verkehrsmittel benutzen und bekommt einen Stadtplan sowie eine Liste aller beteiligten Sehenswürdigkeiten. Der *Roma Pass* hilft auch, die unendlichen Warteschlangen an der Kasse des Kolosseums zu vermeiden. Passinhaber können rechts an der Schlange vorbeigehen. Erhältlich ist das Paket für 22 € in den Touristeninformationen und in allen Museen, die dem *Roma Pass* angeschlossen sind.

› www.romapass.it

SCHWULE UND LESBEN

INFORMATIONEN

› **Circolo Mario Mieli.** Interessensvertretung schwuler Männer in Rom. Via Efeso 5; Tel. 06 5413985; www.mariomieli.org

› [D7] **Coordinamento Lesbiche Romane.** Hinweise auf Veranstaltungen für lesbische Frauen in Rom. Via San Francesco di Sales 1; Tel. 066864201; www.clrbp.it

TREFFPUNKTE

189 [F12] Das **Alibi** ist in den *Monte Testaccio,* den Scherbenberg des alten Rom, hineingebaut. Durch in die Wände eingelassene Glasscheiben sieht man, dass die Diskothek wirklich nur auf Scherben gebaut ist. Jeden Samstag verwandelt sich das Alibi in einen Schwulentreffpunkt. Via Monte Testaccio 40; Eintritt 13 € (mit einem Getränk); geöffnet: 22.30–4 Uhr, Mo. und Di. Ruhetag; www.alibionline.it

› Die Diskothek **Goa** (s. S. 33) öffnet immer am letzten Sonntag des Monats nur für Frauen. Via Libetta 13; Tel. 06 5748277

190 [L9] **Max's Bar.** Diskothek mit großer Bar in der Nähe des Hauptbahnhofs. Musik: House und Tribal, immer voll. Via Achille Grandi 7a; Tel. 06 70301599; geöffnet Do.–Mo. ab 23 Uhr

› In der Diskothek **Qube** (s. S. 33) feiern jeden Freitag ab 22.30 Uhr die Römer eine der verrücktesten Parties der Stadt unter dem Namen **Muccassassina.** Auf drei Stockwerken finden Misswahlen mit Dragqueens, Theaterveranstaltungen und alle möglichen Events statt. Schrill und schräg!

191 **Frutta e verdura.** Via Placido Zurla 68; sonntags und an Feiertagen ab 4.30 Uhr. Gut frequentierter Chillout. Info in Englisch unter der Handynummer 347 2446721

192 [I9] **Coming Out.** Alteingesessene Schwulenbar in der Nähe des Kolosseums. Via San Giovanni in Laterano 8; Tel. 06 7009871; geöffnet 19.30–2 Uhr; www.comingout.it

193 [E9] **Garbo.** Cocktailbar für Lesben und Schwule in Trastevere mit internationaler Atmosphäre. Der Inhaber Tom stammt aus Irland und auch viele seiner Gäste kommen aus dem europäischen Ausland. Vicolo di Santa Margherita 1a; Tel. 06 58320782; geöffnet ab 22 Uhr (Mo. Ruhetag)

- **194** [J8] **Hangar.** Der älteste Schwulenpub in Rom ist nie aus der Mode gekommen. Via in Selci 69; Tel. 06 4881397; geöffnet 22.30–2 Uhr, Di. Ruhetag
- **195** [F10] **Asincotto.** Schwulenfreundliches Restaurant mit gemütlicher Atmosphäre und gutem Essen. Via dei Vascellari 48; Tel. 06 5898985; geöffnet Di.–So. abends; www.asinocotto.com
- › **L'Una e l'altra** (s. S. 48), Restaurant nur für Frauen (nur am Abend). Im Sommer sitzt man sehr schön in einem Innenhof mitten in Trastevere. Das Lokal ist Teil eines Kulturzentrums für Frauen. Hier gibt es auch eine ansprechende und preisgünstige Übernachtungsmöglichkeit (s. S. 182). Sonntag Ruhetag. Via San Francesco di Sales 1; Tel. 06 6864201
- › Ein weiterer wichtiger Treffpunkt befindet sich außerhalb Roms, am **Strand von Ostia.** Die schwule Gemeinde der italienischen Hauptstadt hat hier ihr eigenes Strandbad eingerichtet, wo natürlich auch nackt gebadet werden kann. Außerdem gibt es ein kleines Restaurant, in dem man sehr gut essen kann *(Ar Zargaja)*. Anfahrt: Von Ostia aus nimmt man die Straße in Richtung Süden (nach Torvaianica). Nach etwa sieben Kilometern sieht man schon die Regenbogenfahnen der Schwulen und Lesben. Vom Bahnhof in Ostia aus kann man auch den Bus Nr. 61 in Richtung Torvaianica nehmen.

SICHERHEIT

Am häufigsten taucht in der römischen Kriminalstatistik der **Taschendiebstahl** auf. Meistens haben es die Diebe auf Touristen abgesehen. Lassen Sie Ihre Tasche nie aus den Händen und tragen Sie sie immer auf der von der Straße

051ro Abb.: pix

abgewandten Seite, damit ein vorbeischießender Motorradfahrer sie Ihnen nicht entreißen kann. Der Geldbeutel gehört in die innere Jackentasche.

Gerne werden auch **Autos aufgebrochen,** daher sollte man nichts sichtbar im Auto liegen lassen. Am besten öffnet man das Handschuhfach, damit man sieht, dass es hier nichts zu holen gibt.

Eine persönliche Bedrohung habe ich in Rom noch nicht erlebt. Die Straße ist dort ein **lebendiger, öffentlicher Raum,** der einen Überfall, wie er in einer dunklen Ecke einer deutschen Großstadt theoretisch passieren kann, von vorneherein verhindert.

Dies gilt allerdings nicht für die **Randgebiete** Roms, die sogenannten *Borgate,* und für die Gegend um den **Hauptbahnhof.** Aufpassen sollte man auch auf die kleinen **Kinder,** die vor allem an den Touristenschwerpunkten ihr Glück als Taschendiebe versuchen. Auch hier sollte man stets seine Tasche mit festem Griff auf der straßenabgewandten Seite tragen, um Dieben zu entgehen, die ihre Taten auf Motorrollern begehen.

Auch wenn die Chance klein ist: Wenn man etwas verloren hat, kann man sich an das **Fundbüro** *(Ufficio oggetti rivenuti)* wenden (Circonvalazione Ostiense 191; Tel. 06 67693214).

Wegen Terrordrohungen ergreift die Ewige Stadt **Sicherheitsmaßnahmen,** die es in dieser Form noch nie gegeben hat. Polizisten mit Spürhunden laufen fast täglich über den Petersplatz, während in die Torbögen des Kolosseums Absperrgitter eingelassen wurden. Auch die Engelsburg wird ihrer wahren Bestimmung gerecht: Sie wurde in eine Festung verwandelt mit Metalldetektoren, durch die alle Besucher geschleust werden, und einer konsequenten Taschenkontrolle. Derartige Sicherheitsmaßnahmen gibt es bereits seit längerem am Eingang der Vatikanischen und Kapitolinischen Museen und des Petersdoms.

Bisher haben die Besucher mit Verständnis reagiert. Schließlich wissen die meisten, dass Italien als einer der engsten Verbündeten der USA Soldaten im Irak stationiert hat und damit einem **erhöhten Anschlagsrisiko** ausgesetzt ist.

◄ *Carabinieri zeigen Präsenz*

STADTFÜHRUNGEN

- •**196** [J7] **Green Line Tours,** Via Farini 5a; Tel. 06 4827480. Wer Interesse an einer **deutschsprachigen Führung** hat, wendet sich an **Green Line Tours.** Hier werden fünf verschiedene Stadttouren angeboten (ab ca. 35 €). Außerdem werden Führungen in die Umgebung Roms organisiert (ab 40 €). Es können bis zu 20 Personen an einer Führung teilnehmen. Man kann auch eine Stadtführung mit einem persönlichen Führer unternehmen. Für einen Tag kostet das etwa 240 €. www.greenlinetours.com.
- •**197** [C7] **Sindacato Nazionale delle Guide Turistiche.** Via Santa Maria alle Fornaci 8d; Tel. 06 6390409; www.centroguideroma.net
- •**198** [I8] **Centro Guide CAST.** Via Cavour 184; Tel. 06 4825698; www.cast-turismo.it
- •**199** **Guide Roma.** Via Luigi Gadola 1; Tel. 06 230410; www.guideroma.com
- › Auf den Spuren des Erfolgsromans **„Illuminati“** von *Dan Brown* führt der Kunsthistoriker und Holländer *Ewout Kleckens* mit seinem „Rudi-Carell-Deutsch“ auf amüsante Art und Weise durch die verschiedenen Schauplätze des Bestsellers. Die Führung dauert

etwa 4 Stunden und kostet 55 €. Informationen im Internet unter www.illuminatitour.com

- Individuelle Stadtführungen unter kunsthistorischen Gesichtspunkten bietet das Team von Dr. Allesandro Calestrini an: www.romaculta.com

STADTRUNDFAHRTEN

- Eine **Panoramarundfahrt** mit dem oben offenen Doppeldeckerbus durch Rom sollte man sich bei schönem Wetter nicht entgehen lassen. Der Bus 110 verkehrt stündlich ab dem Platz vor dem Hauptbahnhof und hält an allen wichtigen Sehenswürdigkeiten (Kolosseum, Vatikan). An Bord erhält man über Kopfhörer Informationen. Sie können ein- und aussteigen, wo sie möchten. Ein Tagesticket kostet 13 € (Kinder 7 €).
- Mit dem **Archeobus** können Sie eine Runde entlang der wichtigsten Ausgrabungsstätten des alten Rom machen. Tagesticket: 13 €, Ticket für die Linie 110 und den Archeobus (zwei Tage gültig): 24 €; www.trambus.com
- Mit **Bus n'Boat** kann man auch eine kombinierte Bus und Bootstour unternehmen. Der oben offene Doppeldeckerbus verkehrt stündlich zwischen 9 und 20 Uhr. Er fährt bis zur Ablegestelle der Tiberfähre, wo man in Boote umsteigt. Das Ticket kostet 13 € (Kinder 7 €) und kann im Bus gekauft werden. Innerhalb eines Tages kann man an jeder Haltestelle ein- und aussteigen. Es gibt neun davon an den wichtigsten Sehenswürdigkeiten (Piazza Barberini, Vatikan usw.).
- Mit dem Bus kann man sich auch auf die Spuren des christlichen Rom begeben. **Roma Cristiana** heißt die Buslinie, die ebenfalls 19 € kostet und nach dem stop&go-Prinzip funktioniert. Der Bus verkehrt täglich von 8.30 Uhr–19.30 Uhr, außer an Sonn- und Feiertagen und fährt vier Haltestellen an: S. Maria del Popolo, Hauptbahnhof (Termini), Santa Maria Maggiore und Santa Maria in Cosmedin.

EXTRATIPP

Mini-Kreuzfahrt bis nach Ostia Antica

Die Bootstour findet jeden Freitag, Samstag und Sonntag statt (außer bei schlechtem Wetter). An den übrigen Tagen können Sie das Boot für Gruppen mieten. Der Preis beträgt pro Person 15 €, darin ist Hin- und Rückfahrt inbegriffen. Man kann auch eine Karte für eine einfache Fahrt erwerben (nur Hinfahrt von der Ponte Marconi oder der Engelsbrücke nach Ostia Antica oder nur die umgekehrte Rückfahrt). Für Gruppen mit mindestens 40 Personen kann ein Mittagessen auf dem Boot gebucht werden. Die Abfahrtstelle befindet sich an der Ponte Marconi und an der Engelsbrücke. Informationen über Bootstouren auf dem Tiber: www.rexervation.it

THEATER

200 [F8] **Teatro Argentinia.** In dem Staatstheater mit festem Ensemble werden gerne die Stücke der italienischen Klassiker *Pirandello* und *Goldoni* gegeben.
Largo Argentina 56; Tel. 06 68804601

201 [J7] **Teatro dell'Opera di Roma.**
Wer italienische Opernmusik mag, sollte unbedingt die altehrwürdige Oper aufsuchen. Hier wird die ganze Palette der italienischen

Opern gespielt. Eintrittspreise 17-130 €. Via Firenze 72; www.opera.roma.it

202 [E2] **Teatro Polietnico.** Zeitgenössisches Avantgardetheater italienischer Autoren. Via Tiepolo 13a; Tel. 06 3611501

203 [G7] **Teatro Quirino.** Hier treten öfter bekannte italienische Schauspieler auf, die meist Gastrollen in Stücken italienischer Herkunft übernehmen. Via delle Vergini 7; Tel. 06 6794585; www.teatroquirino.it

TELEFON

Das eigene Mobiltelefon lässt sich in der Regel problemlos nutzen, denn alle Mobilfunkgesellschaften haben Roamingverträge mit italienischen Gesellschaften, sodass sich die Handys automatisch in das Partnernetz einloggen.

Dank eines EU-Beschlusses gelten für das Telefonieren mit Handy im EU-Ausland seit 2007 maximale Preisobergrenzen, die 2009 nochmals gesenkt wurden: 43 Cent/Min. für abgehende Gespräche, 19 Cent/Min. für eingehende Anrufe. Der Empfang von SMS ist in der Regel kostenfrei. Der Versand und Empfang von Bildern per MMS hingegen ist nicht nur relativ teuer, sondern je nach italienischem Roamingpartner auch gar nicht möglich.

Falls das Mobiltelefon SIM-lock-frei, also für andere Provider nicht gesperrt, ist und man viele Telefonate innerhalb Roms führen möchte, kann man sich eine örtliche Prepaid-SIM-Karte besorgen. Diese werden ab 25 € in Tabakläden und Supermärkten angeboten. Der Nachteil dabei: Man bekommt für die Gültigkeitsdauer natürlich eine neue, italienische Rufnummer, die man den Daheimgebliebenen erstmal mitteilen muss.

Wer nach Italien und innerhalb Italiens telefoniert, muss beachten, dass Ortsvorwahlen immer mit der vorangestellten „0“ gewählt werden müssen. Für Rom bedeutet das 0039 (Italien) 06 (Rom).

Die Vorwahlen von Italien aus lauten nach Deutschland 0049, nach Österreich 0043 und in die Schweiz 0041.

ÜBERNACHTEN

› **Telefonische Hotelreservierung:** Tel. +39 06 6991000; www.hotelreservation.it

HOTELS

(Alle Preisangaben gelten pro Zimmer und Nacht.)

First Class

204 [A2] **Cavalieri Hilton.** Auf dem Monte Mario etwas außerhalb des Zentrums hat man bestimmt einen der schönsten Blicke auf die Ewige Stadt. Das Hotel beherbergt außerdem eines der besten Restaurants in Rom. Im „La Pergola“ bereitet Küchenchef *Heinz Beck* – ja, wirklich ein Deutscher – römische Spezialitäten vom Feinsten (siehe Exkurs Seite 44). Zudem verfügt das Cavalieri Hilton über einen der schönsten Swimmingpools der Stadt. Doppelzimmer ab 390 €. Tipp: Im August gibt es günstige Wochenendangebote, die man am besten schon von Deutschland aus reservieren sollte. Via Cadlolo 101; Tel. 06 35091, Fax 06 35092241; www.cavalieri-hilton.it

205 [H7] Wer *Federico Fellinis* „La dolce vita“ gesehen hat, möchte vielleicht morgens von seinem Zimmer aus direkt auf die *Fontana di Trevi* sehen. Diesen Blick garantiert das Hotel **Fontana.** Der Preis von 320 € für ein Wochenende für ein Doppelzimmer mit Dusche ist für ein gediegenes Altstadthotel mit schönem Dachgarten in dieser Lage niedrig. Piazza di Trevi 96; Tel. 06 6786113

206 [C7] **Residenza Paolo VI.** Das Hotel mit dem atemberaubendsten Blick direkt auf den Petersdom. Das unter deutscher Leitung stehende Haus befindet sich teilweise schon auf dem Gelände des Vatikanstaats. Doppelzimmer ab 180 €. Via Paolo VI 29; Tel. 06 684870, Reservierungszentrale Deutschland (Frau *Kronimus*): Tel. 070026878425; www.residenzapaolovi.com

207 [J7] **Raffaello.** Ein Tipp für diejenigen, die bereit sind, etwas mehr Geld auszugeben, aber dafür in einem herrlichen Altstadthotel mit allem Komfort und netten Besitzern zu wohnen. Doppelzimmer 120–160 €. Via Urbana 3; Tel. 06 4884342; www.hotelraffaello.it

208 [F8] **Teatro di Pompeo.** Sehr zu empfehlendes kleines Altstadthotel (ruhig) mit familiärer Atmosphäre (nur 12 Doppelzimmer). Alle Zimmer mit Bad, TV und Minibar. Ein Doppelzimmer mit Frühstück kostet 170–190 €. Largo del Pallaro 8; Tel. 06 68300170, Fax 06 68805531; www.hotelteatrodipompeo.it

Mittlere Preisklasse

209 [E9] **Cisterna.** Mitten in der Altstadt von Trastevere gelegen, familiäre Atmosphäre. Doppelzimmer ab 120 € inkl. Frühstück. Via della Cisterna 8; Tel. 06 5817212, Fax 06 5810091

210 [H6] **Pension Suisse.** Direkt hinter der Piazza di Spagna liegt die Pension mit ihren netten Besitzern und dem einladenden Dachgarten. Doppelzimmer 140 €. Via Gregoriana 56; Tel. 06 6783649

211 [F7] **Primavera.** „Typisch römisch" mit freundlichen, unaufdringlichen Besitzern an der Piazza Navona. Schöne, neu renovierte Zimmer. Ein DZ kostet 90–130 €. Piazza di San Pantaleo 3–4; Tel. 06 68803109; www.hotelprimavera-roma.it

212 [F7] **TeatroPace33.** Ganz in der Nähe der Piazza Navona, also mittendrin im Herzen Roms. Nur 23 schön eingerichtete Zimmer. Doppelzimmer ab 120 € mit Frühstück – allerdings, romantische Gemüter können zufrieden sein, wird das Frühstück nur im Zimmer serviert. Via del Teatro Pace 33; Tel. 06 6879075; www.hotelteatropace.com

213 [H6] **Trinità dei Monti.** Einfache, aber saubere und ruhig gelegene Pension, nur 100 Meter von der Spanischen Treppe entfernt . Ein Doppelzimmer mit Dusche kostet 120–180 €. Via Sistina 91; Tel. 06 6797206

Preisgünstige Hotels

214 [F8] **Albergo Pomezia.** 22 Zimmer mitten im historischen Zentrum, davon elf mit Bad, ein Zimmer ist behindertengerecht ausgestattet. Einfach und sauber, für römische Verhältnisse ruhig. Ein Doppelzimmer ohne Bad kostet 90 €. Via dei Chiavari 12; Tel. 06 6861371

215 Sehr ruhig gelegen in einem rustikalen Landhaus liegt **Il Casale** am Rande von Ostia inmitten von unberührter Natur (etwa 25 Kilometer südwestlich vom Stadtzentrum entfernt). Schöne Zimmer mit einfachen Holzmöbeln. Doppelzimmer kosten ab 90 €. Via del Fosso di Dragoncello 52; Tel. 06 5211832; ilcasale@tiscalinet.it.
Unser Tipp: Mieten Sie sich einen Smart für 5 € am Tag (siehe: Autovermietungen), mit dem Sie zu dem Park&Ride-Parkplatz an der Metrostation EUR Fermi fahren (etwa 15 Minuten). Von dort aus erreicht man mit der Metro in zehn Minuten die Innenstadt von Rom.

216 [D8] **La Casa internazionale delle donne.** Einfaches und sauberes Hotel und

Restaurant in einem Kulturzentrum in Trastevere nur für Frauen. EZ ab 50 €, Mehrbettzimmer schon ab 28 €. Im Sommer sitzt man in einem alten Innenhof mitten im pittoresken Stadtviertel Trastevere. Via San Francesco di Sales 1; Tel. 06 6864201

217 [E9] **Pensione Manara.** Im Zentrum von Trastevere gelegen mit nur 18, für römische Verhältnisse wirklich ruhigen Zimmern. An der Rezeption wird auch Englisch gesprochen. EZ ab 80 €, DZ ab 105 € (mit Frühstück). Via Luciano Manara 25; Tel. 06 5814713; hoteltrastevere@tiscalinet.it

218 [J7] **Giglio dell'Opera.** Einfaches und preisgünstiges Hotel nur 2 Minuten vom Hauptbahnhof *(Stazione Termini)* entfernt. Doppelzimmer mit Frühstück ab 60 €. Am besten frühzeitig über www.hotels.de buchen. Via Principe Amadeo 14; www.gigliodellopera.it

219 [F8] **Sole.** Ein am Campo de' Fiori gelegenes Altstadthotel, das aber leider meistens ausgebucht ist. DZ ab 95 € (keine Kreditkarten). Angeblich die älteste, möglicherweise aber die beliebteste Pension in Rom. Am besten schon ein Jahr vorher anrufen! Der Dachgarten ist übrigens einer der schönsten in der Stadt. Via del Biscione 76; Tel. 06 68806873, Fax 06 6893787; www.solealbiscione.it

220 [D11] **Villa Maria.** Schön in einer Wohnanlage mit Garten gelegen und nur 20 Minuten zu Fuß vom Petersdom entfernt. Zimmer mit Bad und kleine Appartements. Largo Berchet 4; Tel. 06 5852301; www.villamaria.pcn.net

221 [F9] **Casa di San Francesca Romana.** In einem schönen, alten Gebäude mitten im Herzen Trasteveres gelegen. Einzelzimmer bis 4-Bett-Zimmer. Ab 112 € für das Doppelzimmer. Via dei Vascellari 61; Tel. 06 5812125

PILGERUNTERKÜNFTE

Für Pilger oder diejenigen, die meinen, welche werden zu können, gibt es noch die **kirchlichen Aufnahmezentren.** Die Preise weichen nur unwesentlich von denen der Pensionen ab. Die Hausordnungen sind natürlich sehr konservativ. So wird beispielsweise meistens erwartet, dass man sich spätestens um Mitternacht wieder in der Unterkunft befindet. Am besten klärt man das schon bei der Reservierung von Deutschland aus.

222 [D6] Günstige Quartiere für Pilger vermittelt das deutsche **Pilgerzentrum Don Antonio Tedesco.** Via della Conciliazione 10 (in der Nähe des Vatikans); Tel. 06 6897197; www.pilgerzentrum.de

223 [F6] **Fraterna Domus.** In der Nähe der Piazza Navona gelegenes, von Nonnen geführtes Gästehaus. Die Räume sind spartanisch eingerichtet, verfügen aber sogar über ein Badezimmer. Das Abendessen ist herzhaft und preisgünstig. Vicolo del Leonetto 16; Tel. 06 68802727

224 [E8] **Casa di Santa Brigida.** 24 Zimmer mit eigenem Bad. Eine der besten Übernachtungsmöglichkeiten in einem römischen Konvent. Die Schwestern von Santa Brigida sind für ihre höflichen Umgangsformen bekannt. Rechtzeitig buchen! Piazza Farnese 96 (Eingang Via Monserrato 54); Tel. 06 68892497

BED AND BREAKFAST

Bei den mittlerweile selbst für Ein-Sterne-Hotels astronomischen Zimmerpreisen in der römischen Innenstadt ist es durchaus sinnvoll, über Alternativen nachzudenken. Eine davon ist Bed and Breakfast, eine preisgünstige Übernachtungsmöglichkeit, die sich mittlerweile auch

UNTERKÜNFTE IM ÜBERBLICK

1 cm = 520 m
500 m
1000 m
1500 m
H
I
J
K
L
M
N
1
2
3
4
5
6
7
8
9
10
11
12
13
PARIOLI
TRIESTE
PINCIANO
Via Salaria
Bioparca
Villa
Borghese
SALARIO
Via Nomentana
Villa
Torlonia
NOMENTANO
225
LUDOVISI
Policlinico
Umberto I
Viale Regina
213
210
Via XX Settembre
231
TREVI
Piazza della Repubblica
CITTÀ
UNIVERSITARIA
M. QUIRINALE
205
Via Nazionale
218
Via Cavour
Stazione Centrale
Roma Termini
TIBURTINO
207
227
M. VIMINALE
228
Via Merulana
Piazza Vittorio Emanuele
MONTE
ESQUILINO
Piazza di Porta Maggiore
M. PALATINO
Piazza del Colosseo
Via Labicana
Villa
Celimontana
MONTE CELIO
Via Appia Nuova
San
Saba
TUSCO-
LANA
Viale Marco
APPIO LATINO

in Italien etabliert hat. Wer mit Bed and Breakfast heruntergekommene Zimmer in fragwürdigen Stadtvierteln verbindet, wird sich wundern: Mittlerweile gibt es auch schicke Unterkunftsangebote in Villen und Privathäusern – die sind allerdings nicht mehr ganz billig.

› **Agenzia Italia.** Die Agentur vermittelt 5700 Feriendomizile in ganz Italien. In Rom befinden sich die meisten Unterkünfte in der Innenstadt. Meistens handelt es sich um schön eingerichtete, gehobene Privatunterkünfte. Die Preise liegen zwischen 90 und 180 € pro Person. Feldbergstr. 6, D-65830 Kriftel; Tel. 06192 911674; www.agenzia-italia.de

225 [N4] In der Nähe der Piazza Bologna, einem der beliebtesten Wohngebiete Roms, befindet sich das koschere B&B **The Home in Rome.** Die sehr warmherzigen jüdischen Betreiber bieten ihren Gästen komfortable Zimmer mit Frühstück zum Preis zwischen 80 und 120 € an. Die U-Bahn-Station befindet sich nur wenige Schritte entfernt, in 15 Minuten erreicht man das Kolosseum. Via Ravenna 34; Tel. 06 86328734; www.thehomeinrome.it

226 [B4] **B&B Susy.** In der Nähe des Vatikans kann man in einem typisch römischen Wohnhaus mit allem Komfort den Aufenthalt in Rom genießen! Ein Doppelzimmer kostet zwischen 90 und 125 € (inklusive Frühstück). Via Tommaso Campanella 15b; Tel. 06 39743842, Fax 06 39745132; www.travel.it/roma/bbsusy

227 [M7] Früher war San Lorenzo ein Arbeiterviertel – heute ist es der pulsierende Lebensmittelpunkt der Studenten und Kreativen. Mittendrin befindet sich die **Casa della Palma.** Das Jugendstilgebäude beherbergt seine Gäste in individuell eingerichteten Zimmern im Nostalgie-Stil. Das Doppelzimmer mit Frühstück kostet 95 €. Via dei Sabelli 98; Tel. 06 4454264; www.casadellapalma.it

228 [I8] **Kerouac Bed and Breakfast.** Preisgünstige Übernachtungsmöglichkeit zwischen Bahnhof und Kolosseum, DZ mit Frühstück für wirklich günstige 70 €. Via Cavour 136 (2. Stock); Tel. 06 4743428

229 [F7] Im Stadtzentrum in einer wunderschönen Altstadtstraße liegt die **Navona Suite.** Exklusive B&B-Unterkunft, DZ mit Bad inkl. Frühstück 98 €. Via dei Sediari 8; Tel. 06 6869124

230 [E7] Wer ein kleines, aber ruhiges Zimmer zwischen Piazza Venezia und Pantheon sucht, ist genau richtig im **Pie' di Marmo.** Signora *Paola* kümmert sich gerne persönlich um ihre Gäste. Doppelzimmer (inkl. Frühstück) 100 €. Bed & Breakfast Italia, Corso Vittorio Emanuele II 284; Tel. 06 6878618

JUGENDHERBERGE

› **Ostello per la Gioventù.** Roms Jugendherberge liegt im Komplex des Foro Italico in der Nähe des Vatikans, verfügt über 334 Betten in Doppel- oder Sechsbettzimmern, eine Bar, ein Restaurant und einen Waschsalon. Wer seinen Jugendherbergsausweis zu Hause vergessen hat und älter als 18 Jahre ist, kann für 15,50 € auch hier einfach einen erwerben. Eine Übernachtung mit Frühstück kostet 19 €. Es empfiehlt sich allerdings, mindestens zwei Monate im Voraus zu buchen! Ab 24 Uhr ist das Haus geschlossen. Via delle Olimpiadi 61; Tel. 06 3236267, Fax 3242613. Ab Hauptbahnhof (Stazione Termini) erreicht man die Jugendherberge mit der Buslinie 91 bis zur Endhaltestelle Piazza Mancini. Von dort fährt der Bus 280 nach drei Haltestellen direkt zur Herberge.

HUNDEFREUNDLICHES HOTEL

231 [K6] **Hotel des Artistes.** Keine Extrakosten für den Hund; Zimmerpreis: 110 € mit Frühstück. Via Villafranca 20; Tel. 06 4454365; www.hoteldesartistes.com

CAMPING

- **Camping Seven Hills.** Der Platz, in der römischen Campagna vor den Toren der Stadt gelegen, ist der schönste Roms. Seven Hills verfügt über ein Schwimmbad und ein Restaurant. Der Platz ist etwas teurer als die anderen römischen Campingplätze: Eine Übernachtung kostet etwa 20 € pro Stellplatz (mit Auto und Strom für eine Person, jede weitere Person kostet 9,50 €). Bungalows mit Kochnische kosten 45 € (für zwei Personen). Es werden auch Ausflüge in die Innenstadt organisiert. Via Cassia 1216 (am Kilometer 13), zu erreichen mit dem Bus ab Via Lepanto (Nähe Piazza Mancini); Tel. 06 30310826; www.sevenhills.it
- **Camping Aurelia Club.** Ein Stellplatz kostet etwa 19 € (mit Auto und Strom, für eine Person). Der Campingplatz verfügt über ein Restaurant, eine Diskothek und einen Swimmingpool, ist aber leider weit vom Stadtzentrum entfernt. Via Aurelia 831, zu erreichen mit dem Bus ab Via Lepanto; Tel. 06 6628863; ganzjährig geöffnet
- **Camping Flaminio.** Der Platz liegt relativ nah am Stadtzentrum, allerdings sind die sanitären Anlagen nicht sehr sauber. Auch hier gibt es ein kleines Schwimmbecken. Ein Stellplatz kostet pro Tag 19 € (mit Auto und Strom, für eine Person). Via Flaminia (Nuova) 821, zu erreichen mit der Metrolinie A bis Flaminio Stadion, von dort aus mit den Bussen 202, 204 oder 205 bis zum Campingplatz; Tel. 06 3332604; www.villageflaminio.com

VERKEHRSMITTEL

Für Buslinien, U-Bahn und Straßenbahn ist in Rom die **ATAC** (Tel. 800431784; www.atac.roma.it) zuständig. Auf der Internetseite der römischen Verkehrsbetriebe können Sie auch Touren planen. Wenn Sie Ihren Start- und Zielpunkt eingeben, wird angezeigt, welche Metro oder welchen Bus Sie nehmen müssen.

Alle Verbindungen in die Umgebung liegen in der Hand von **CO.TRA.L** (Tel. 06 57031). Tickets kann man in den Bars, den Tabak- und Zeitungsläden und an den Automaten in den Bahnhöfen der Metro kaufen. **Schwarzfahren** kostet übrigens 50 €.

Folgende **Tickets** werden angeboten:

- **BIT** *(Biglietto Integrato a Tempo):* 1 €. 75 Minuten lang gültig, für alle Busse, Straßenbahnen und Metrolinien
- **BIG** *(Biglietto Integrato Giornaliero):* 4 €. Eine Tageskarte, die 24 Stunden lang für alle Verkehrsmittel in der Stadt gültig ist.
- **CIS** *(Carta Integrata Settimanale):* 16 €. Gültig für 7 Tage, ohne Einschränkungen
- **Mensile:** Die Monatskarte für alle öffentlichen Verkehrsmittel innerhalb Roms kostet 46 €.
- **BTI:** Biglietto Turistico Integrato. Für 11 € kann man 3 Tage alle römischen Verkehrsmittel benutzen.

METRO

In Rom gibt es zwei Metrolinien. **Linie A** verbindet Cinecittà im Südosten Roms über die Piazza di Spagna und die Vatikanischen Museen mit dem Nordwesten (Battistini). **Linie B** verkehrt von der Vorstadt EUR über Kolosseum und Hauptbahnhof bis in den Nordosten (Rebibbia). Beide kreuzen sich am Hauptbahnhof.

001ro Abb.: fs

Die U-Bahn fährt im Acht-Minuten-Takt von 5.30 bis 23.30 Uhr (Sa. 5.30–0.30 Uhr). Mit einer Fahrkarte können Sie immer nur in eine Richtung fahren.

Zu erkennen sind die Metrostationen an einem weißen M auf rotem Grund. An den Stationen sind Fahrkartenautomaten aufgestellt.

Übrigens: Rauchen ist auf den Bahnhöfen untersagt!

› www.metroroma.it

AUTOBUS

Die Busse sind nach wie vor das am häufigsten genutzte Verkehrsmittel Roms und deswegen auch **chronisch überfüllt.** Einen Bus betritt man durch die hintere Tür *(salita)* und verlässt ihn durch die mittlere Tür *(uscita)*. Im Bus müssen Sie Ihren Fahrschein an einem Automaten entwerten.

Die **wichtigsten Buslinien:**

› 23: San Paolo – Ostiense – Piazza Risorgimento (Vatikanische Museen)
› 40: Termini – Petersdom
› 64: Termini – Piazza Venezia – Corso Vittorio Emmanuele II – Petersdom
› 75: Termini – Forum Romanum – Kolosseum
› 81: Kolosseum – Petersdom

ELEKTROBUSSE

Die **Zukunft des öffentlichen Nahverkehrs** im Stadtzentrum Roms: Kleine, elektrisch betriebene Busse, die schnell und ohne die Umwelt zu verschmutzen Fahrgäste befördern. Außerdem bieten die Kleinbusse eine Stadtrundfahrt, die sonst recht teuer ist, zum Preis eines normalen Tickets von 1 € an.

Viele Elektrobusse verfügen über kleine Fahrscheinautomaten, an denen man sein Ticket kaufen kann. Ein **Fahrschein** gilt 75 Minuten lang. Im Gegensatz zur Metro kann man im Bus die Fahrtrichtung wechseln.

Mittlerweile gibt es **drei Linien:** Die 116 verkehrt zwischen Villa Borghese, Pantheon und Gianicolo. Zwischen 8 und 20 Uhr verkehrt der Bus im 10-Minuten-Takt. Linie 117 verkehrt zwischen Lateran, Kolosseum und Piazza del Popolo mitten durch die Fußgängerzone zwischen 8 und 20 Uhr alle acht Minuten.

Die Linie 119 gilt als die **attraktivste Elektrobuslinie** für Touristen. Der Bus beschreibt einen Rundkurs von der Via del Corso durch haarsträubend enge Gassen über die Piazza Rotonda, Piazza di Spagna und Piazza del Popolo (von 8 bis 20 Uhr, fährt alle 20 Minuten).

› www.atac.roma.it

STRASSENBAHN

Nach der Verdrängung der Straßenbahn *(tram)* aus der italienischen Hauptstadt in den 1960er- und 1970er-Jahren sind nur noch wenige Linien als **nostalgisches Relikt** übrig geblieben.

Auch für die *tram* gilt der Fahrpreis von 1 €; Tickets sind an den üblichen Verkaufsstellen zu erwerben. Von den wenigen Verbindungen, die noch existieren, ist die **Linie 3** am interessantesten. Vom Circo Massimo über das Colosseum bis ins Arbeiterviertel San Lorenzo und auf den römischen Zentralfriedhof Campo Verrano führt die Strecke. Momentan wird die Straßenbahn allerdings durch einen Bus ersetzt, weil ein Teil der Strecke

064ro Abb.: fs

baufällig ist (Kapitel „Von San Paolo bis zum Zentralfriedhof“, s. S. 89).

PFERDEDROSCHKEN

Am Petersplatz, an der Piazza di Spagna und am Kolosseum kann man zwischen Frühjahr und Herbst bis etwa 19 Uhr eine Pferdedroschke mieten. Das ist allerdings kein ganz billiges Vergnügen. Vom Kolosseum aus kostet eine einstündige Tour ab 50 € pro Person. Allerdings kann und sollte man um den Preis auch etwas handeln (Info unter 06 79349693).

TAXI

Die Preise der römischen Taxen entsprechen ungefähr denen deutscher Großstädte. Das **Gebührensystem** ist jedoch äußerst kompliziert. Wer in eines der weißen oder gelben Fahrzeuge einsteigt, muss erst einmal eine Grundgebühr von 2,70 € bezahlen. Für jeden gefahrenen Kilometer kommen dann noch 0,52 € hinzu. Für eine durchschnittliche Stadtfahrt (etwa vom Palatin bis zum Bahnhof) muss man daher insgesamt mit 6–8 € rechnen. Von 22–7 Uhr gilt ein Zuschlag von 2,60 €, an Feiertagen von 1 €. Gepäck kostet auch noch mal 1 € extra. Wer sich bis außerhalb der Autobahnumgehung Roms *(Raccordo Annulare)* fahren lässt, muss die Rückfahrt des Taxifahrers zum *Raccordo* mitbezahlen.

Dringend abzuraten ist von den vielen **Schwarztaxen,** die in Rom verkehren!

Es ist leider recht schwierig, am frühen Morgen ein Taxi zu bekommen. Das ist wichtig für viele Reisende, die mit einer Billigfluglinie auf dem Flughafen *Ciampino* ankommen, weil dort die Flüge meist sehr früh starten.

Man sollte auch auf keinen Fall vergessen, dass die Damen und Herren in der Taxizentrale nicht unbedingt Englisch oder irgendeine andere Sprache außer Italienisch beherrschen.

Die größten **Taxihalteplätze** in der Stadtmitte sind an der Piazza della Reppubblica, an der Piazza Venezia und am Largo Argentinia zu finden.

Unter den **Telefonnummern** 06 4994, 06 6645 oder 06 5551 kann man ein Taxi bestellen. Allerdings muss dabei immer eine örtliche Telefonnummer angegeben werden.

WETTER UND REISEZEIT

In Rom herrscht ein gemäßigt warmes Klima. Selbst im **Winter** fallen die Temperaturen fast nie unter den Gefrierpunkt. Im **Frühjahr** und **Spätherbst** können Gewitter zu sintflutartigen Überschwemmungen der Straßen führen. Im **Juli** und **August** ist das Klima in der Stadt unerträglich: Die Römer fliehen in dieser Zeit ans Meer, um sich Abkühlung zu verschaffen. Dies hat natürlich den Vorteil, dass die Stadt wie ausgestorben ist. Leider haben in dieser Zeit aber auch viele Geschäfte in Rom geschlossen.

Unser **bevorzugter Reisezeitpunkt** ist der Dezember; da ist es dann zu Hause gerade so richtig kalt geworden, während man in Rom mit etwas Glück auch schon mal einen Tag mit 20 Grad erwischen kann. Zudem halten sich im Dezember nicht so viele Touristen in der Stadt auf.

ANHANG

KLEINE SPRACHHILFE ITALIENISCH

Die Sprachhilfe entstammt den Kauderwelsch-Sprechführern „Italienisch – Wort für Wort“ und „Italienisch kulinarisch“ aus dem Reise Know-How Verlag.

AUSSPRACHE

Hier sind diejenigen Buchstaben(kombinationen) aufgeführt, deren Aussprache abweichend vom Deutschen ist bzw. sein kann.

ie, ai, eu	Doppellaute werden immer getrennt ausgesprochen, also „i-e“, „a-i“, „e-u“.
c	wie „k“ vor den Selbstlauten **a, o, u** wie „tsch“ in „Ma**tsch**“ vor den Selbstlauten **e, i**
ch	wie „k“
g	wie „g“ vor den Selbstlauten **a, o, u** wie „dsch“ in „**Dsch**ungel“ vor den Selbstlauten **e, i**
gh	wie „g“
gli	wie „lj“
gn	wie „nj“ in „Ta**nj**a“
h	stumm, wird nicht gesprochen
r	gerolltes Zungenspitzen-r
s	am Wortanfang immer stimmloses „s“ wie in „Bu**s**“; in der Wortmitte zwischen Selbstlauten stimmhaftes „s“ wie in „Ro**s**e“
st	spitzes „st“ wie in „Ha**st**“
v	wie „v“ in „**V**ase“
z	stimmhaftes „ds“ wie in „Run**ds**aal“

DIE WICHTIGSTEN RICHTUNGSANGABEN

(a) sinistra	(nach) links
(a) destra	(nach) rechts
diritto	geradeaus
indietro	zurück
vicino	nah
lontano	weit
qui, qua	hier
lì, là	dort
accanto	nebenan
di fronte	gegenüber
davanti	vor, vorne
svoltare	abbiegen
tornare	zurückgehen
all'angolo	an der Ecke
all'incrocio	an der Kreuzung
al semaforo	an der Ampel
in centro	im Zentrum
fuori città	außerhalb der Stadt

ZAHLEN

0	**zero**	16	**sedici**	50	**cinquanta**
1	**uno**	17	**diciassette**	60	**sessanta**
2	**due**	18	**diciotto**	70	**settanta**
3	**tre**	19	**diciannove**	80	**ottanta**
4	**quattro**	20	**venti**	90	**novanta**
5	**cinque**	21	**ventuno**	100	**cento**
6	**sei**	22	**ventidue**	200	**duecento**
7	**sette**	23	**ventitré**	300	**trecento**
8	**otto**	24	**ventiquattro**	400	**quattrocento**
9	**nove**	25	**venticinque**	500	**cinquecento**
10	**dieci**	26	**ventisei**	600	**seicento**
11	**undici**	27	**ventisette**	700	**settecento**
12	**dodici**	28	**ventotto**	800	**ottocento**
13	**tredici**	29	**ventinove**	900	**novecento**
14	**quattordici**	30	**trenta**	1000	**mille**
15	**quindici**	40	**quaranta**	2000	**duemila**

DIE WICHTIGSTEN FRAGEWÖRTER

chi?	wer?	**quando?**	wann?
che (cosa)?	was?	**perchè?**	warum?
come?	wie?	**quanto?**	wieviel?
dove?	wo(hin)?	**quanti/-e?**	wie viele?
dl/da dove?	woher?	**quale?**	welche(r)?

DIE WICHTIGSTEN ZEITANGABEN

oggi	heute	**non ancora**	noch nicht
domani	morgen	**prima**	vorher
dopodomani	übermorgen	**dopo**	nachher
ieri	gestern	**(più) presto**	früh(er)
l'altro ieri	vorgestern	**(più) tardi**	spät(er)
adesso, ora	jetzt	**di mattina**	morgens
subito	sofort	**a mezzogiorno**	mittags
fra poco	bald	**di pomeriggio**	nachmittags
sempre	immer	**di sera**	abends
mai	nie	**di notte**	nachts
ancora	schon	**a mezzanotte**	um Mitternacht

DIE WICHTIGSTEN FRAGEN

Haben Sie ...?	**Ha ...?**
Gibt es ...?	**C'è ...?**
Ich suche ...	**Cerco ...**
Ich brauche ...	**Ho bisogno di ...**
Ich möchte / Ich will ...	**Vorrei ... / Voglio ...**
Geben Sie mir bitte ...	**Mi dia ..., per favore.**
Wo kann man ... kaufen?	**Dove si può comprare ...?**
Wieviel kostet ...?	**Quanto costa / viene ...?**
Wieviel kostet das?	**Quanto costa?**
Was ist das?	**Che cosa è questo?**
Wo ist / befindet sich ...?	**Dov'è ...?**
Ich möchte nach ... fahren	**Vorrei andare a ...**
Wie komme ich nach ...?	**Come faccio ad andare a ...?**
Wieviel kostet die Fahrt nach?	**Quanto costa il viaggio per ...?**
Ist das der Zug nach ...?	**È questo il treno per ...?**
Wann fährt der Bus nach ... ab?	**A che ora parte l'autobus per ...?**
Bringen Sie mich bitte zu / nach ... (im Taxi)	**Mi porti a ..., per favore.**

DIE WICHTIGSTEN FLOSKELN & REDEWENDUNGEN

ja – nein	**sì – no**
bitte (um etw. bitten)	**per favore**
Bitteschön! (anbieten)	**Prego!**
(Vielen) Dank!	**Grazie (tanto)!**
Keine Ursache!	**Di niente! / Non c'è di che!**
Guten Morgen / Tag!	**Buongiorno!**
Guten Abend!	**Buona sera!**
Herzlich willkommen!	**Benvenuto!/Benvenuta!**
Wie geht es dir / Ihnen?	**Come stai / sta?**
(Sehr) gut. – Schlecht.	**(Molto) bene. – Male.**
Auf Wiedersehen! (du/Sie)	**Arrivederci! / ArrivederLa!**
Hallo!, Tschüss!	**Ciao!**
Bis später! / Bis morgen!	**A più tardi! / A domani!**
In Ordnung!	**Va bene!, D'accordo!**
Ich weiß (es) nicht.	**Non (lo) so.**
Guten Appetit!	**Buon appetito!**
Zum Wohl!, Prost!	**Salute!, Cin cin!**
Die Rechnung, bitte!	**Il conto, per favore!**
Entschuldige/n Sie!	**Scusa! / Scusi!**
Es tut mir leid!	**Mi dispiace.**

Gestatten!, Darf ich?	**Permesso?**
(Sehr) gern!	**(Molto) volentieri!**
Sag / sagen Sie mir!	**Dimmi! / Mi dica!**
Helfen Sie mir bitte!	**Mi aiuti, per favore!**
Hilfe!	**Aiuto!**

NICHTS VERSTANDEN? – WEITERLERNEN!

Ich spreche nicht gut Italienisch.	**Non parlo bene l'italiano.**
Ich möchte Italienisch lernen.	**Vorrei imparare l'italiano.**
Wie bitte? Was haben Sie gesagt?	**Come? Come ha detto?**
Ich habe nicht verstanden!	**Non ho capito!**
Sprechen Sie Englisch?	**Parla l'inglese?**
Wie sagt man auf Italienisch?	**Come si dice in italiano?**
... auf Deutsch	**... in tedesco**
... auf Englisch	**... in inglese**
... auf Französisch	**... in francese**
... auf Niederländisch	**... in olandese**
Wie spricht man dieses Wort aus?	**Come si pronuncia questa parola?**
Wiederholen Sie bitte!	**Ripeta, per favore!**
Können Sie bitte langsamer sprechen?	**Può parlare più lentamente, per favore?**
Können Sie mir das bitte aufschreiben?	**Me lo può scrivere, per favore?**

IM RESTAURANT BESTELLEN

Können wir bitte die Speisekarte/ Getränkekarte haben?	**Possiamo avere il menù/la lista delle bevande, per favore?**
Wir möchten bitte bestellen.	**Vorremmo ordinare.**
Was können Sie uns empfehlen?	**Cosa ci consiglia?**
Was ist das Tagesgericht?	**Cos'è il piatto del giorno?**
Was sind die Spezialitäten der Gegend?	**Quali sono le specialità della regione?**
Ich nehme als Vorspeise/ersten Gang/ zweiten Gang ...	**Prendo come antipasto/primo piatto/ secondo piatto ...**
Die Rechnung, bitte.	**Il conto, per favore.**
Stimmt so, danke.	**Va bene così, grazie.**

DIE WICHTIGSTEN EINKAUFSFLOSKELN

Ich suche ...	**Cerco ...**
Haben Sie ...?	**Ha ...?**
Wo kann ich ... finden?	**Dove posso trovare ...?**
Gibt es hier einen Markt?	**C'è un mercato qui?**
Wo ist der nächste Supermarkt?	**Dov'è il supermercato più vicino?**

Könnten Sie mir bitte helfen?	**Mi potrebbe aiutare, per cortesia?**
Ich hätte gern ...	**Vorrei ...**
Geben Sie mir bitte ...	**Mi dà ..., per favore.**
Wie viel kostet das?	**Quanto costa?**
Wie viel kostet das Kilo?	**Quanto costa al chilo?**
Etwas weniger/mehr, bitte.	**Un po' di meno/più, per favore.**
Danke, das genügt.	**Basta così, grazie.**
Das ist ein bisschen zu viel.	**È un po' troppo.**
Danke, das ist alles.	**Grazie, è tutto.**
Haben Sie bitte eine Tüte für mich?	**Avrebbe un sacchetto per me?**
Um wie viel Uhr öffnen/schließen Sie?	**A che ora apre/chiude?**

DIE WICHTIGSTEN BEGRIFFE IM RESTAURANT

menù	Speisekarte	**antipasto**	Vorspeise
primo	erster Gang	**secondo**	zweiter Gang
dessert (m)	Nachspeise	**porzione (w)**	Portion
piatto del giorno	Tagesgericht	**lista delle bevande**	Getränkekarte
piatto	Teller	**tazza**	Tasse
vino	Wein	**birra**	Bier
acqua	Wasser	**pane (m)**	Brot
bottiglia	Flasche	**bicchiere (m)**	Glas
coperto	Gedeck	**posate**	Besteck
forchetta	Gabel	**coltello**	Messer
cucchiaio	Löffel	**minestra**	Suppe
carne (w)	Fleisch	**pesce (m)**	Fisch
frutta	Obst	**verdura**	Gemüse
contorno	Beilage	**insalata**	Salat
formaggio	Käse		

LITERATURTIPPS

STADTBIOGRAFIEN

- *Christopher Hibbert:* **Rom: Biografie einer Stadt;** München 1992. Interessantes populärwissenschaftliches Lesebuch zur Geschichte der Stadt
- *Herbert Rosendorfer:* **Rom. Eine Einladung;** Köln 2003. Ein sachkundiger Reisebegleiter, der nur den Anspruch hat, Lust auf eine Reise nach Rom zu machen.

GESCHICHTE ROMS UND ITALIENS

- *Ferdinand Gregorovius:* **Geschichte der Stadt Rom im Mittelalter;** 4 Bde., München 1997. Detailbesessenes, neu aufgelegtes Standardwerk über die mittelalterliche Geschichte Roms aus dem 19. Jahrhundert.
- *Erich Kuby:* **Verrat auf Deutsch;** Berlin 1990. Das Tatsachenbuch beschäftigt sich mit den Hintergründen des Attentats in der Via Rasella (1944), das ein Massaker der deutschen Besatzungsmacht in den Fosse Ardeatine zur Folge hatte.
- *Titus Livius:* **Römische Geschichte;** 2 Bde.; Stuttgart 2003 (Reclamausgabe). Das Standardwerk der lateinischen Geschichtsschreibung, entstanden um Christi Geburt. Es leitet sich von Mythen und Überlieferungen ab, die meistens einen realen Hintergrund haben.

LITERARISCHES

- *Rolf Dieter Brinkmann:* **Rom, Blicke;** Rowohlt Verlag, 1979. Zwar ist es schon etwas länger her, dass der Schriftsteller in Rom weilte, aber was er über das Rom der 1970er-Jahre schrieb, ist immer noch spannend zu lesen und entwirft ein Bild jenseits der üblichen Italienbegeisterung der Deutschen.
- *Dan Brown:* **Illuminati;** Bastei-Lübbe Taschenbuch 2003. Nicht wenige Rombesucher sind erst durch die Lektüre des weltberühmten Thrillers auf die Idee gekommen, nach Rom zu reisen, um die Schauplätze des Romans aufzusuchen.
- *Johann Wolfgang von Goethe:* **Italienische Reise;** Frankfurt 1976 (Insel-Ausgabe). Die Reise eines Literaten nach Rom, der die Klassik verehrte und alles aus der Renaissance und dem Barock Stammende verachtete.
- *Marie Luise Kaschnitz:* **Engelsbrücke, Römische Betrachtungen;** München 1995 (dtv-Ausgabe). Sammlung sehr einfühlsamer Erzählungen über das Leben in Rom.
- *Federico Moccia:* **Drei Meter über dem Himmel;** Ulstein-Taschenbuch 2006. Wer wissen will, wie römische Jugendliche im 21. Jahrhundert „ticken", sollte diesen Roman unbedingt lesen. Das Buch von *Federico Moccia* kursierte bereits vor seinem Erscheinen als Raubkopie unter Roms Jugendlichen. Es handelt von den Irrungen und Wirrungen in den römischen Jugendgangs.
- *Alberto Moravia:* **Die Römerin;** btb Taschenbuch, 2003. Empfehlenswerte Reiselektüre für Romreisende. *Moravia* schrieb das Buch über eine römische Prostituierte während des 2. Weltkriegs. Wer sich Rom zu Fuß erschließt, wird einige Schauplätze des Romans wiederentdecken: die Gegend um Innenministerium und Hauptbahnhof und das Gebiet um den Vatikan.
- *Pier Paolo Pasolini:* **Ragazzi di Vita;** Berlin 1990. Das erst 1990 in Deutschland zum ersten Mal erschienene Buch des Kommunisten, Filmemachers und Literaten beschreibt in seiner sehr rauen Sprache das Leben in den Elendsvierteln Roms, den Borgate, in den 1950er-Jahren.

ERGÄNZENDE STADTFÜHRER

- *Christoph Höcker:* Reclams Städteführer, **Architektur und Kunst: Rom,** Stuttgart 2008. Im gewohnten Reclamformat kommt dieses Büchlein daher und informiert auf knapp 300 Seiten über alles, was in Rom an Kunst und Architektur von Bedeutung ist. Sehr empfehlenswert!
- *Peter Kammerer, Henning Klüver:* **Rom;** rororo Anders Reisen, Reinbeck 1989. Ein interessantes Lesebuch zur Alltagskultur der Stadt.
- *Herbert Rosendorfer:* **Rom.** Prestel Verlag; München 1993. Der schreibende Staatsanwalt Herbert Rosendorfer hat einen Reiseführer verfasst, der sich durch die minutiöse Beobachtungsgabe des Autors auszeichnet.

SPRACHE

- **Italienisch – Wort für Wort,** Reihe Kauderwelsch, Reise Know-How Verlag. Ein Sprechführer, der auf einfache Weise das Notwendigste an Wissen vermittelt, um sich auf Italienisch verständlich zu machen. Auch AusspracheTrainer auf Audio-CD sowie Digitalversion erhältlich.
- **Italienisch Slang,** Reihe Kauderwelsch, Reise Know-How Verlag. Schulitalienisch ist eine Sache – was man wirklich spricht, eine andere.
- **Italienisch kulinarisch,** Reihe Kauderwelsch, Reise Know-How Verlag. Die unentbehrliche Hilfe in Restaurant und Trattoria.

RÖMISCHE KÜCHE

- *Renate Peiler:* **Römische Küche,** München 1990. Nach unserem Wissen das erste deutschsprachige Buch, das sich mit der zeitgenössischen römischen Küche beschäftigt. Enthält etwa 100 Rezepte.

REGISTER

A

Abblendlicht 164
Abgeordnetenkammer 106
Agrippa, Marcus
Ägyptisches Museum 141
Alemano, Giovanni 68
Altar des Friedens 106
Altar des Vaterlandes 76
Altemps, Marco 111
Altstadt 104
Anreise 162
Antiquitäten 29
Antirauchergesetz 41
Antisemitismus 74, 100
Anzeigenzeitung 172
Apotheken 173
Aquabus 21
Ara Pacis 106
Archäologiepark 103
Architektur 22, 123, 152
Arco di Costantino 84
Aristokratie 85
Artischocken 37
Ärzte, deutschsprachige 172
Augustus, Grabmal des 106
Aurelianische Mauer 90, 97, 120
Ausländerproblematik 158
Autobahnumgehung 165
Autobus 188
Autofahren 166
Automobilklub 164
Autoverkehr 69
Autovermietungen 165
Aventin 51, 87
Azienda di Promozione Turistica di Roma 169

B

Baden 157
Baderitual, römisches 144
Bahn 165
Bahnhof Roma-Ostiense 99
Barock 23, 104, 112
Bars 32
Barrierefreies Reisen 167
Basilica di San Pietro 133
Basilika Aemilia 88
Basilika Julia 88
Basilika San Lorenzo 94
Bauhaus 153
Beck, Heinz 44
Bed and Breakfast 183
Begräbniskultur 94
Behinderte 167
Bekleidung 27
Bella figura 116
Belli, Gioacchino 148
Benedikt XVI. 44, 131, 139
Benzin 166
Berlusconi, Silvio 69
Bernini, Gian Lorenzo 112, 119, 133
Bernini, Pietro 123
Bier 41
Bildhauer 104
Bioläden 29
Bioparco 51, 119
Bocca della Verità 95
Bombardierungen 67
Bootstour 180
Borgate 62, 179
Borghese, Villa 119
Bosco Sacro 146
Botanischer Garten 127
Botschaft 169
Bramante 129, 133
Brand von Rom 66
Brennpunkte, soziale 60
Briefmarken 175
Brown, Dan 54
Brunnen der vier Flüsse 109
Bruno, Giordano 111
Bücher 30
Buchhandlung 106
Bürokratie 69, 74
Buslinie Roma Cristiana 21
Bus n' Boat-Bus 13
Busse 168, 188

C

Caecilia Metella, Grabmal der 151
Caesar, Gaius Julius 65
Cafés 39
Caffarellatal 146
Camping 187
Campo de' Fiori 9, 29, 111
Campo Verano 94
Capella Sistina 123
Capua 142
Caracalla-Thermen 144
Caravaggio 118, 120, 141
Castel Sant' Angelo 130
Catacombe di San Callisto 148
Centri sociali 33
Cestius, Gaius 90
Chigi, Agostino 104
Christen 66, 125, 128, 148
Ciampino, Flughafen 163
Cieco, Appio 142
Cimitero Protestante 98
Circo di Massenzio 151
Circo Massimo 86, 90, 96
Circus Maximus 86, 90, 96
Città del Vaticano 132
Colosseo 80
Coperto 40
Corso Rinascimento 109
Crassus 143

D

Deutschland 162
Dichter 120, 124
Diebstahl 174
Diesel 166

Diplomatische
Vertretungen 169
Diskotheken 31
Dolce vita 120
Domine Quo Vadis 151
Domitian 85
Domus Augustana 85
Domus Aurea 82
Dreikönigstag 18

E

EC-Karte 174
Eintrittspreise 176
Einwohner 60
Eis 40, 107
Elektrizität 169
Engelsburg 52, 130
ENIT 169
Enoteche 48
Erste Hilfe 172
Estate Romana 16, 34, 68
Etrusker 64, 80, 141
EUR 13, 52, 60, 152
Explora 52

F

Fahrkarten 187
Fahrplanauskünfte 170
Fahrrad 20
Fahrradtouren 144
Fahrradverleih 176
Familie 73, 120
FAO-Gebäude 90
Faschismus 24, 67
Feiertage 17
Festa della Befana 18
Festa dell'Unità 16
Festa de Noantri 15
Festa di San Giovanni 15
Festa di San Giuseppe 14
Fischmarkt 160
Fischrestaurants 160
Fiumicino 37, 160, 162, 166
Fleischspeisen *(carne)* 37
Flohmarkt 10, 28, 92, 126
Fluggesellschaften 163
Flughafen Ciampino 163
Flughafen Fiumicino 162, 166
Folkloremuseum 129
Fontana dei Fiumi 109
Fontana della Barcaccia 123
Fontana del Moro 110
Fontana del Nettuno 110
Fontana del Tritone 120
Fontana di Trevi 10, 24, 121
Foro di Cesare 79
Foro Romano 87
Forum des Augustus 80
Forum Romanum 8, 12, 22
Fosse Ardeatine 68, 147
Fremdenfriedhof 98
Fremdenverkehrsamt 169
Fresken 127, 137
Fundbüro 174, 179

G

Galleria Borghese 120
Galleria Nazionale d'Arte
Antica 121
Garbatella 60
Geldbußen 165
Gemäldegalerien 27
Gemäldesammlung
105, 141
Gemüsemarkt 29, 91
Geschichte 61, 197
Getto 101
Gianicolo 50
Gladiatoren 80
Glockenturm 22
Goethe 99, 104
Goethemuseum 25, 105
Goldenes Dreieck 10, 27, 117
Grabeskirche 107
Grabmal der
Caecilia Metella 151
Grabmal des Augustus 106
Grabmal des Romulus 151
Grabmal des unbekannten
Soldaten 76
Grabstätten 143
Grachus, Gaius 65
Grotten 84, 135

H

Hadrian 107, 130
Haftpflichtversicherung 164
Handelshafen, antiker 157
Handzeichen 70
Hannibal 65
Hauptbahnhof 29, 165, 179
Hauptpost 175
Heidenkirche 149
Heiliger Wald 146
Heiliger Stuhl 134
Heilige Tür 134
Hilfe, medizinische 172
Hilfseinrichtungen 174
Hotel Bernini 58
Hotel Excelsior 120
Hotel-Reservierung 170
Hotels 181
Hügel, sieben 60

I

Illuminati 54, 118, 121, 179
Immigrantion 158
Information 169
Innereien 35
Internet 170
Italienisch, Sprachhilfe 192

J

Jazzkonzerte 9
Johannes Paul II. 139, 140
Juden 125, 148
Judenviertel 100
Jüdisches Museum 25
Jugendherberge 186

Julius II. 23, 115, 137
Justizministerium 24

K

Kaffee 39
Kaiserforen 8, 12, 22, 34, 79
Kaiserpaläste 9, 85
Kapelle, Sixtinische 11, 77, 137
Kapitol 8, 23, 78
Kapitolinische Museen 26
Karfreitag 15
Karthago 65
Kaschnitz, Marie Luise 147
Katakomben der Priscilla 49
Katakomben San Callisto 148
Katholizismus 67
Kaufhäuser 31
Keats-Shelley-Museum 124
Kelten 65
Kinder 51
Kirchenstaat 67, 132, 138
Kneipen 31
Kolonnaden 24, 113, 131
Kolosseum 8, 11, 80
Kommunisten 17, 68
Konservatorenpalast 79
Konstantin 66, 133, 149
Konstantinsbogen 84
Konsuln 64
Konzerte 34
Kosten 175
Krankenhäuser 172
Kreditkarte 174
Kriminalität 178
Küche, römische 35
Kulturwoche 25
Kunst 22
Kunst, zeitgenössische 27
Kunstmarkt Ponte Milvo 30
Kuppel Petersdom 133
Kürbisblüten, frittierte 37
Kurie 88

L

Laokoon 137
Lateranpalast 22, 92
Lateranverträge 67, 132
Lazio Rom 74
Lebensmittel 28
Leonardo da Vinci, Flughafen 162
Lesben 177
Literaturtipps 197
Livia 86
L'Osservatore Romano 133
Lukrezia 64
Luna Park 52, 154

M

Maestro-Karte 174
Mailänder Edikt 66
Malerei 84, 105, 136, 141
Malteserorden 97
Marc-Aurel-Säule 105
Mariä Himmelfahrt 16
Marienverehrung 122
Märkte 29
Marmorelefanten 109
Märtyrerpäpste 148
Maut 164
Medizinische Hilfe 172
Meer 61, 156
Mentalität, römische 126
Mercato di Testaccio 29
Metro 168, 187
Michelangelo 23, 77, 104, 133, 137
Mietwagen 167
Minderheiten 125
Ministerpräsident 69, 105
Mitfahrzentrale 164
Mittelalter 22, 67
Mobiltelefon 181
Monte Capitolino 78
Monte Gianicolo 129
Monte Palatino 84
Monte Testaccio 99
Mopedverleih 176
Mosaiken 122, 128
Mumien 141
Museen 25
Museen, Vatikanische 136
Museo del Folklore 129
Museo della Civilità Romana 52, 153
Museo di Palazzo Venezia 77
Museo di Roma 110
Museo Ebraico di Roma 102
Museo Gregoriano Egizio 141
Museo Gregoriano Etrusco 141
Museo Laterano 93
Museo Nazionale delle Arti e Tradizioni Popolari 153
Museo Storico della Lotta di Liberazione 91
Museum, Ägyptisches 141
Museum des italienischen Widerstandskampfes 91
Museum, Jüdisches 25
Museum Pio-Clementino 137
Musikszene 173
Mussolini 24, 74, 101, 109, 131, 152, 156
Musterstadt, faschistische 13

N

Nachtleben 31
Nahverkehr, öffentlicher 69, 168, 175
Nationaldenkmal 24
Nationalgalerie 121
Nero 66, 82
Notruf 174
Notte Bianca 17
Nudeln 39

O

Obelisk 124, 131
Oberbürgermeister 68

Öffnungszeiten 174
Opernaufführungen 145
Orto Botanico 127
Osteria 42
Ostern 14
Ostia Antica 14, 22, 157, 180
Ostia Lido 156

P

Palatin 9, 12, 50, 84
Palazzo Altemps 111
Palazzo Barberini 121
Palazzo Braschi 110
Palazzo Chigi 20, 105
Palazzo dei Congressi 153
Palazzo della Civilità Italiana 153
Palazzo del Quirinale 122
Palazzo Doria Pamphilj 105
Palazzo Farnese 115
Palazzo Madama 109
Palazzo Montecitorio 106
Palazzo Spada 115
Palazzo Venezia 77
Panoramarundfahrt 20
Pantheon 10, 22, 56, 107
Papst 15, 22, 44, 132, 140
Papstaudienz 135
Parco Oppio 49
Parks 9, 20, 49, 84, 118, 144
Parken 166
Parlament 20
Pasolini, Pier Paolo 114
Patrizier 64, 87
Paul II. 77
Petersdom 133
Petersplatz 131
Petrus 58, 133, 151
Pferdedroschken 189
Piacentini, Marcello 152
Piazza Barberini 24, 58, 120
Piazza Colonna 105
Piazza dei Cavalieri di Malta 51, 97
Piazza della Minerva 109
Piazza del Popolo 20, 57, 118
Piazza di Porta Capena 143
Piazza di Spagna 123
Piazza Maddalena 107
Piazza Navona 109
Piazza Santa Maria 31, 126
Piazza Sonnino 126
Piazza Venezia 8, 12, 20, 76
Pietro e Paolo 153
Pilger 73
Pilgerkirchen 23, 89
Pilgerunterkünfte 183
Pinakothek 141
Pincio 49, 117, 119
Pizza 38, 41
Planetarium 52
Polizei 174
Porta Capena 143
Porta Maggiore 93
Porta Portese 10, 30
Porta Santa 134
Post 175
Prati 24
Preise 27, 175
Punische Kriege 65
Puppenspiel 120
Pyramide 90

Q/R

Quirinal 23
Radfahren 176
Radioprogramm, deutschsprachiges 172
Radio Vatikan 133
Raffael 23, 77, 84, 107, 119, 120, 133, 136
Rassismus 74
Ratzinger, Josef 44, 132, 140
Rauchverbot 41
Reisebüro, deutsches 170
Reisen, barrierefreises 167
Reisezeit 190
Renaissance 77, 104, 137
Republik, Römische 67
Restaurants 42
Roma Archeologia Card 176
Roma pass 176
Römische Verträge 78
Romulus-Hütte 9, 86
Romulus und Remus 61, 84, 96
Rossellini, Roberto 91

S

Sabaudia 160
Samnitenkriege 142
San Agnese 24, 109
San Clemente 9, 22, 91
Sandstrände 157
San Giovanni in Laterano 92
San Lorenzo 20, 29, 32, 93
San Paolo fuori le mura 90
San Pietro in Montorio 129
Santa Cecilia in Trastevere 126
Santa Maria dei Miracoli 118
Santa Maria della Vittoria 57, 121
Santa Maria del Popolo 57, 118
Santa Maria in Aracoeli 78
Santa Maria in Cosmedin 22, 95
Santa Maria in Monte Santo 118
Santa Maria in Trastevere 10, 128
Santa Maria Maggiore 23, 122
Schlussverkauf 27
Schweizergarde 133, 138
Schwule 177
Senat 64, 88, 109

Settimana della cultura 25
Shopping 27
Shuttle Service 163
Sicherheit 178
Siedlungen, latinische 84
Sixtinische Kapelle 77, 137
Sklaven 143, 149
Smog 69
Soldatenkaiser 66
Souvenirs 30, 131
Spanische Treppe 12, 24, 123
Spartakus 143
Sperrnotruf 174
Spielplatz 51
Sprachhilfe Italienisch 192
Staatspräsident 60, 122
Stadtführungen 179
Stadtplan 172
Stadtrundfahrten 180
Stadtzeitung 32
Stanzen des Raffael 137
Stazione Termini 165, 167
Steckdosen 169
Strand, Ostia 156
Straßenbahn 89, 189
Straßenverkehr 116
Studentenrevolte 114
Synagoge 102

T

Tageszeitung 133, 172
Tanken 166
Tanzen 33
Taufe 149
Tavola calda 42
Taxi 189
Teatro Marcello 103
Telefon 181
Tempel 129
Tempel der Vesta 88
Tempel des Dio Redicolo 146
Tempo, maximales 164
Terme di Caracalla 144
Territorialverwaltung, zentrale 149
Testaccio 20, 32
Teverexpò 15
Theater 180
Tiber 60
Tiberfähre 13
Tiberinsel 102
Tiberius 66
Tickets 170, 187
Time elevator 53
Titus 101
Titus-Bogen 87
Tizian 141
Tourismus 60, 71
Touristenamt 165
Touristeninformation 169
Trajan 66, 82
Trajanische Märkte 80
Trajanssäule 80
Tramezzini 41
Tramper 164
Transalpinobüro 165
Trastevere 13, 15, 20, 31, 125, 149
Trattoria 42
Treffpunkte 32
Treppe, Spanische 12, 24, 123
Trinità dei Monti 123
Trinkgeld 41
Tritonbrunnen 24, 120
Triumphbogen des Konstantin 9, 84
Trödel 29
Trödelmarkt in Porta Portese 126

U

U-Bahn 168, 188
Übernachten 181
Ufficio oggetti rivenuti 179
Ufficio postale 175
Unfallversicherung 164
Universität 60, 94
Urchristentum 149

V

Valle della Caffarella 146
Vatikan 10, 23, 54, 138
Vatikanische Museen 25, 136
Vatikanstaat 132
Vegetarische Restaurants 48
Veranstaltungs- und Kartenservice 170
Vergnügungspark 52, 154
Verkehrsbestimmungen 164
Verkehrsmittel 187
Verkehrssituation 166
Versicherungskarte, grüne 164
Vertretungen, diplomatische 169
Vespa 20
Via Appia 13, 51, 142
Via Cola di Rienzo 21
Via Condotti 10, 12, 28, 124
Via dei Coronari 29
Via dei Fori Imperiali 24, 79
Via del Corso 20, 23, 28, 104
Via della Conciliazione 24, 30, 131
Via della Lungaretta 126
Via di Porta San Sebastiano 145
Via Giulia 10, 29, 115
Viale di Trastevere 24
Via Sacra 87
Via Veneto 120
Victor Emanuel II. 107
Viehmarkt 95
Vierströmebrunnen 24
Villa Ada 49
Villa Borghese 12, 23, 49, 52, 118, 123

Villa Doria Pamphilj 49
Villa Farnesina 127
Villaggio degli ebrei 100
Villa Torlonia 50
Vittorio Emanuele II. 76
Volksaufstand 65
Vorspeisen 35

W

Wagenrennen 96
Wagner, Richard 78
Weihnachtsfest 17
Weihnachtsmarkt 18, 110
Weinstuben 48
Weltausstellung 61, 152
Weltkrieg, 2. 67, 148, 156
Wetter 190
Widerstand 26, 91, 148
Wohnhaus, römisches 127
Wohnungsbau, sozialer 62

Z

Zahnärzte, deutschsprachige 172
Zeitung, deutschsprachige 172
Zentralfriedhof 94
Zoo 119
Zug 165
Zuwanderer 71

HILFE!

Dieser CityGuide ist gespickt mit unzähligen Adressen, Preisen, Tipps und Infos. Nur vor Ort kann überprüft werden, was noch stimmt, was sich verändert hat, ob Preise gestiegen oder gefallen sind, ob ein Hotel, ein Restaurant immer noch empfehlenswert ist oder nicht mehr, ob ein Ziel noch oder jetzt erreichbar ist, ob es eine lohnende Alternative gibt usw. Unser Autor ist zwar stetig unterwegs und erstellt alle zwei Jahre eine komplette Aktualisierung, aber auf die Mithilfe von Reisenden kann er nicht verzichten.

Darum: Schreiben Sie uns, was sich geändert hat, was besser sein könnte, was gestrichen bzw. ergänzt werden soll. Nur so bleibt dieses Buch immer aktuell und zuverlässig. Wenn sich die Infos direkt auf das Buch beziehen, würde die Seitenangabe uns die Arbeit sehr erleichtern. Gut verwertbare Informationen belohnt der Verlag mit einem Sprechführer Ihrer Wahl aus der über 220 Bände umfassenden Reihe „Kauderwelsch“.

Bitte schreiben Sie an: Reise Know-How Verlag Peter Rump GmbH, Postfach 140666, D-33626 Bielefeld, oder per e-mail an: info@reise-know-how.de

Danke!

ÜBER DIE AUTOREN

Roberta Simeoni. Nach langen Reisen hat es die 1964 geborene Südtirolerin vor 14 Jahren in die italienische Hauptstadt verschlagen. Damals begann sie hier für eine italienische Fluglinie als Stewardess zu arbeiten. Rom hat sie seitdem nicht mehr losgelassen und es macht ihr immer noch riesigen Spaß – am liebsten natürlich zusammen mit ihrem Ehemann – die römischen Gassen auf der Suche nach Neuigkeiten zu durchstreifen.

Frank Schwarz, Jahrgang 1960. Studierte Germanistik sowie Film- und Fernsehwissenschaften. Seit über zehn Jahren ist der gebürtige Frankfurter als Autor und Kameramann für das wöchentliche Reisemagazin „Service Reisen" des hr-fernsehens tätig. In dieser Zeit entstanden unter anderem zehn Sendungen über verschiedene Regionen und Städte in Italien.

Durch seine vielen persönlichen Kontakte entstand eine intensive Bindung an die italienische Hauptstadt, die sich während der häufigen Aufenthalte ständig vertiefte. Intensives Literaturstudium und vor allem ständige Erkundungen in den touristischen Zentren wie den abgelegenen Stätten machten ihn zu einem profunden Kenner des heutigen Roms.

Zusätzlich ist er Mitautor des ebenfalls bei Reise Know-How erschienenen Reisehandbuchs „Latium".

BILDNACHWEIS

Die Kürzel an den Abbildungen stehen für folgende Fotografen, Firmen und Einrichtungen. Wir bedanken uns für die freundliche Abdruckgenehmigung.

fs	Frank Schwarz (der Autor), inkl. Coverfoto
bw	Bea Weineck
pix	www.pixelquelle.de
apt	APT di Roma (Rom Turist Board) www.romaturismo.com
fo	Fotolia.com

CITYATLAS

ROM, UMGEBUNG

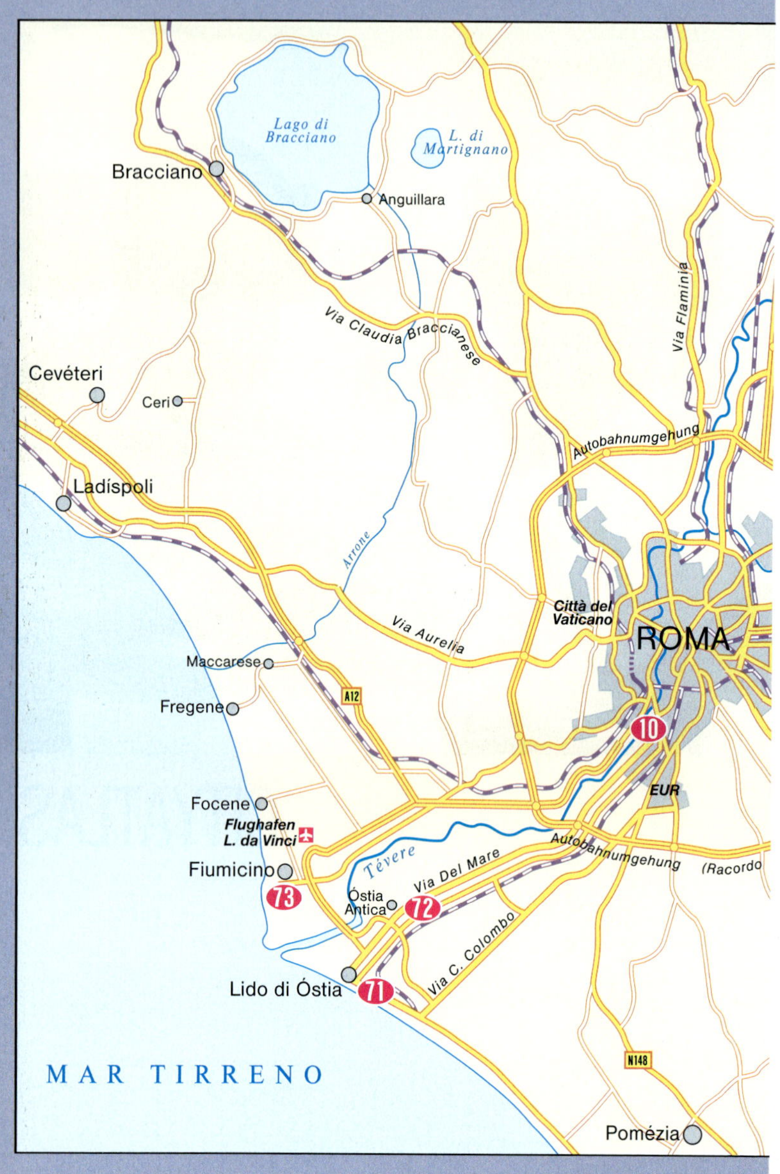

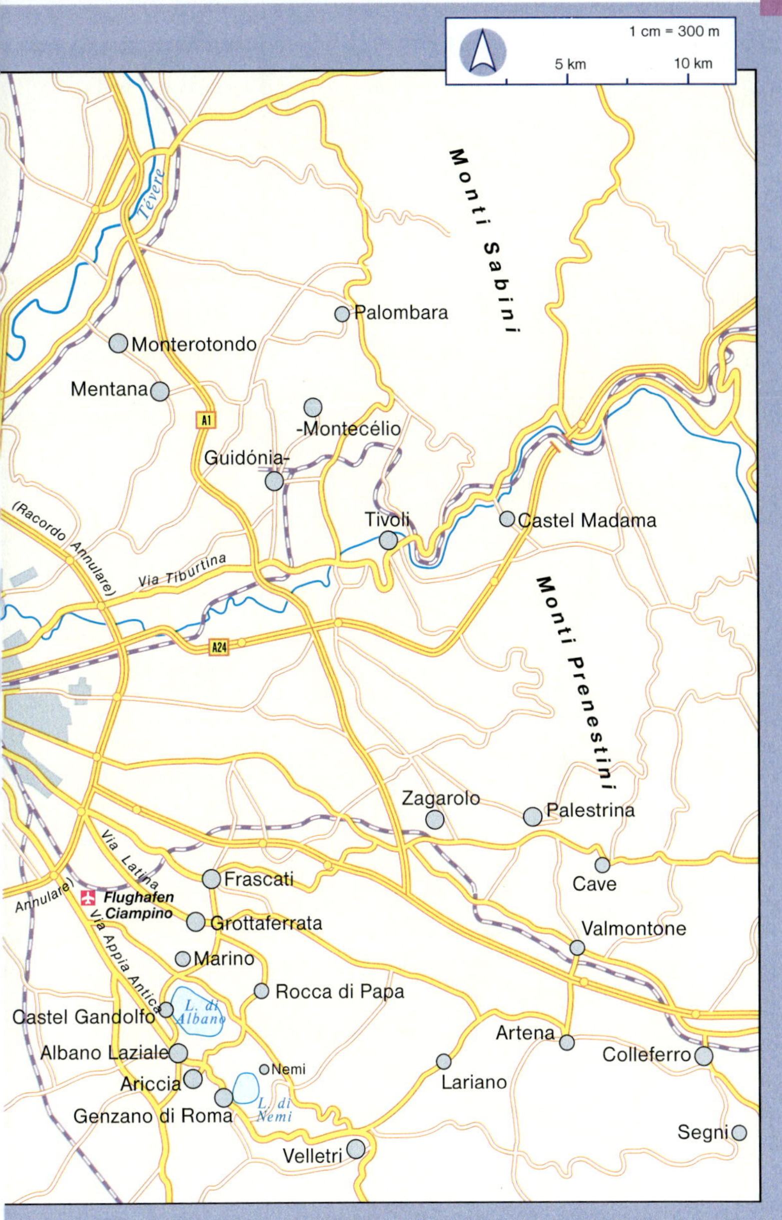
1 cm = 300 m
5 km
10 km
Monti Sabini
Monti Prenestini
Tévere
Palombara
Monterotondo
Mentana
A1
-Montecélio
Guidónia-
Tivoli
Castel Madama
(Racordo Annulare)
Via Tiburtina
A24
Zagarolo
Palestrina
Cave
Via Latina
Frascati
Annulare)
Flughafen Ciampino
Via Appia Antica
Grottaferrata
Valmontone
Marino
Rocca di Papa
L. di Albano
Castel Gandolfo
Artena
Albano Laziale
Colleferro
Nemi
Lariano
Ariccia
L. di Nemi
Genzano di Roma
Segni
Velletri

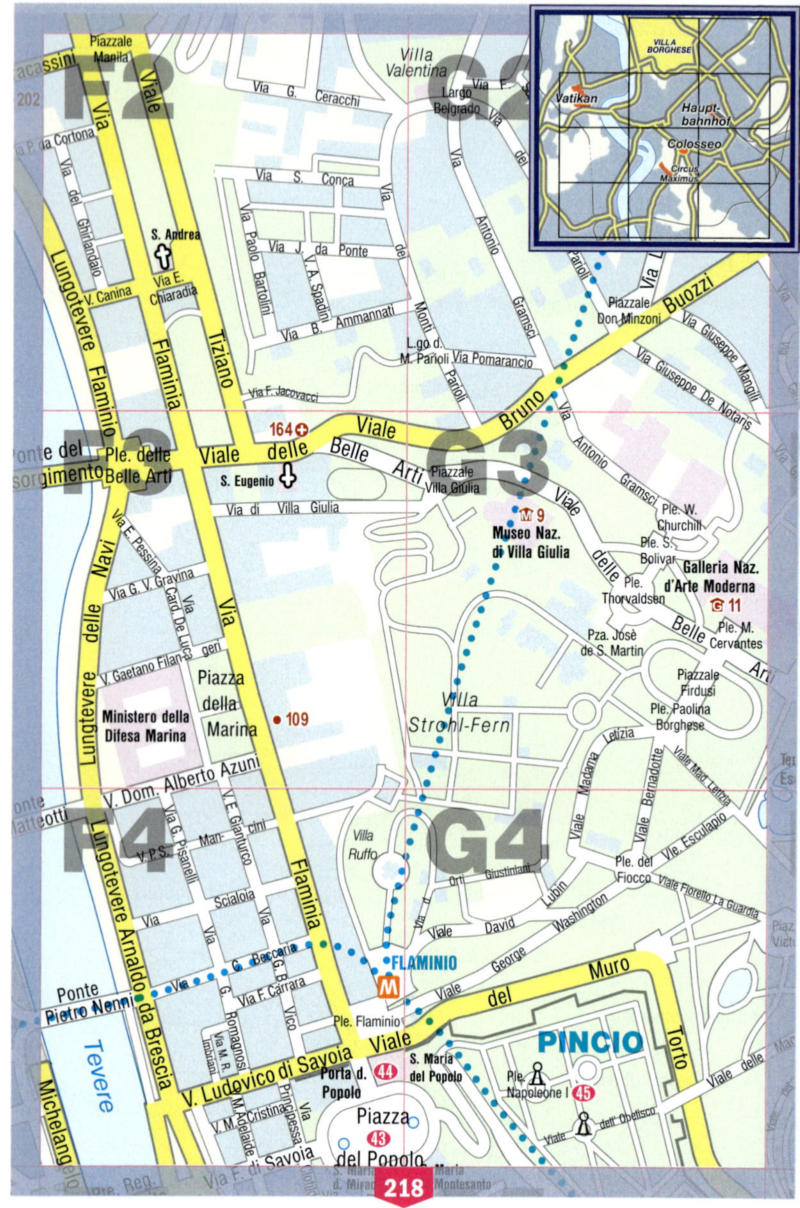

F2
G2
F3
G3
F4
G4
Piazzale Manila
Villa Valentina
Via G. Ceracchi
Largo Belgrado
Via S. Conca
Via Paolo Bartolini
Via J. da Ponte
V. A. Spadini
Via B. Ammannati
Via dei Monti Parioli
Via Antonio Gramsci
S. Andrea
Via E. Chiaradia
V. Canina
Via del Ghirlandaio
Via P. da Cortona
Viale Tiziano
Via Flaminia
Lungotevere Flaminio
L.go d. M. Parioli
Via Pomarancio
Via F. Jacovacci
164
Viale Bruno Buozzi
Piazzale Don Minzoni
Via Giuseppe Mangili
Via Giuseppe De Notaris
Viale delle Belle Arti
Ple. delle Belle Arti
S. Eugenio
Piazzale Villa Giulia
Via di Villa Giulia
9
Museo Naz. di Villa Giulia
Ple. W. Churchill
Ple. S. Bolivar
Galleria Naz. d'Arte Moderna
11
Ple. Thorvaldsen
Ple. M. Cervantes
Pza. Josè de S. Martin
Piazzale Firdusi
Ple. Paolina Borghese
Villa Strohl-Fern
Viale Madama Letizia
Viale Bernadotte
Via E. Pessina
Lungotevere delle Navi
Via G. V. Gravina
Via Card. De Luca
V. Gaetano Filangeri
Piazza della Marina
Ministero della Difesa Marina
109
V. Dom. Alberto Azuni
V. E. Gianturco
Via G. Pisanelli
V. P. S. Mancini
Via Scialoja
Lungotevere Arnaldo da Brescia
Villa Ruffo
Orti Giustiniani
Vle. Esculapio
Ple. del Fiocco
Viale Fiorello La Guardia
Via d. Lubin
Viale David
Washington
Viale George
Via G. Beccaria
Via G. B. Vico
Via F. Carrara
FLAMINIO
Ponte Pietro Nenni
Ple. Flaminio
Viale del Muro Torto
Via G. Romagnosi
Via M. R. Imbriani
Tevere
V. Ludovico di Savoia
Porta d. Popolo
44
S. Maria del Popolo
PINCIO
Ple. Napoleone I
45
Viale dell' Obelisco
Viale delle
Via M. Cristina
M. Adelaide
Via Principessa
Piazza del Popolo
43
Michelangelo
Ponte del Risorgimento
Ponte Matteotti
Via Cassini
202
Vatikan
VILLA BORGHESE
Hauptbahnhof
Colosseo
Circus Maximus

218

PINCIANO
Villa Svezia
Villa Taverna
Giardino Zoologico
Museo Africano e di Zoologico
Bioparca
Parco d. Daini
Villa Borghese
Museo e Galleria Borghese
Museo Canonica
Casina di Raffaello
Tempietto di Diana
Tempio di Esculapio
Monumento A. Umberto
Goethe
S. Roberto Bellarmino
Piazza Ungheria
Piazza Pitagora
Piazza di Siena
Piazzale Victor Hugo
Piazzale Scipione Borghese
Piazzale Museo Borghese
Piazza E. Sienkiewicz
Largo P. Picasso
Largo I. Pizzetti
Largo B. Asioli
Largo N. Spinelli
Ple. del Giardino Zoologico
Ple. dei Daini
Ple. delle Canestre
Viale Bruno Buozzi
Viale dei Parioli
Viale Liegi
Via Giovanni Paisiello
Via Pinciana
Via Ulisse Aldrovandi
Viale del Giardino Zoologico
Via G. Antonelli
Via F. Siacci
Via A. Stoppani
Via Bertolini
Viale Giacchino Rossini
Via d. Tre Madonne
Via Antonio
Via Saverio Mercadante
Via Pietro Raimondi
Viale Uccelliera
Viale dei Cavalli Marini
Viale S. Paolo del Brasile
Viale Goethe
Galoppatoio
107
151
233
46
H2 I2 H3 I3 H4 I4
214
219
1cm = 100 m
100 m 200 m 300 m 400 m

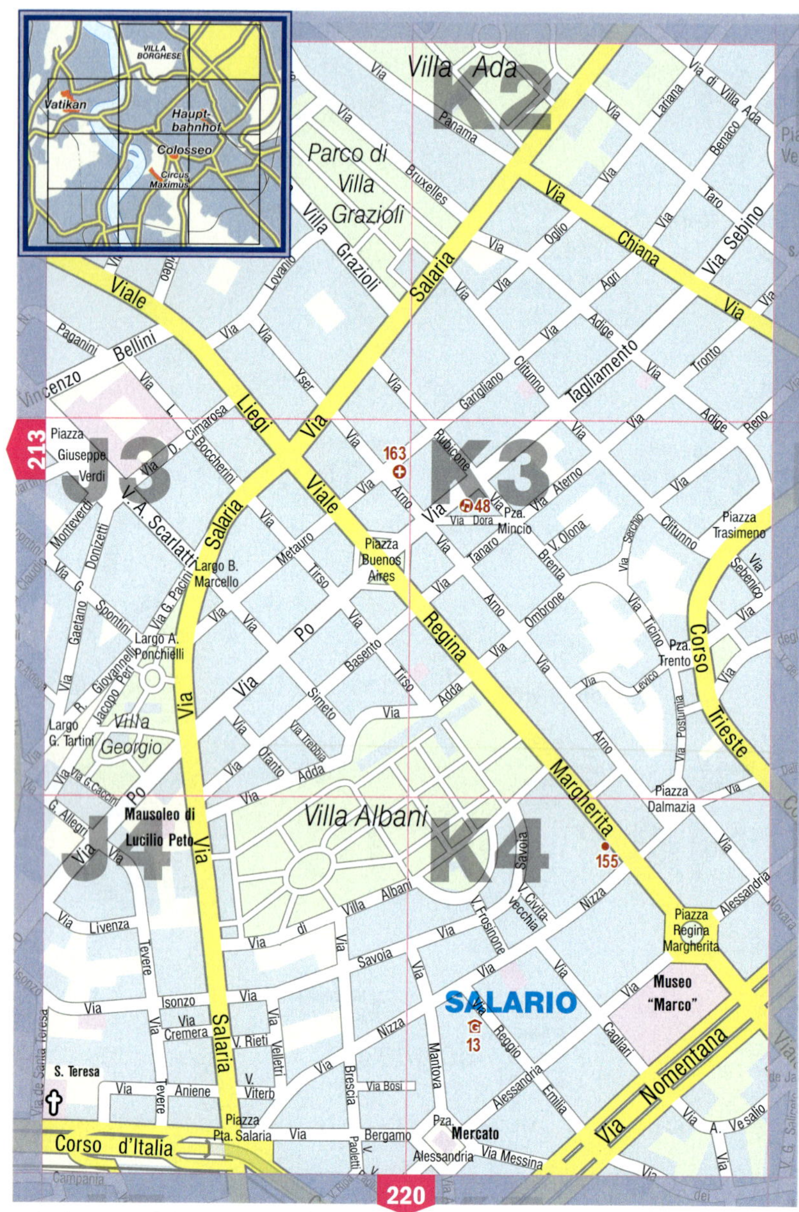

VILLA BORGHESE
Vatikan
Haupt-bahnhof
Colosseo
Circus Maximus
Villa Ada
K2
Parco di Villa Grazioli
Via Salaria
Via Chiana
Via Sebino
Viale Liegi
Via Tagliamento
Via Adige
Piazza Giuseppe Verdi
J3
K3
163
48
Pza. Mincio
Piazza Trasimeno
Piazza Buenos Aires
Largo B. Marcello
Largo A. Ponchielli
Viale Regina Margherita
Pza. Trento
Corso Trieste
Villa Georgio
Largo G. Tartini
Mausoleo di Lucilio Peto
J4
Villa Albani
K4
155
Piazza Dalmazia
Piazza Regina Margherita
Museo "Marco"
SALARIO
13
Via Nomentana
S. Teresa
Corso d'Italia
Piazza Pta. Salaria
Pza. Mercato
Via Messina
213
220

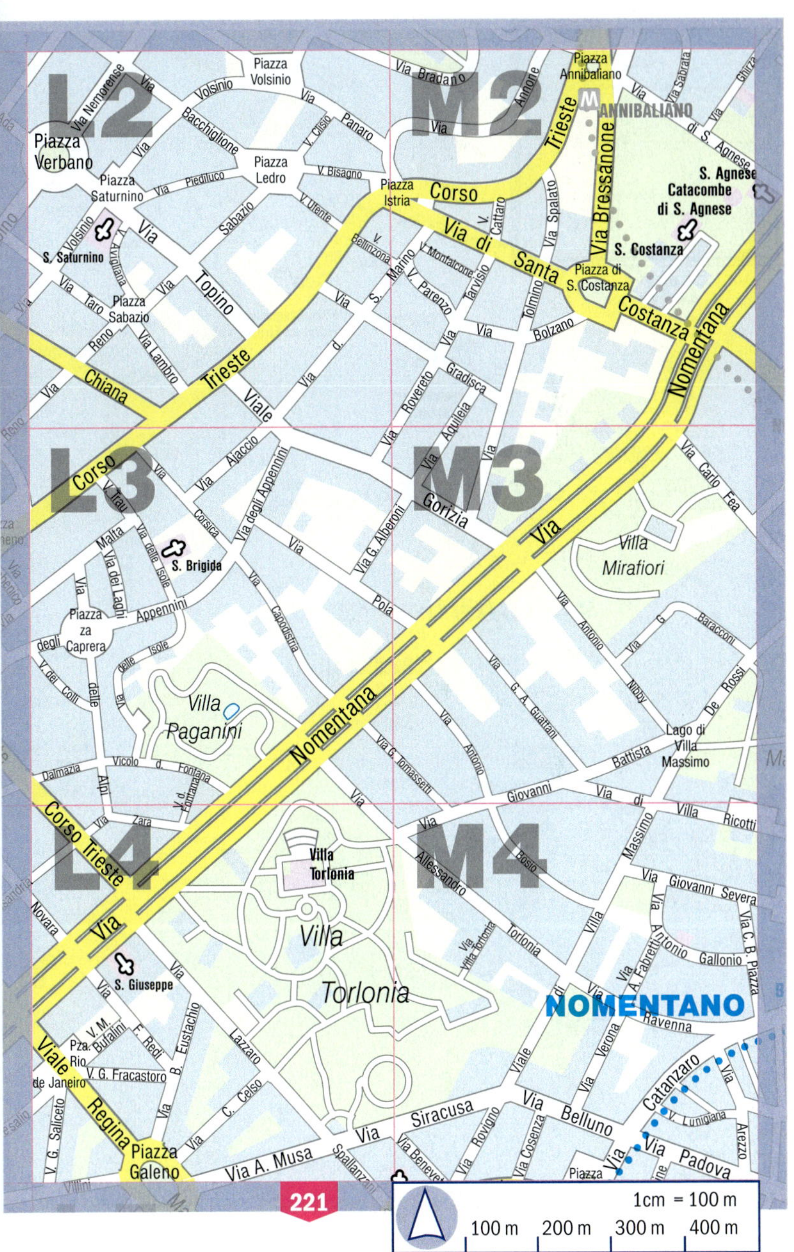
L2
M2
L3
M3
L4
M4
Piazza Volsinio
Via Bradano
Piazza Annibaliano
ANNIBALIANO
Via Nemorense
Volsinio
Via Panaro
V. Cisio
Bacchiglione
Piazza Verbano
Piazza Ledro
V. Bisagno
Piazza Saturnino
Via Piediluco
Piazza Istria
Corso Trieste
Via Bressanone
Via Sabrata
Via di S. Agnese
S. Agnese
Catacombe di S. Agnese
S. Costanza
Piazza di S. Costanza
Via di Santa Costanza
Via Spalato
V. Cattaro
V. Ufente
Sabazio
S. Saturnino
V. Avigliana
Via Topino
V. Bellinzona
V. Montalcone
V. Parenzo
Tarvisio
Via Tolmino
Via Bolzano
Via Nomentana
Via Taro
Piazza Sabazio
Via Reno
Via Lambro
Via Chiana
Viale Trieste
Via d. S. Marino
Via Rovereto
Via Gradisca
Via Aquileia
Via Ajaccio
Via degli Appennini
Via Gorizia
Via Carlo Fea
Villa Mirafiori
V. Trau
Via Corsica
Malta
Via dei Laghi
Via delle Isole
S. Brigida
Via G. Alberoni
Via Pola
Via Capodistria
Piazza Caprera
Appennini
V. dei Colli
Via Antonio Nibby
Via G. Baracconi
Via G. A. Guattani
Via Antonio De Rossi
Villa Paganini
Via G. Tomassetti
Lago di Villa Massimo
Via Giovanni Battista
Vicolo d. Fontana
V. d. Fontana
Dalmazia
Alpi
Via Zara
Via di Villa Massimo
Villa Ricotti
Villa Torlonia
Via Alessandro Torlonia
Via Bosio
Via Giovanni Severa
Via Antonio Gallonio
Via C. B. Piazza
Via A. Fabretti
Via Villa Torlonia
Via Novara
S. Giuseppe
Via Lazzaro Spallanzani
B. Eustachio
F. Redi
V. M. Bufalini
Pza. Rio de Janeiro
V. G. Fracastoro
Viale Regina
C. Celso
NOMENTANO
Via Ravenna
Viale di Villa
Via Verona
Via Catanzaro
V. Lunigiana
Via Arezzo
Via Siracusa
Via Belluno
Via Padova
Via Rovigno
Via Cosenza
Via Benevento
Via A. Musa
V. G. Saliceto
Piazza Galeno
Piazza
221
1cm = 100 m
100 m
200 m
300 m
400 m

VILLA BORGHESE
Vatikan
Haupt-bahnhof
Colosseo
Circus Maximus
C5
B6
C6
B7
C7
OTTAVIANO-S. PIETRO
M
24
168
Doria
Via Caracciolo
Via Tunisi
Via La Goletta
Via Santamaura
Via Ostia
Via Famagosta
V. Otranto
Viale Giulio Cesare
Via Leone IV
Via Candia
Via Vespasiano
Via Ottaviano
Via degli Scipioni
SS. Rosario
Via Mocenigo
Via Sebastiano Veniero
Viale Vaticano
Via Germanico
Viale Bastioni di Michelangelo
Piazza del Risorgimento
S. Maria delle Grazie
Via Angelo Emo
V. delle Meloria
Mus. Gregoriano Egizio ed Etrusco
Mus. Gregoriano Prof.
Pinacoteca Vaticana
Stradone dei Giardini
CITTÀ DEL VATICANO
Musei Vaticani
65
Via delle Posta
Via Tipografia
Via d. Pellegrino
Ss. Anna
Via di Porta Angelica
Borgo
Mascherino
Via d. Grazie
Borgo Vittorio
V. del Belvedere
Belvedere
Borgo Pio
88
Pza. Città Leonina
Largo Colonnato
Cappella Sistina
S. Marta
Pza. d. Governatorato
Governatorato
Radio Vaticana
Basilica di San Pietro
64
S. Stefano
Piazza San Pietro
63
Pza. Pio XII
L.go d. Alicorni
S. Michele
Piazza d. Stazione
Stazione Ferroviaria
Piazza S. Marta
Via Teutonica
Via Paolo VI
206
Aula d. Udienze
Pza. del Uffizio
Viale Vaticano
Via Nicolò V
Via Benedetto XIV
Via d. Stazione Vaticana
Via di Porta Cavalleggeri
L.go di Porta Cavalleggeri
Galleria Principe Amedeo Savoia-A.
Pza. Gregorio VII
Via Aurelia
Via Leone IX
Via Sergio I
Via Bonifacio VIII
Via di Porta Fabbrica
V. Card. Agliardi
V.C. Lualdi
Via Paolo II
Via della Stazione
V. Alessandro III
V. A.De Gasperi
Pza. S. Maria a. Fornaci
197
V. S. Maria alle Fornaci
Via Nuova delle Fornaci
Viale delle Mura Aurelie
V. S. Telesforo
Cottolengo
Divi Gregorio VII
Via Gregorio VII
Via Cottolengo
Via d. Gelsomino
V. C. Cassetta
Via di Monte del Gallo
Clivio di Monte del Gallo
V. Innocenzo III
Via Nicolò III
Pza. della Staz. di S. Pietro
Via di San Pietro
Via Domenico Silveri
160
162
Rampa d. Mura Aurelie

222

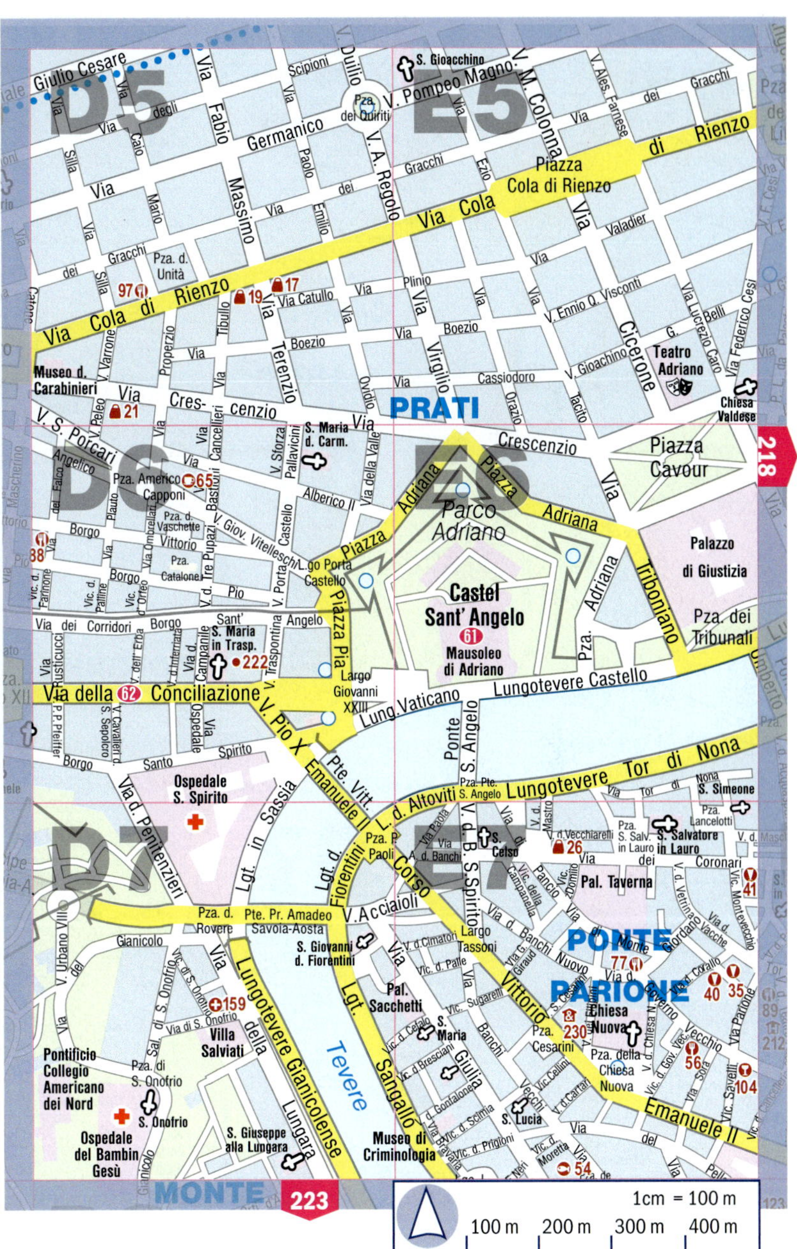
D5
E5
D6
E6
D7
E7
PRATI
PONTE
PARIONE
MONTE
218
223
Via Cola di Rienzo
Piazza Cola di Rienzo
Via Crescenzio
Piazza Cavour
Parco Adriano
Castel Sant' Angelo
61
Mausoleo di Adriano
Palazzo di Giustizia
Pza. dei Tribunali
Via della Conciliazione
62
Lungotevere Castello
Lung. Vaticano
Ponte S. Angelo
Lungotevere Tor di Nona
Ospedale S. Spirito
S. Maria in Trasp.
222
S. Maria d. Carm.
Museo d. Carabinieri
Teatro Adriano
Chiesa Valdese
S. Gioacchino
Pza. dei Quiriti
Via Pompeo Magno
Via Germanico
Via Giulio Cesare
Pza. d. Unità
Pza. Americo Capponi
65
Largo Giovanni XXIII
V. Pio X
Lgt. in Sassia
Pza. d. Rovere
Pte. Pr. Amadeo Savoia-Aosta
S. Giovanni d. Fiorentini
Pal. Sacchetti
Villa Salviati
Lungotevere Gianicolense
Lungotevere della Lungara
Tevere
Lgt. Sangallo
Corso Vittorio Emanuele II
Via Giulia
Chiesa Nuova
Pza. della Chiesa Nuova
Pal. Taverna
S. Salvatore in Lauro
S. Simeone
Pontificio Collegio Americano dei Nord
Ospedale del Bambin Gesù
S. Onofrio
S. Giuseppe alla Lungara
Museo di Criminologia
S. Lucia
S. Celso
Pza. Cesarini
1cm = 100 m
100 m
200 m
300 m
400 m

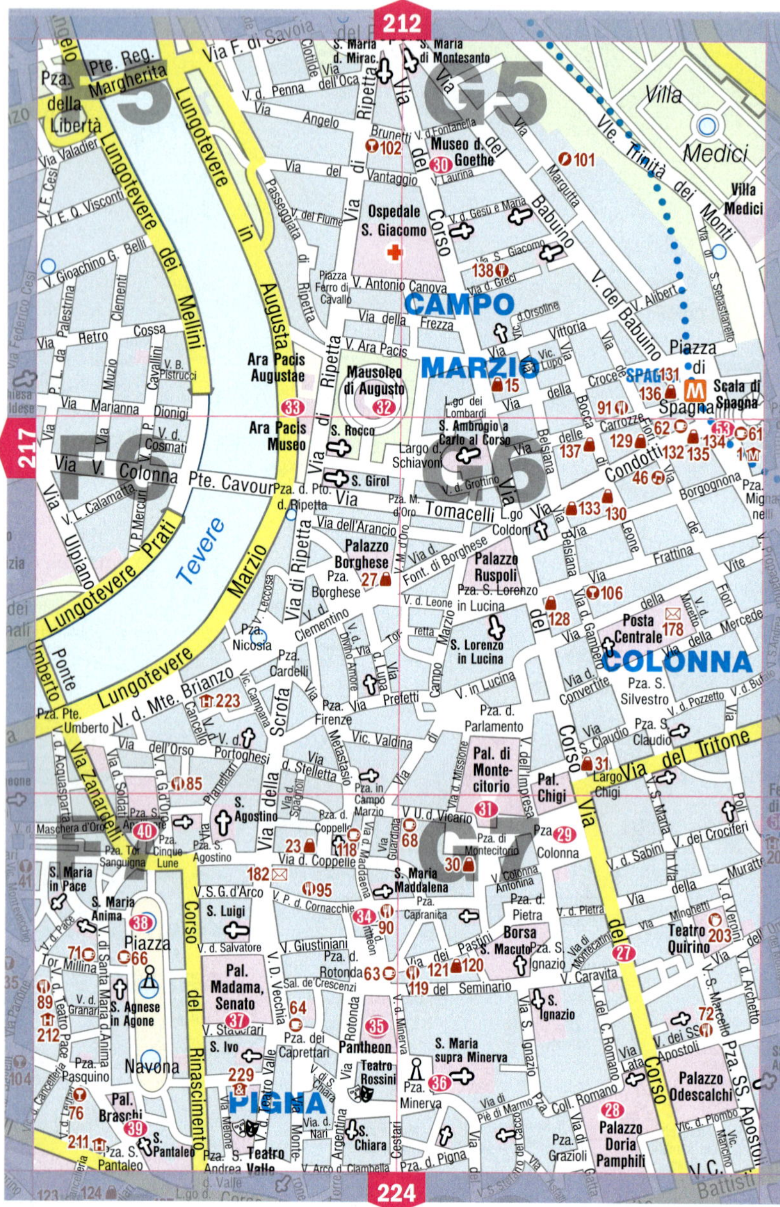

212
217
224
G5
F6
G6
F7
G7
CAMPO MARZIO
COLONNA
PIGNA
Villa Medici
Tevere
Mausoleo di Augusto
Ara Pacis Augustae
Ara Pacis Museo
Ospedale S. Giacomo
Museo d. Goethe
Piazza di Spagna
Scala di Spagna
Palazzo Borghese
Palazzo Ruspoli
S. Lorenzo in Lucina
Posta Centrale
Pal. di Montecitorio
Pal. Chigi
Pal. Madama, Senato
Pantheon
S. Maria supra Minerva
Piazza Navona
S. Agnese in Agone
Pal. Braschi
Teatro Quirino
Palazzo Odescalchi
Palazzo Doria Pamphili
Borsa
S. Luigi
S. Agostino
S. Maria Maddalena
Teatro Rossini
Lungotevere in Augusta
Lungotevere Marzio
Lungotevere dei Mellini
Via del Corso
Via del Babuino
Via di Ripetta
Via dei Condotti
Via del Tritone
Corso del Rinascimento
Via della Scrofa
Pte. Cavour
Pte. Reg. Margherita
Pza. della Libertà
Pza. Pte. Umberto
Via Zanardelli
Pza. Colonna
Pza. S. Silvestro
Pza. Borghese
Pza. di Montecitorio
Pza. d. Rotonda
Pza. Minerva
Largo Chigi

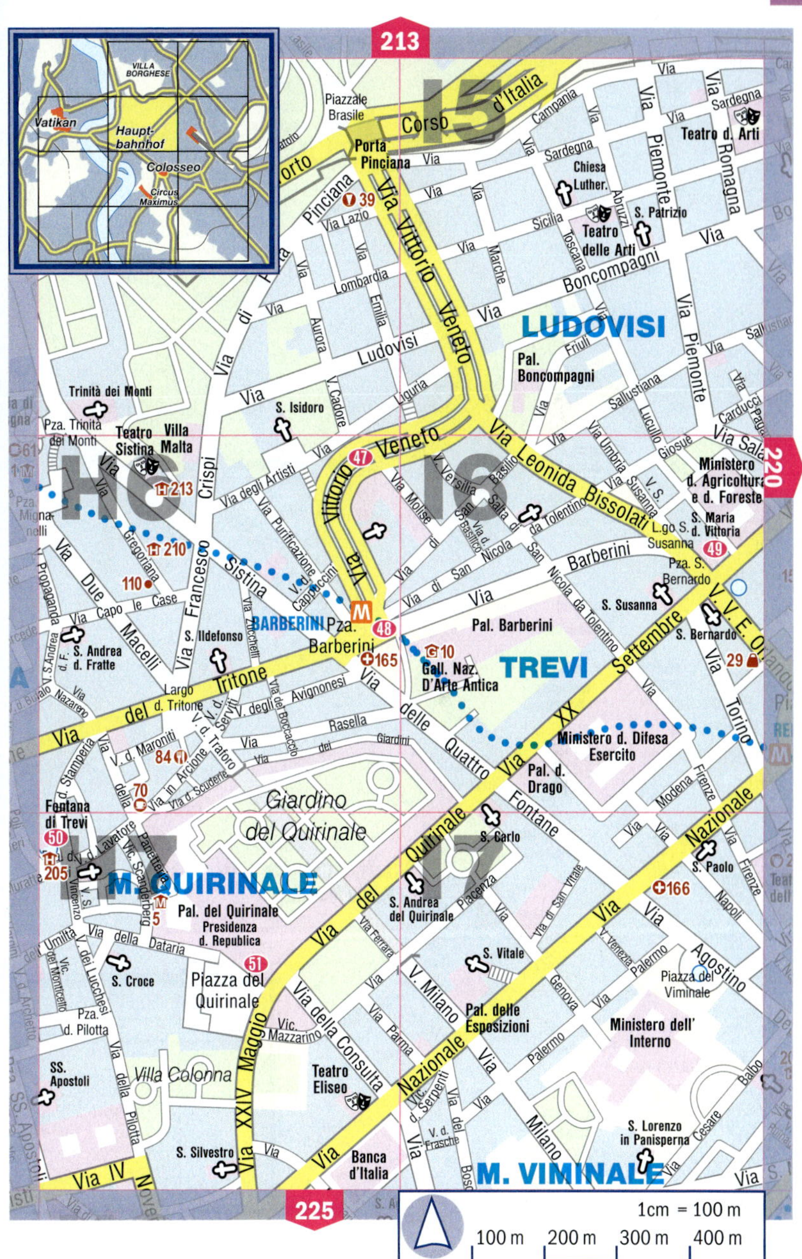
213
220
225
VILLA BORGHESE
Vatikan
Haupt-bahnhof
Colosseo
Circus Maximus
I5
H6
I6
H7
I7
LUDOVISI
TREVI
M. QUIRINALE
M. VIMINALE
Piazzale Brasile
Porta Pinciana
Corso d'Italia
Via Vittorio Veneto
Via Boncompagni
Via Ludovisi
Via Leonida Bissolati
Via Sistina
Via Crispi
Via Francesco Crispi
Via del Tritone
Via delle Quattro Fontane
Via XX Settembre
Via del Quirinale
Via Nazionale
Via XXIV Maggio
Via Piemonte
Via Romagna
Via Sardegna
Via Sicilia
Via Lombardia
Via Emilia
Via Aurora
Via Lazio
Via Marche
Via Toscana
Via Abruzzi
Via Campania
Via Veneto
Via Barberini
Via di San Nicola da Tolentino
Via Torino
Via Firenze
Via Modena
Via Napoli
Via Milano
Via Palermo
Via Genova
Via Agostino Depretis
Via della Consulta
Via della Dataria
Via Due Macelli
Via Capo le Case
Via Gregoriana
Via Rasella
Giardino del Quirinale
Villa Colonna
Via IV Novembre
Trinità dei Monti
Pza. Trinità dei Monti
Teatro Sistina
Villa Malta
S. Isidoro
Pal. Boncompagni
Chiesa Luther.
S. Patrizio
Teatro delle Arti
Teatro d. Arti
Ministero d. Agricoltura e d. Foreste
S. Maria d. Vittoria
L.go S. Susanna
Pza. S. Bernardo
S. Susanna
S. Bernardo
Pal. Barberini
BARBERINI
Pza. Barberini
Gall. Naz. D'Arte Antica
Ministero d. Difesa Esercito
Pal. d. Drago
S. Carlo
S. Paolo
S. Andrea del Quirinale
S. Vitale
Pal. delle Esposizioni
Piazza del Viminale
Ministero dell' Interno
S. Lorenzo in Panisperna
S. Andrea d. Fratte
S. Ildefonso
Largo d. Tritone
Fontana di Trevi
Pal. del Quirinale Presidenza d. Republica
Piazza del Quirinale
S. Croce
Pza. d. Pilotta
SS. Apostoli
S. Silvestro
Teatro Eliseo
Banca d'Italia
Vic. Mazzarino
39
47
48
49
50
51
10
165
166
29
84
70
110
210
213
205
5
1cm = 100 m
100 m
200 m
300 m
400 m

214
219
226
J5
K5
J6
K6
J7
K7
Corso d'Italia
Piazzale Porta Pia
Ministero dei Lavori Pubblici
Ministero dei Trasporti
Corpus Domini
Villa Paolina
Porta Pia
S. Cuore di Gesù
Via XX Settembre
Piazza della Croce Rossa
Viale del Policlinico
Piazza Sallustio
Ministero d. Finanze
Piazza d. Finanze
Deutsche Botschaft
150
231
CASTRO PRETORIO
Viale Castro Pretorio
V. S. Martino d. Batt.
Piazza Indipendenza
153
Terme di Diocleziano
S. Maria d. Angeli
Museo Nazionale Romano
Piazza della REPUBBLICA
Repubblica
Viale Luigi Einaudi
Vle. E. De Nicola
V. Solferino
Pza. dei Cinquecento
Largo Villa Peretti
S. Cuore
183
185
201
Teatro dell'Opera
Mus. Naz. Romano
TERMINI
Stazione Centrale Roma Termini
218
33
Via Cavour
Via Giovanni Giolitti
Via Marsala
Piazza dell'Esquilino
207
186
196
154
S. Maria Maggiore
52
156
Pza. S. Maria Maggiore
Via S. M. Maggiore
Piazza Manfredo Fanti
VILLA BORGHESE
Vatikan
Hauptbahnhof
Colosseo
Circus Maximus

215
227
L5
M5
L6
M6
L7
M7
Via Giovan Battista Morgagni
Margherita
Viale Regina Elena
Via Bari
Via Catania
Piazza Salerno
Piazza Lecce
Piazza Sassari
Via G. M. Lancisi
POLICLINICO
Policlinico
Umberto I
Biblioteca Nazionale
Viale del Policlinico
Viale dell' Università
Viale delle Scienze
CITTÀ
UNIVERSITARIA
Ministero dell'Aeronautica
Viale Pietro Gobetti
Ple. Aldo Moro
Via Cesare De Lollis
Piazzale di San Lorenzo
Piazzale del Verano
TIBURTINO
Via Tiburtina
Via dei Reti
Via dei Ramni
Via Marsala
Viale Pretoriano
Piazzale Sisto V
SS. Ausiliatrice
Piazza dei Sanniti
Pza. Parco Caduti d. 19 VII 1943
Ple. dei Siculi
V. Monzambano
Pza. Confienza
V. Sforzesca
V. Osoppo
Via Ippocrate
Via Antonio Scarpa
Via dei Castro Laurenziano
Via Mingazzini
V. M. Poggioli
Via A. Borelli
Via A. Murri
Via Forlì
Via Trapani
Via Agrigento
Via Udine
Via Lucca
Via Arezzo
V. Pontedera
V. Siena
V. G. Sisco
Via Pavia
Via Vigevano
V. Brianza
Via Imperia
Via Como
Via Chieti
Treviso
V. Caserta
Via G. Baglivi
Via A. Cesalpino
Patrizi
173
234
227
17
1cm = 100 m
100 m
200 m
300 m
400 m

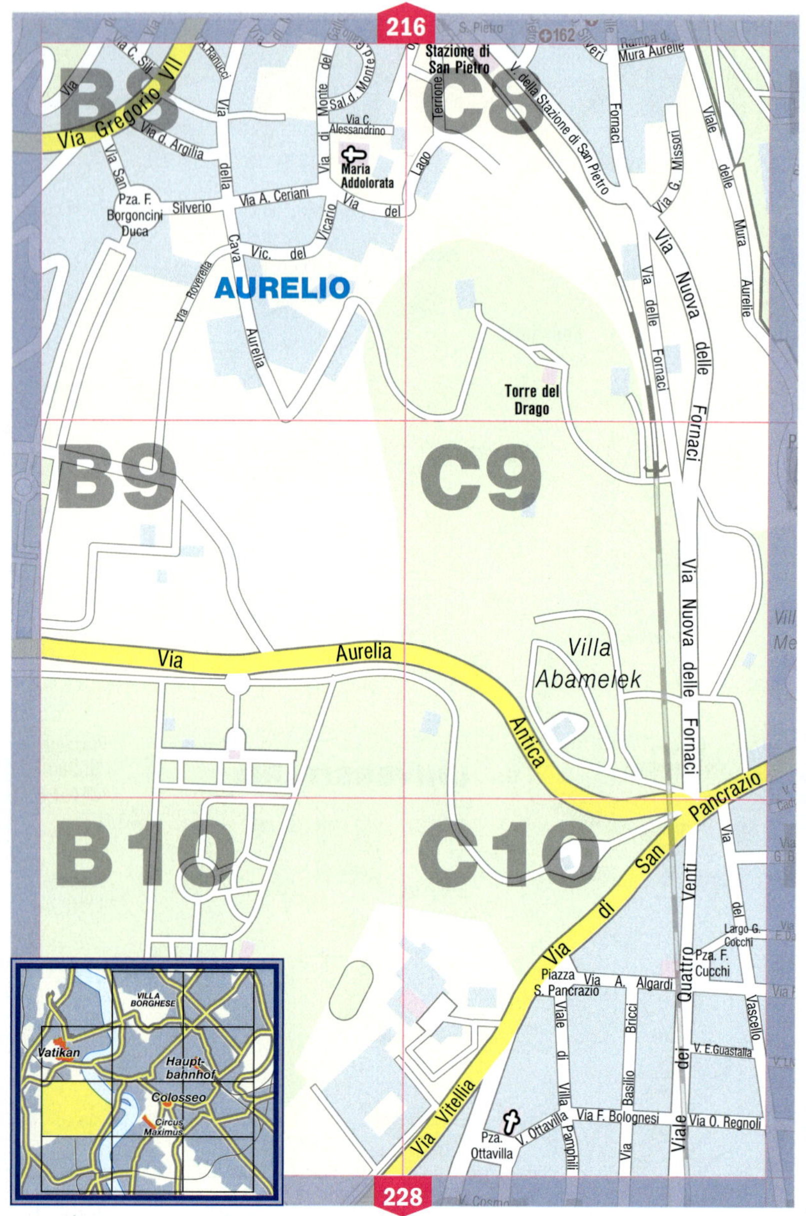

216
228
B8
C8
B9
C9
B10
C10
AURELIO
Via Gregorio VII
Via C. Sili
Via Ranucci
Via d. Argilia
Via della Cava Aurelia
Via di Monte del Gallo
Sal. d. Monte d. Gallo
Via C. Alessandrino
Maria Addolorata
Via A. Ceriani
Via del Vicario
Vic. del Vicario
Via del Lago
Terrione
Via San Silverio
Pza. F. Borgoncini Duca
Via Roverella
Stazione di San Pietro
V. della Stazione di San Pietro
S. Pietro
162
Rampa d. Mura Aurelie
Fornaci
Via G. Missori
Viale delle Mura Aurelie
Via Nuova delle Fornaci
Via delle Fornaci
Torre del Drago
Via Aurelia
Via Aurelia Antica
Villa Abamelek
Via di San Pancrazio
Viale dei Quattro Venti
Via del Vascello
Largo G. Cocchi
Pza. F. Cucchi
Piazza S. Pancrazio
Via A. Algardi
Viale di Villa Pamphili
Via Basilio Bricci
V. E. Guastalla
Via Vitellia
Pza. Ottavilla
V. Ottavilla
Via F. Bolognesi
Via O. Regnoli
VILLA BORGHESE
Vatikan
Haupt-bahnhof
Colosseo
Circus Maximus

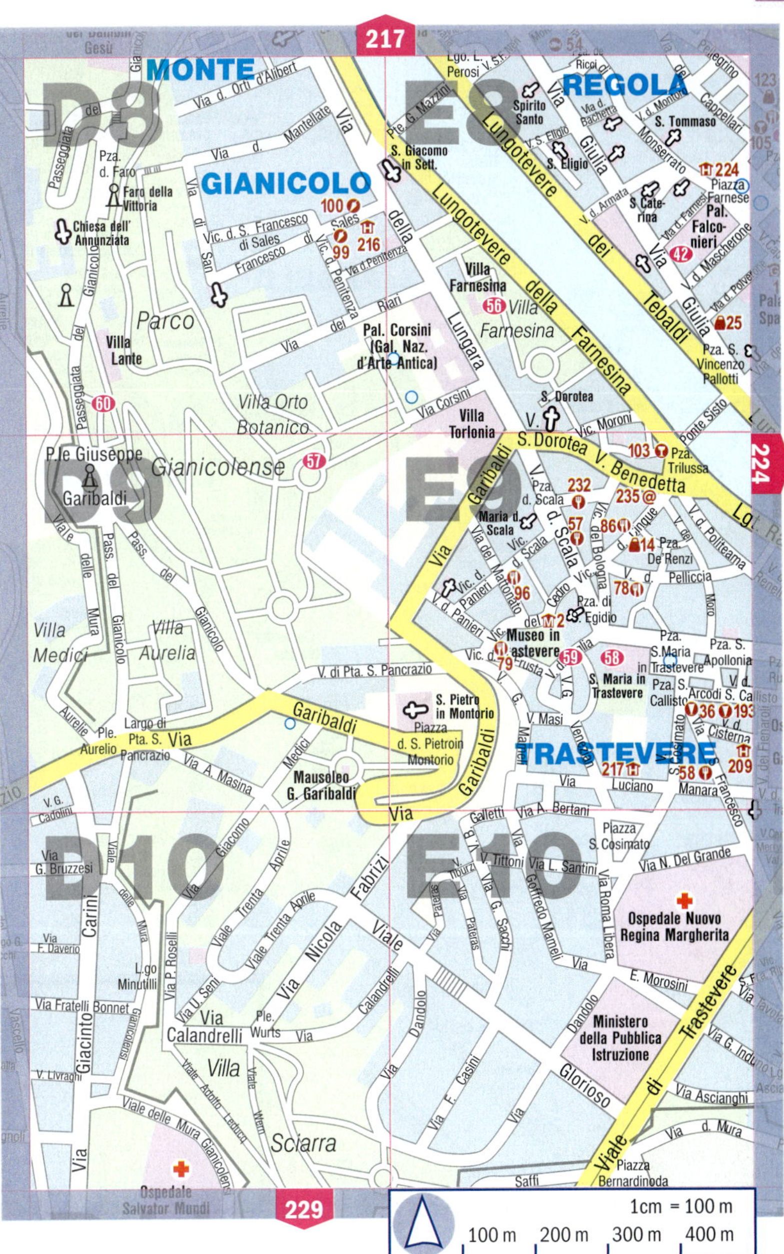
217
224
229
MONTE
GIANICOLO
REGOLA
TRASTEVERE
D8
E8
D9
E9
D10
E10
Via d. Orti d'Alibert
Via d. Mantellate
Pza. d. Faro
Faro della Vittoria
Chiesa dell' Annunziata
Villa Lante
Parco
Villa Orto Botanico
Gianicolense
P.le Giuseppe Garibaldi
Villa Medici
Villa Aurelia
Pal. Corsini (Gal. Naz. d'Arte Antica)
Villa Farnesina
Villa Torlonia
S. Giacomo in Sett.
Spirito Santo
S. Eligio
S. Tommaso
S. Caterina
Piazza Farnese
Pal. Falconieri
Lungotevere della Farnesina
Lungotevere dei Tebaldi
Via Giulia
S. Dorotea
Pza. S. Vincenzo Pallotti
Ponte Sisto
Pza. Trilussa
V. Benedetta
Maria d. Scala
Museo in Trastevere
S. Maria in Trastevere
Pza. S. Callisto
Pza. S. Apollonia
V. Masi
Via Garibaldi
S. Pietro in Montorio
Piazza d. S. Pietro in Montorio
Mausoleo G. Garibaldi
Largo di Pta. S. Pancrazio
Ple. Aurelio
Via A. Masina
V. di Pta. S. Pancrazio
Via Luciano Manara
Piazza S. Cosimato
Via N. Del Grande
Ospedale Nuovo Regina Margherita
Ministero della Pubblica Istruzione
Viale di Trastevere
Viale Glorioso
Via Calandrelli
Ple. Wurts
Villa Sciarra
Viale delle Mura Gianicolensi
Ospedale Salvator Mundi
Piazza Bernardino da Feltre
Via Ascianghi
Via G. Induno
Via E. Morosini
Via Roma Libera
Via Goffredo Mameli
Via G. Sacchi
Via Dandolo
Via Nicola Fabrizi
Viale Trenta Aprile
Via Giacomo Medici
Via P. Roselli
Via U. Seni
Via Fratelli Bonnet
Via Giacinto Carini
Via G. Bruzzesi
Via F. Daverio
L.go Minutilli
V. Livraghi
V. G. Cadolini
1cm = 100 m
100 m
200 m
300 m
400 m

218
223
230
F8
G8
F9
G9
F10
G10
S. ANGELO
M. CAPITOLINO
Corso Vittorio Emanuele II
Via del Plebiscito
Piazza Venezia
Palazzo di Venezia
Pza. Mad. di Loreto
V. C. Battisti
S. Stimmate
Chiesa del Gesù
Pza. d. Gesù
Pza. S. Marco
V. S. Marco
Via d. Botteghe Oscure
Monumente a Vittorio Emanuele II
S. Maria in Aracoeli
Museo di Risorgimento
Pza. d. Campidoglio
Pal. dei Conservatori
Musei Capitolini
Via del Teatro di Marcello
Teatro di Marcello
Portico d'Ottavia
S. Nicola in Carcere
Pza. d. Consolazione
Vicolo Jugario
V. Petroselli
S. Giorgio in Velabro
Pza. Bocca della Verità
Piazza S. Anastasia
Tempio d. Vesta
S. Maria in Cosmedin
Via dei Cerchi
Via Mass. di Ercole
S. Vincenzo de Paoli
Parco di
S. Sabina
S. Alessio
Lungotevere Aventino
Tevere
Lungotevere de Pierleoni
Cloaca Maxima
Ponte Rotto
Pte. Palatino
Isola Tiberina
S. Bartolomeo all' Isola
Ospedale Fatebenefratelli
S. G. Calibita
Pte. Fabricio
Pte. Cestio
Lungotevere dei Cenci
Lungotevere dei Vallati
Ponte Garibaldi
Via Arenula
Teatro Argentina
Templi Rep.
S. Andrea d. Valle
Pza. Campo dei Fiori
Teatro di Pompeo
Palazzo Spacia
Palazzo del Monte di Pietà
S. Paolo
Min. di Grazia e Giustizia
Pza. B. Cairoli
S. Maria Pianta
Monastero Tor de' Specchi
S. Angelo in Pescheria
Lgt. Rafaello Sanzio
Lungotevere dell' Anguillara
Viale di Trastevere
S. Crisogono
S. Agata
Ospedale di S. Galicano
Piazza Mastai
S. Maria dell'Octo
S. Cecilia in Trastevere
Via della Lungaretta
Pza. in Piscinula
Lungotevere Ripa
Ministero dei Beni Culturali
Porto di Ripa Grande
S. Francesco a Ripa
Pza. di Pta. Portese
Ple. Portuense
Ponte Sublicio
Villa Borghese
Vatikan
Hauptbahnhof
Colosseo
Circus Maximus

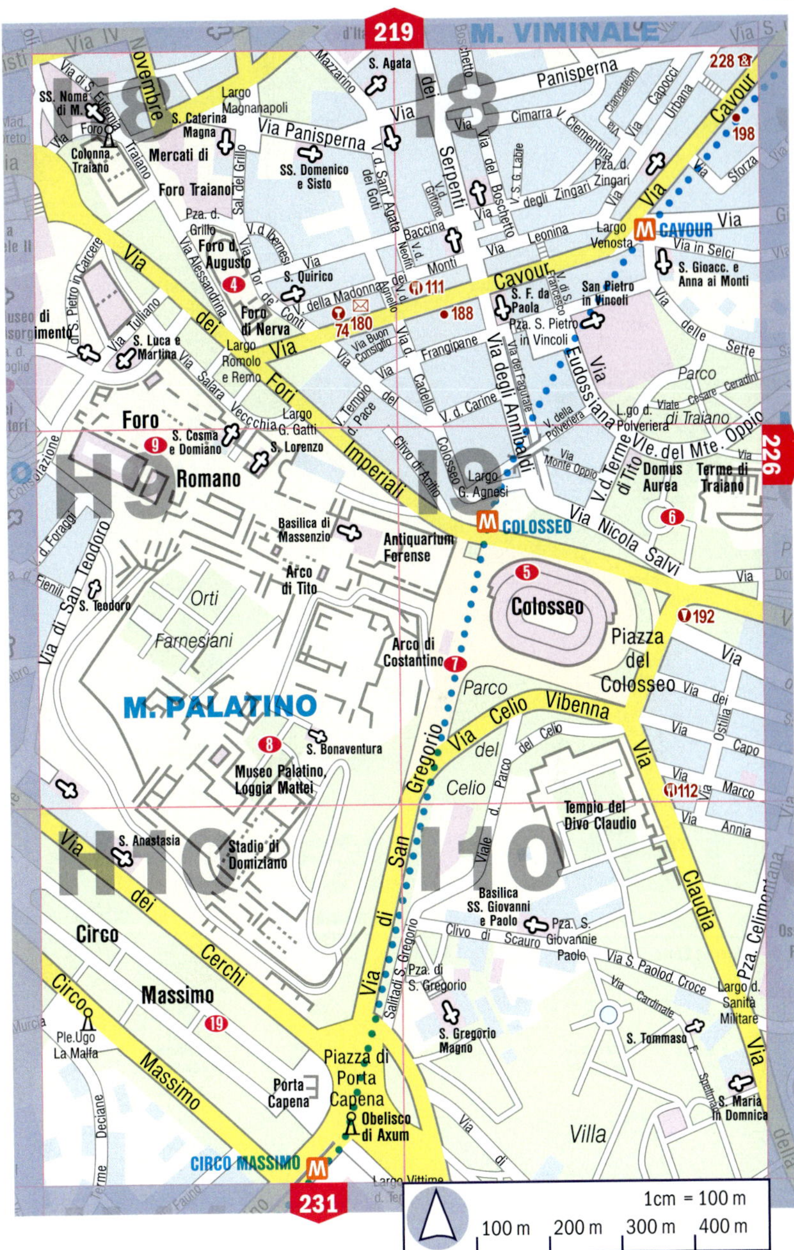
219
M. VIMINALE
S. Agata
Via Panisperna
SS. Domenico e Sisto
Mercati di
Foro Traiano
Colonna Traiano
Foro d. Augusto
Foro di Nerva
Via dei Fori Imperiali
Via Cavour
CAVOUR
San Pietro in Vincoli
S. F. da Paola
Via degli Annibaldi
Foro Romano
S. Cosma e Domiano
S. Lorenzo
Basilica di Massenzio
Antiquarium Forense
Arco di Tito
COLOSSEO
Colosseo
Piazza del Colosseo
Domus Aurea
Terme di Traiano
226
Orti Farnesiani
M. PALATINO
Arco di Costantino
Museo Palatino, Loggia Mattei
S. Bonaventura
Via Celio Vibenna
Tempio del Divo Claudio
Stadio di Domiziano
S. Anastasia
Circo Massimo
Via dei Cerchi
Via di San Gregorio
Basilica SS. Giovanni e Paolo
S. Gregorio Magno
S. Tommaso
S. Maria in Domnica
Via Claudia
Piazza di Porta Capena
Porta Capena
Obelisco di Axum
CIRCO MASSIMO
231
1cm = 100 m
100 m 200 m 300 m 400 m

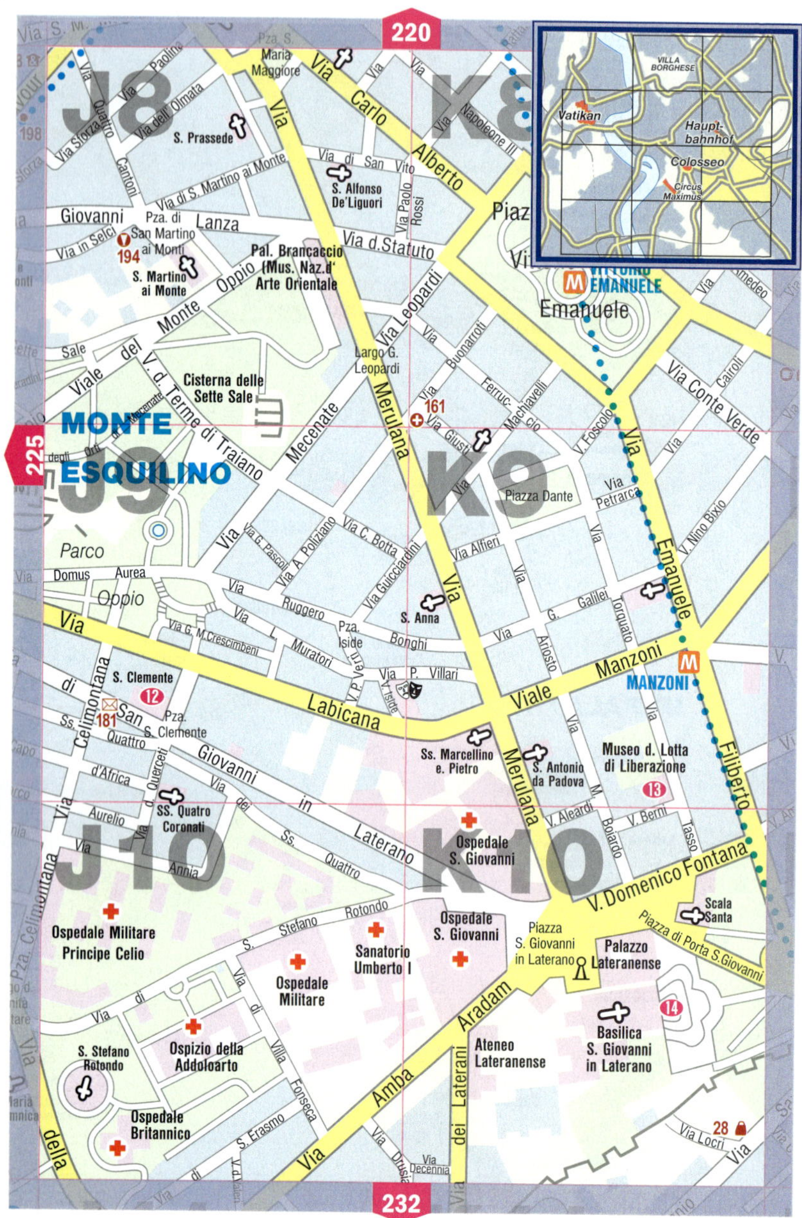
220
225
232
J8
K8
J9
K9
J10
K10
MONTE
ESQUILINO
Vatikan
VILLA BORGHESE
Hauptbahnhof
Colosseo
Circus Maximus
Pza. S. Maria Maggiore
Via Carlo Alberto
Via Merulana
Via Napoleone III
S. Prassede
Via dell' Olmata
Via Paolina
Via Sforza
Via Quattro Cantoni
Via di S. Martino ai Monte
Via di San Vito
S. Alfonso De'Liguori
Via Paolo Rossi
Via Giovanni Lanza
Pza. di San Martino ai Monti
194
Via in Selci
S. Martino ai Monte
Pal. Brancaccio (Mus. Naz.d' Arte Orientale
Via d.Statuto
Via Leopardi
Largo G. Leopardi
Viale del Monte Oppio
V. d. Terme di Traiano
Cisterna delle Sette Sale
Via Mecenate
Via Buonarroti
Via Ferruccio
Via Machiavelli
161
Via Giusti
Vittorio Emanuele
Piazza Vittorio Emanuele
Via Conte Verde
Via Cairoli
Via Amedeo
V. Foscolo
Via Emanuele Filiberto
Via Petrarca
Piazza Dante
V. Nino Bixio
Via Alfieri
Via G. Galilei
Via Torquato Tasso
Via Ariosto
Parco Oppio
Via Domus Aurea
Via G. Pascoli
Via A. Poliziano
Via C. Botta
Via Guicciardini
Via Ruggero Bonghi
Via L. Muratori
Via G. M.Crescimbeni
Pza. Iside
V. P. Verri
Via Iside
Via P. Villari
S. Anna
Via Labicana
Viale Manzoni
MANZONI
Via Celimontana
S. Clemente
12
181
Via di San Giovanni in Laterano
Pza. S. Clemente
Via Ss. Quattro
Via d'Africa
Via d. Querceti
Via Aurelio
SS. Quatro Coronati
Via dei Ss. Quattro
Via Annia
Ss. Marcellino e. Pietro
S. Antonio da Padova
Museo d. Lotta di Liberazione
13
Via M. Boiardo
V. Aleardi
V. Berni
Ospedale S. Giovanni
V. Domenico Fontana
Scala Santa
Piazza di Porta S.Giovanni
Ospedale Militare Principe Celio
Via di S. Stefano Rotondo
Sanatorio Umberto I
Piazza S. Giovanni in Laterano
Palazzo Lateranense
Ospedale Militare
Via di Villa Fonseca
Via Amba Aradam
Ateneo Lateranense
Basilica S. Giovanni in Laterano
14
S. Stefano Rotondo
Ospizio della Addoloarto
Pza. Celimontana
Ospedale Britannico
Via S. Erasmo
Via Drusia
Via Decennia
Via dei Laterani
Via Locri
28
Via della

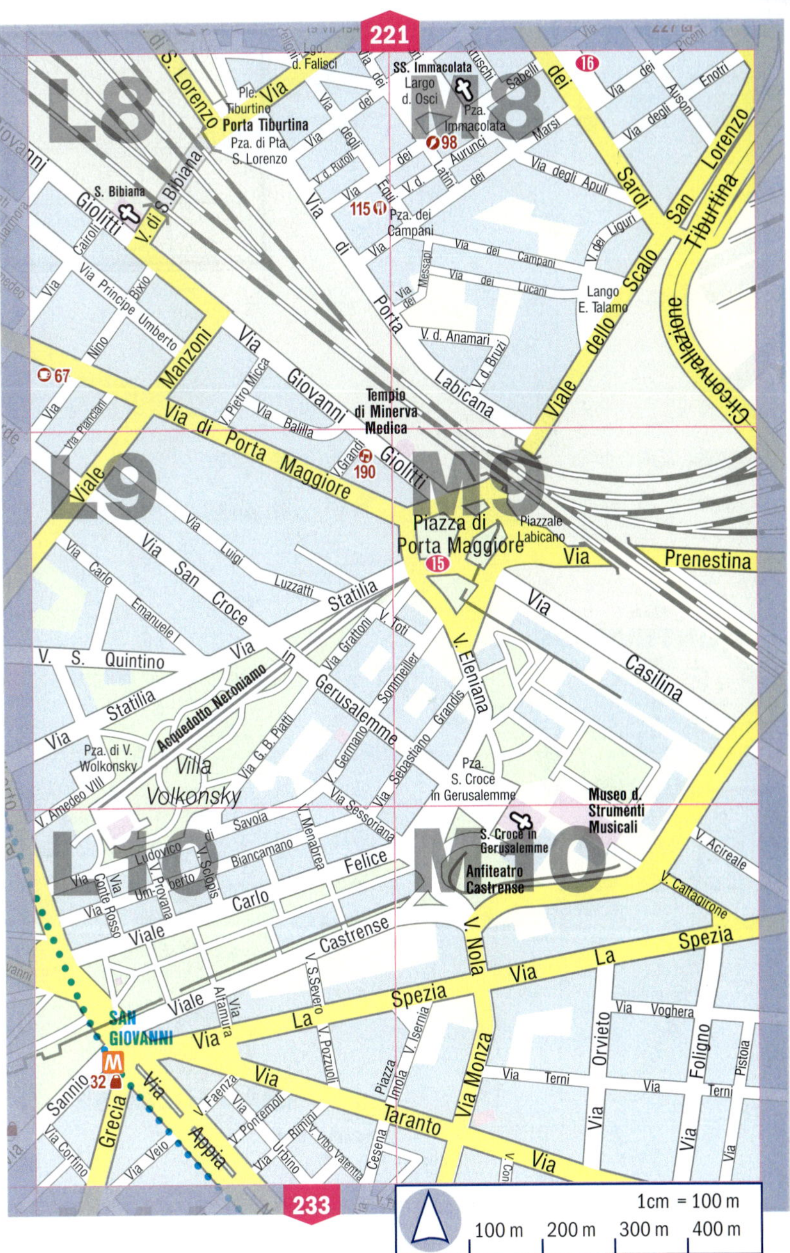
221
L8
M8
L9
M9
L10
M10
Porta Tiburtina
S. Bibiana
SS. Immacolata
Tempio di Minerva Medica
Piazza di Porta Maggiore
Piazzale Labicano
Via Prenestina
Via Casilina
Viale dello Scalo San Lorenzo
Circonvallazione Tiburtina
Via di Porta Maggiore
Via Giovanni Giolitti
Via di Porta Labicana
Via San Croce in Gerusalemme
Acquedotto Neroniamo
Villa Volkonsky
Pza. S. Croce in Gerusalemme
S. Croce in Gerusalemme
Museo d. Strumenti Musicali
Anfiteatro Castrense
Viale Carlo Felice
Viale Castrense
Via La Spezia
Via Taranto
Via Appia
Via Monza
SAN GIOVANNI
233
1cm = 100 m
100 m
200 m
300 m
400 m

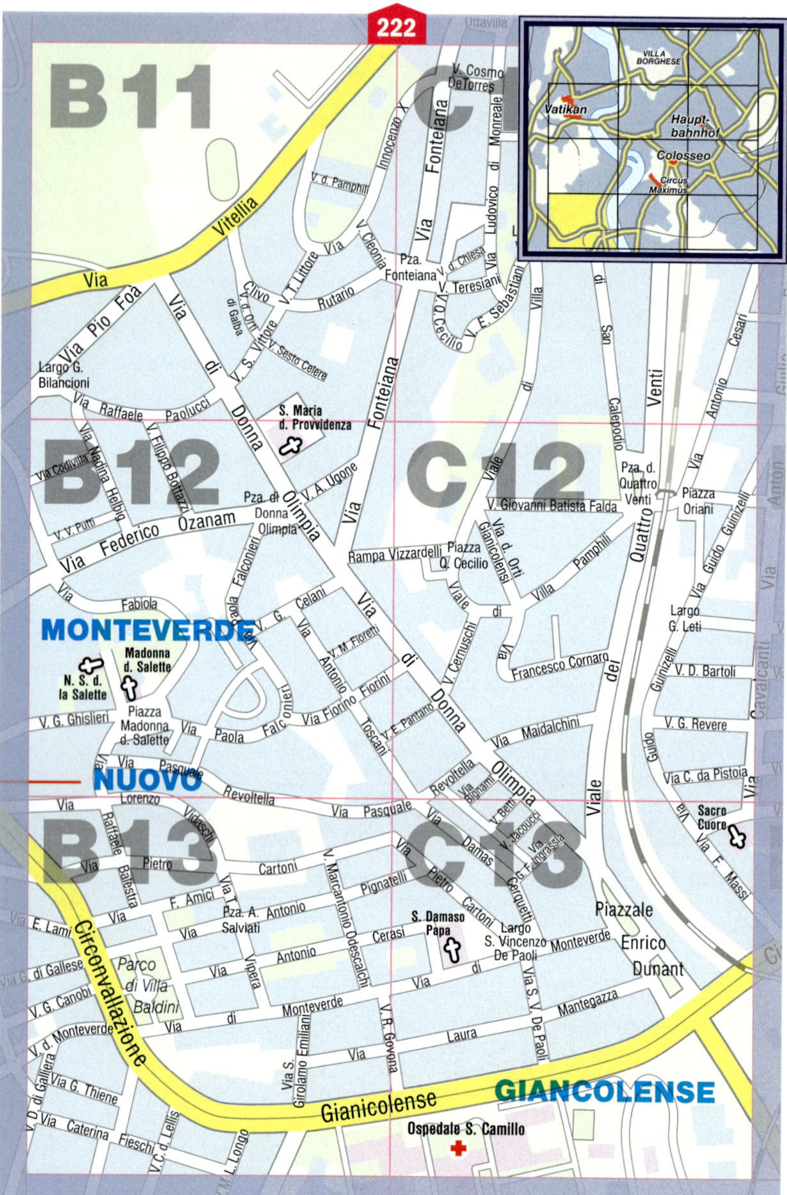
222
B11
C11
B12
C12
B13
C13
Vatikan
VILLA BORGHESE
Haupt-bahnhof
Colosseo
Circus Maximus
MONTEVERDE
NUOVO
GIANCOLENSE
Via Vitellia
Via Pio Foa
Largo G. Bilancioni
Via Raffaele Paolucci
V. Filippo Bottazzi
Via Codivilla
Via Nadina Helbig
V. V. Putti
Via Federico Ozanam
Via di Donna Olimpia
Pza. di Donna Olimpia
V. A. Ugone
S. Maria d. Provvidenza
Clivo Rutario
V. d. Orti di Galba
V. S. Vittore
V. Sesto Celere
V. T. Littore
Via Cleonia
V. d. Pamphili
Via Innocenzo X
V. Cosmo DeTorres
Via Fonteiana
Pza. Fonteiana
V. d. Chiesa
V. Teresiani
V. Q. Cecilio
V. E. Sebastiani
Via Ludovico di Monreale
Villa
Via di San Calepodio
Viale dei Quattro Venti
Via Antonio Cesari
Pza. d. Quattro Venti
Piazza Oriani
Via Guido Guinizelli
V. Giovanni Batista Falda
Rampa Vizzardelli
Piazza Q. Cecilio
Via d. Orti Gianicolensi
Viale di Villa Pamphili
Via Francesco Cornaro
V. Cernuschi
Largo G. Leti
V. D. Bartoli
V. G. Revere
Via C. da Pistoia
Sacro Cuore
Via F. Massi
Cavalcanti
Via Fabiola
Madonna d. Salette
N. S. d. la Salette
Piazza Madonna d. Salette
V. G. Ghislieri
Via Paola Falconieri
V. G. Celani
Via Antonio Toscani
V. M. Fioretti
Via Fiorino Fiorini
V. E. Pantano
Via Maidalchini
Via Pasquale Revoltella
Via Bignami
V. Betti
V. Jacoucci
Via G. F. Ingrassia
Via Lorenzo Vidaschi
Via Raffaele Balestra
Via Pietro Cartoni
Via Damaso
Cerquetti
Via T. Salviati
Pza. A. Salviati
F. Amici
Via Antonio Pignatelli
V. Marcantonio Odescalchi
Via Cerasi
S. Damaso Papa
Largo S. Vincenzo De Paoli
Piazzale Enrico Dunant
Via di Monteverde
Via S. V. De Paoli
Mantegazza
Via E. Lami
Via G. di Gallese
V. G. Canobi
Parco di Villa Baldini
Via Vipera
Via Antonio
V. d. Monteverde
Via S. Girolamo Emiliani
V. R. Govona
Via Laura
Circonvallazione Gianicolense
V. D. di Galliera
Via G. Thiene
Via Caterina Fieschi
V. C. d. Lellis
V. M. L. Longo
Ospedale S. Camillo

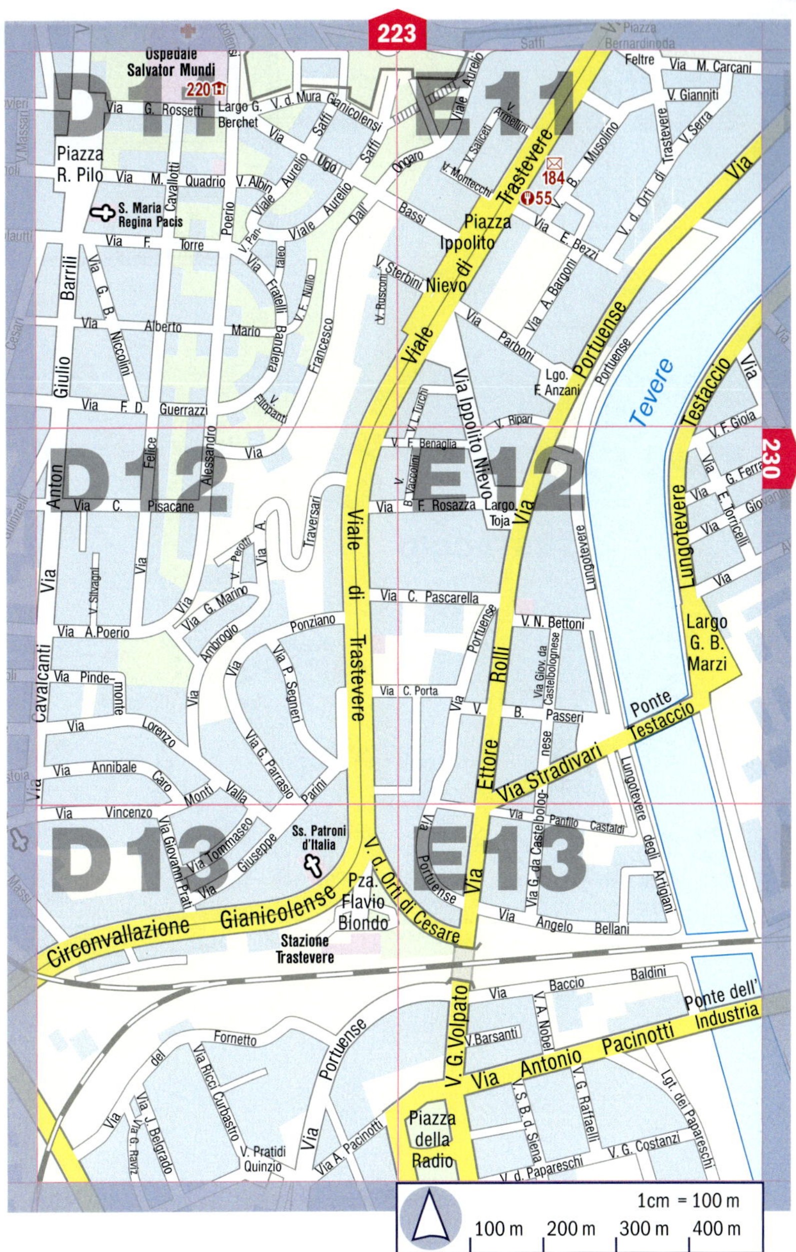

223
230
D11
E11
D12
E12
D13
E13
Ospedale Salvator Mundi
220
Piazza R. Pilo
S. Maria Regina Pacis
Piazza Ippolito Nievo
184
55
Tevere
Viale di Trastevere
Via Portuense
Lungotevere Testaccio
Largo G. B. Marzi
Ponte Testaccio
Via Stradivari
Via Ettore Rolli
Circonvallazione Gianicolense
Ss. Patroni d'Italia
Pza. Flavio Biondo
Stazione Trastevere
V.d. Orti di Cesare
V. G. Volpato
Via Antonio Pacinotti
Ponte dell' Industria
Piazza della Radio
Via Giulio Cesare Barrili
Via Anton Giulio Barrili
Via Cavalcanti
Via A. Poerio
Via C. Pisacane
Via Alessandro Poerio
Via F. D. Guerrazzi
Via G. B. Niccolini
Via Alberto Mario
Via Fratelli Bandiera
Via Francesco Dall'Ongaro
Viale Aurelio Saffi
Via Ugo Bassi
Via E. Bezzi
Via A. Bargoni
Via Parboni
Lgo. F. Anzani
Via Ippolito Nievo
Via C. Pascarella
Via C. Porta
V. B. Passeri
V. N. Bettoni
Via Panfilo Castaldi
Via G. da Castelbolognese
Lungotevere degli Artigiani
Via Angelo Bellani
Via Baccio Baldini
V. A. Nobel
V. Barsanti
V. G. Raffaelli
V. S. B. d. Siena
V. G. Costanzi
V. d. Papareschi
Lgt. dei Papareschi
Via del Fornetto
Via Ricci Curbastro
Via J. Belgrado
V. Pratidi Quinzio
Via A. Pacinotti
Via Vincenzo Monti
Via Annibale Caro
Via Lorenzo Valla
Via Giovanni Prati
Via Tommaseo
Via Giuseppe Parini
Via G. Parrasio
Via P. Segneri
Via Ponziano
Via Ambrogio Traversari
Via G. Marino
V. Silvagni
Via Pindemonte
Via M. Quadrio
Via G. Rossetti
Largo G. Berchet
V. d. Mura Gianicolensi
V. Sterbini
V. Rusconi
V. F. Nullo
V. Ripari
V. F. Benaglia
V. L. Turchi
V. Vaccolini
V. F. Rosazza
Largo Toja
V. Montecchi
V. Saliceti
V. Armellini
Via B. Musolino
V. d. Orti di Trastevere
V. Gianniti
Via M. Carcani
V. Serra
Feltre
Piazza Bernardino da Feltre
V. F. Gioia
G. Ferrari
E. Torricelli
1cm = 100 m
100 m
200 m
300 m
400 m

224
229
F11
G11
F12
G12
F13
G13
TESTACCIO
Portuense
Ponte Sublicio
Lungotevere Testaccio
Pza. d.Emporio
S. M. de Priorate di Malta
Pza. Cav.di Malta
S. Anselmo
Pza. S. Anselmo
Via Marmorata
Via Giovanni Branca
Pza. S. Maria Liberatrice
S. Maria Liberatrice
Teatro Vittoria
Via Vanvitelli
Pza. Testaccio
Via Luca della Robbia
Via Aldo Manuzio
Via Nicola Zabaglia
Via Galvani
Via Alessandro Volta
Via Mastro Giorgio
Via Ginori
Via Lorenzo Ghiberti
Via Benjamino Franklin
Via Giovanni Battista Bodoni
Pza. O. Giustiniani
Monte Testaccio
Via Monte Testaccio
Via Caio Cestio
Piramide di Caio Cestio
Pza. di Porta S. Paolo
Porta S. Paolo
PIRAMIDE
Staz. Roma-Lido-di Ostia
Piazzale Ostiense
Viale della Piramide Cestia
Piazza Albania
Viale Manlio Gelsomini
Largo Manlio Gelsomini
Parco della Resistenza dell' 8 Sett.
Pza. d. Servili
Via Annia
Viale Giotto
Viale Cave Ardeatine
Via Ostiense
Viale del Campo Boario
Pza. V. Bottego
Via Giulietti
Via dei Conciatori
Via Bartolomeo Bossi
Via Carletti
Via Giovanni da Empoli
Via d. Stazione Ostiense
P.le dei Partigiani
Stazione Roma-Ostiense
Via del Porto Fluviale
Via Pellegrino Matteucci
Via dei Magazzini Generali
Via Giuseppe Acerbi
Via Caboto
Via del Gazometro
Via del Commercio
Pza. del Gazometro
Via Giacomo Bove
V. Bering
Via Federico Nansen
Riva Ostiense
Via Benzoni
VILLA BORGHESE
Vatikan
Hauptbahnhof
Colosseo
Circus Maximus

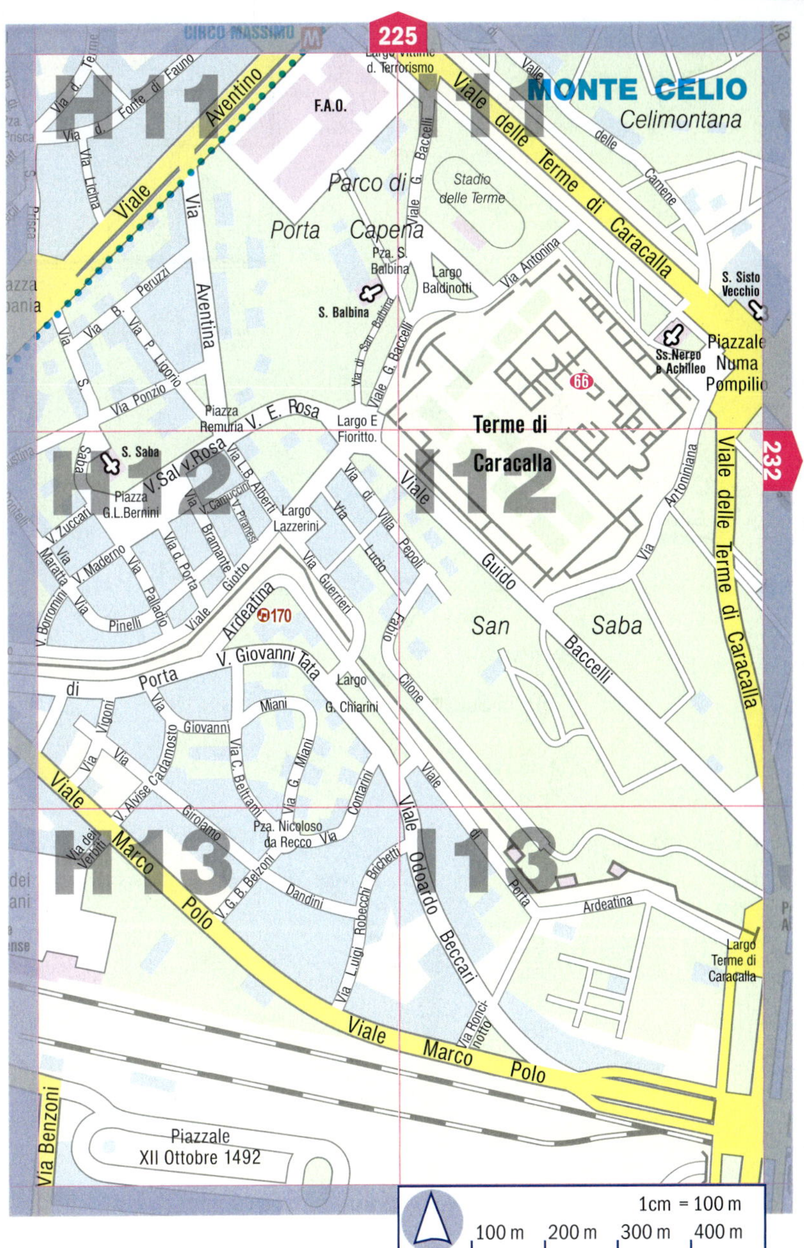
225
232
MONTE CELIO
Celimontana
F.A.O.
Parco di Porta Capena
Stadio delle Terme
Viale delle Terme di Caracalla
Terme di Caracalla
San Saba
S. Balbina
S. Saba
S. Sisto Vecchio
Ss.Nereo e Achilleo
Piazzale Numa Pompilio
Viale Aventino
Via Aventina
Piazza Remuria
Largo E Fioritto.
Largo Baldinotti
Pza. S. Balbina
Via Antonina
Via Antoniniana
Viale Guido Baccelli
Piazza G.L.Bernini
Largo Lazzerini
Viale di Porta Ardeatina
V. Giovanni Tata
Largo G. Chiarini
Viale Marco Polo
Viale Odoardo Beccari
Pza. Nicoloso da Recco
Largo Terme di Caracalla
Via Benzoni
Piazzale XII Ottobre 1492
H11
I11
H12
I12
H13
I13
1cm = 100 m
100 m
200 m
300 m
400 m

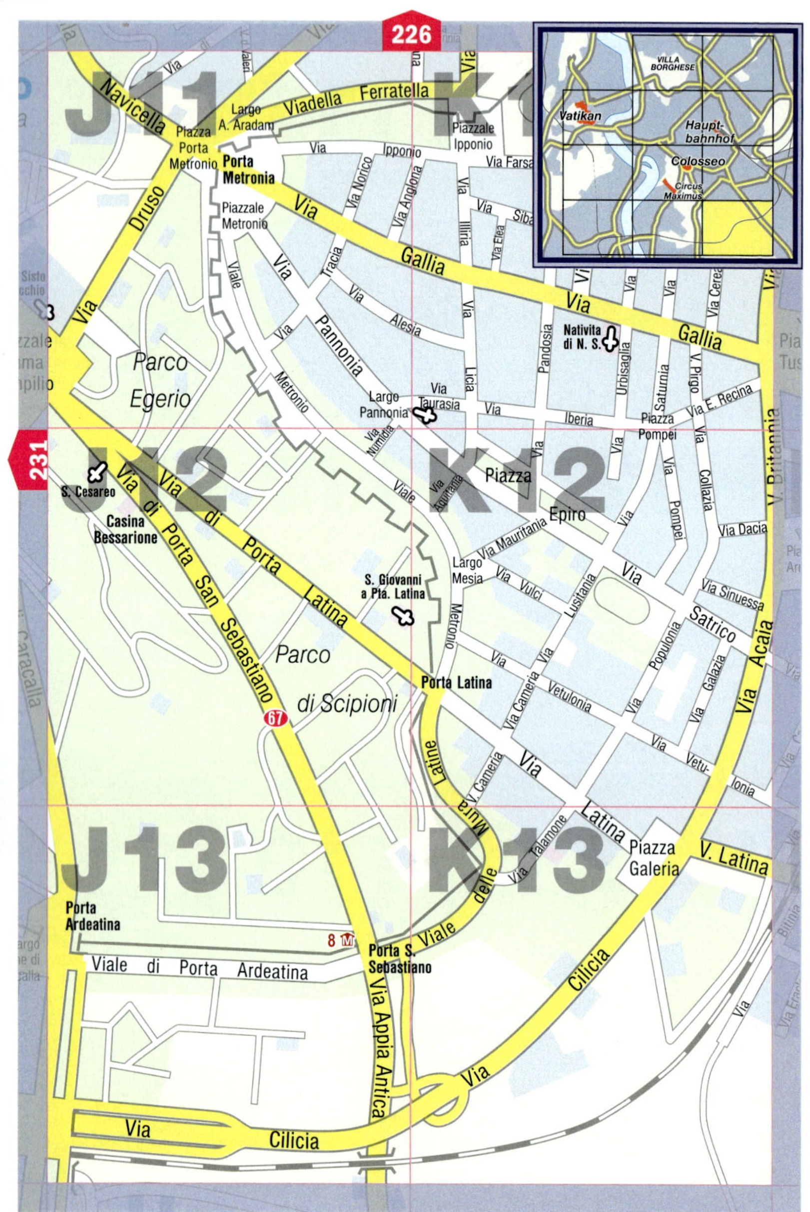
226
231
J11
K11
J12
K12
J13
K13
Via Navicella
Via Druso
Largo A. Aradam
Via della Ferratella
Piazza Porta Metronio
Porta Metronia
Piazzale Ipponio
Via Ipponio
Via Farsa
Piazzale Metronio
Via Gallia
Via Norico
Via Anglona
Via Illiria
Via Elea
Viale Metronio
Via Tracia
Via Alesia
Via Pannonia
Via Licia
Via Pandosia
Nativita di N. S.
Via Urbisaglia
Via Saturnia
V. Pirgo
Via E. Recina
Via Cerea
Largo Pannonia
Via Taurasia
Via Iberia
Piazza Pompei
Via Pompei
Via Collazia
Via Numidia
Via Aquitania
Piazza Epiro
Via Mauritania
Via Dacia
Parco Egerio
S. Cesareo
Casina Bessarione
Via di Porta San Sebastiano
Via di Porta Latina
S. Giovanni a Pta. Latina
Largo Mesia
Via Vulci
Via Lusitania
Via Satrico
Via Sinuessa
V. Britannia
Via Acaia
Parco di Scipioni
Porta Latina
Via Cameria
Via Vetulonia
Via Populonia
Via Galazia
67
Viale delle Mura Latine
V. Cameria
Via Latina
Via Talamone
Piazza Galeria
V. Latina
Porta Ardeatina
Viale di Porta Ardeatina
Porta S. Sebastiano
Via Appia Antica
Via Cilicia
VILLA BORGHESE
Vatikan
Haupt-bahnhof
Colosseo
Circus Maximus

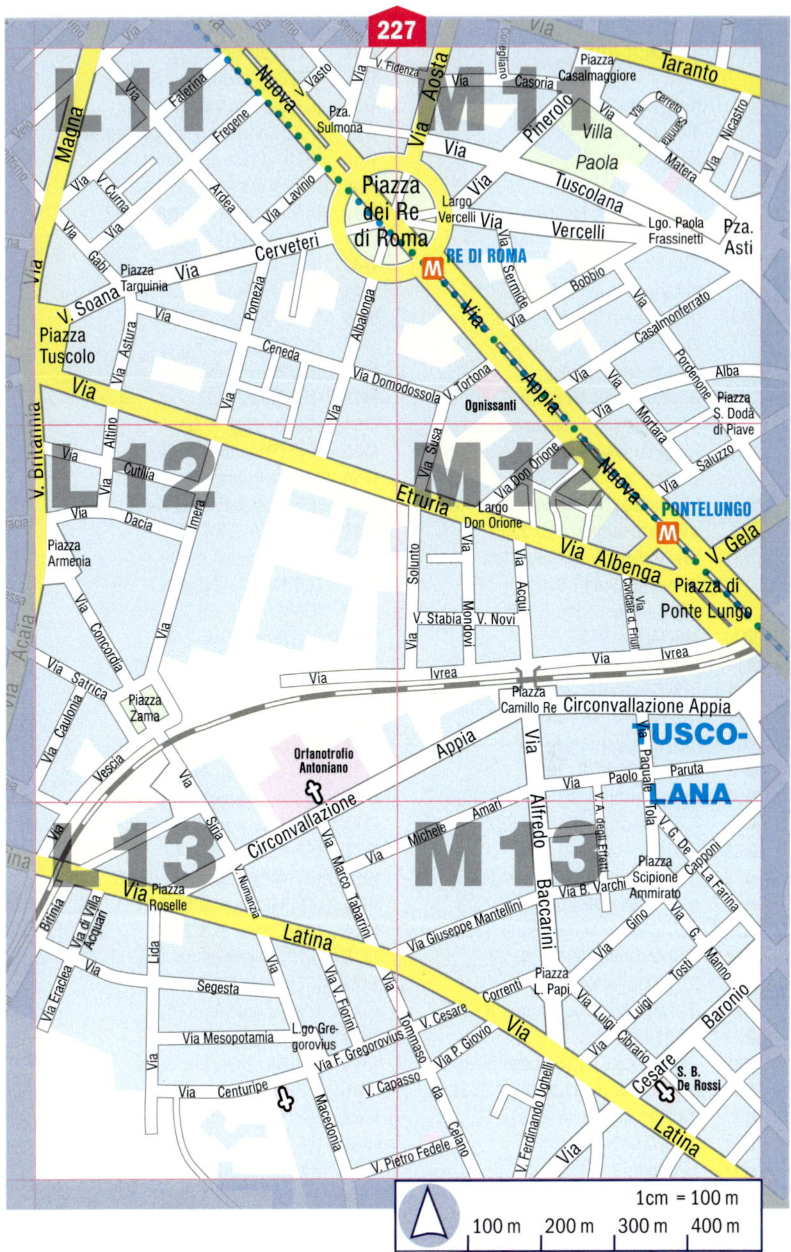
227
L11
M11
L12
M12
L13
M13
Piazza dei Re di Roma
RE DI ROMA
PONTELUNGO
TUSCO-LANA
Via Nuova
Via Appia Nuova
Via Tuscolana
Via Taranto
Via Magna
Via Etruria
Via Albenga
Via Latina
Circonvallazione Appia
Villa Paola
Piazza Tuscolo
Piazza Armenia
Piazza Zama
Piazza Casalmaggiore
Pza. Sulmona
Pza. Asti
Lgo. Paola Frassinetti
Largo Vercelli
Via Vercelli
Via Cerveteri
Piazza Tarquinia
Ognissanti
Largo Don Orione
Piazza di Ponte Lungo
Piazza Camillo Re
Orfanotrofio Antoniano
Piazza S. Dodà di Piave
Piazza Scipione Ammirato
Piazza Roselle
Piazza L. Papi
L.go Gregorovius
S. B. De Rossi
Via Alfredo Baccarini
Via Ivrea
Via Domodossola
Via Casalmonferrato
Via Pinerolo
Via Casoria
Via Aosta
Via Susa
Via Acqui
V. Gela
Via Giuseppe Mantellini
Via Marco Tabarrini
Via Mesopotamia
Via Centuripe
Via Segesta
Via Cesare
Via Luigi Cibrario
Via Baronio
1cm = 100 m
100 m
200 m
300 m
400 m

LEGENDE DER KARTENEINTRÄGE

1 [G6] Keats-Shelley Memorial House S. 25
2 [E9] Museo di Roma in Trastevere S. 25
3 [G9] Jüdisches Museum (Museo Ebraico di Roma) S. 25
4 [G8] Museo Nazionale del Palazzo di Venezia S. 26
5 [H7] Museo Nazionale delle Paste Alimentari S. 26
6 [G8] Musei Capitolini (Kapitolinische Museen) S. 26
8 [J13] Museo delle Mura S. 26
9 [G3] Etruskisches Nationalmuseum in der Villa Giulia S. 26
10 [I6] Galleria Nazionale d'arte antica a Palazzo Barberini S. 27
11 [G3] Galleria Nazionale d'Arte Moderna (Gnam) S. 27
12 [F8] Galleria Spada S. 27
13 [K4] Macro S. 27
14 [E9] Jacche Calzature S. 28
15 [G5] Cervone S. 28
16 [F8] L'Albero del Pane S. 29
17 [D5] Castroni S. 29
18 [G12] Volpetti S. 29
19 [D5] Franchi S. 29
20 [C4] Emporium Naturae S. 29
21 [D5] Settespighe S. 29
22 [F11] Mercato di Testaccio S. 29
23 [F7] Piazza delle Coppelle S. 29
24 [B5] Mercato Andrea Doria S. 29
25 [E8] Antichitá Cipriani S. 29
26 [E7] Piero Taloni S. 29
27 [F6] Mercato delle Stampe S. 30
28 [K10] Via Sannio S. 30
29 [I6] Feltrinelli International S. 30
30 [G7] Herder-Buchhandlung S. 30
31 [G6] La Rinascente S. 31
32 [L10] Coin S. 31
33 [J7] Upim S. 31
34 [F11] Palombi S. 32
35 [E7] Caffè della Pace S. 32
36 [E9] Bar San Calisto S. 32
37 [F12] Caruso-Cafè de Oriente S. 32
38 [N10] Circolo degli Artisti S. 32
39 [H5] Harrys Bar S. 32
40 [E7] Jonathan's Angels S. 32
41 [E7] Société Lutéce S. 32
42 [F11] Villagio globale S. 33
44 [F13] Alpheus S. 33
45 [F12] AKAB S. 33
46 [G6] Gilda S. 33
48 [K3] Piper S. 33
49 [N7] Qube S. 33
54 [E7] Pierluigi S. 38
55 [E11] Panattoni S. 38
56 [E7] Da Baffetto S. 38
57 [E9] Pizzeria della Scala S. 38
58 [E9] Ivo S. 39
59 [C4] Ciacomelli S. 39
61 [G6] Café Babbington S. 39
62 [G6] Antico Caffé Greco S. 40
63 [F7] Tazza d'Oro S. 40
64 [F7] San Eustachio S. 40
65 [D6] Atlante Star S. 40
66 [F7] Ai tre scalini S. 40
67 [L8] Gelateria Fassi S. 40
68 [G7] Giolitti S. 40
69 [D3] Al Settimo Gelo S. 40
70 [H6] Il Gelato di San Crispino S. 40
71 [F7] Da Quinto S. 40
72 [G7] Antica Birreria Peroni S. 42
73 [F8] Al Pompiere S. 42
74 [H8] Cavour 313 S. 48
75 [F12] Checchino dal 1887 S. 42
76 [F7] Cul de Sac 1 S. 48
77 [E7] Da Antonio S. 42
78 [E9] Da Corrado S. 42
79 [E9] Da i 2 Ciccioni S. 42
81 [F8] Dar filettaro S. 42
82 [G8] Giggetto S. 42
83 [F8] Hostaria Romanesca S. 43
84 [H6] Hostaria da Gasparone S. 43

85 [F6] Il desiderio preso per la coda S. 43
86 [E9] Il Ciak S. 43
87 [A2] La Pergola S. 43
88 [D6] Benito e Gilbert S. 138
89 [F7] Navona Notte S. 43
90 [F7] Osteria Da Settimio S. 43
91 [G5] Otello alla Concordia S. 43
92 [F8] Sora Margherita S. 45
93 [G9] Sora Lella S. 45
94 [G8] Taverna degli amici S. 45
95 [F7] Trattoria S. 45
96 [E9] Trattoria da Lucia S. 45
97 [D5] Zi Gaetana S. 48
98 [M8] Arancia Blu S. 48
99 [D8] Bio e Te S. 48
100 [D8] L'Una e l'altra S. 48
101 [G5] Il Margutta RistorArte S. 48
102 [F5] Enoteca Buccone S. 48
103 [E9] Ferrara S. 48
104 [E7] Mimí e Cocó S. 48
105 [F8] Vineria S. 48
106 [G6] Palatium S. 48
•107 [H3] Bioparco S. 51
•109 [F3] Explora S. 52
•110 [H6] Time elevator S. 53
111 [I8] Trattoria Valentino S. 82
112 [I9] Taverna dei Quaranta S. 85
115 [L8] Ristorante Pulcino Ballerino S. 94
116 [F8] Bäckerei Boccione S. 103
117 [F8] Il Portico S. 103
118 [F7] Gelateria della Palma S. 107
119 [G7] L'Arcano S. 107
120 [G7] Giuliana di Care S. 108
121 [G7] Spielzeugladen S. 108
122 [F8] Antica Erboristeria Romana S. 115
123 [F8] Lush S. 115
124 [F8] Il Fornaio S. 115
128 [G6] Schostal S. 124
129 [G6] Valentino Uomo S. 124
130 [G6] Boutique Donna S. 124
131 [G5] Krizia S. 124
132 [G6] Battistoni S. 124
133 [G6] Gucci S. 124
134 [G6] Prada S. 124
135 [G6] Armani S. 124
136 [G5] Dolce & Gabbana S. 124
137 [G6] Versace S. 124
138 [G5] Pizza Pazza S. 124
•150 [K6] Deutsche Botschaft S. 169
•151 [I3] Botschaft der Bundesrepublik Österreich S. 169
153 [J6] APT (Azienda di Promozione Turistica di Roma) S. 169
154 [J7] Deutsches Reisebüro S. 170
•155 [K4] Il Sogno S. 170
•156 [J7] ORBIS S. 170
159 [D7] Ospedale Pediatrico del Bambino Gesù (Kinderkrankenhaus) S. 172
160 [C7] Dr. Tobias Wallbrecher S. 172
161 [K8] Dr. Dagmar Rinnenburger Spisanti S. 172
162 [C7] Dr. Andreas Heinz S. 172
163 [J3] Dr. Roswitha und Peter Althoff S. 172
164 [F3] Dr. Wolfgang Hornstein S. 172
165 [H6] Farmacia Internazionale S. 173
166 [I7] Farmacia Piram S. 173
167 [F9] Farmacia San Agata S. 173
168 [C5] Alexanderplatz S. 173
169 [F10] Big Mama S. 173
170 [H12] Casa del Jazz S. 173
172 [F1] Parco della Musica S. 173
173 [M5] Polizeidienststelle Porta Pia S. 174
176 [E3] Polizeidienststelle Stadtteil Prati (Nähe Vatikan) S. 174
177 [F10] Polizeidienststelle Stadtteil Trastevere S. 174
✉178 [G6] Hauptpost (ufficio postale) S. 175
✉179 [F9] Postfiliale Via Arenula 1 S. 175

180 [H8] Postfiliale Via Cavour 277 S. 175
181 [J9] Postfiliale Via San Giovanni in Laterano 96 S. 175
182 [F7] Postfiliale Via Scrofa 61/63 S. 175
183 [J7] Postfiliale Via Terme di Diocleziano 30 S. 175
184 [E11] Postfiliale Viale Trastevere 189 S. 175
•185 [J7] Bici e Baci S. 176
•186 [J7] Due Ruote Rent S. 176
•187 [F8] Romarent S. 176
•188 [I8] Scoot-a-long S. 176
189 [F12] Alibi S. 177
190 [L9] Max's Bar S. 177
192 [I9] Coming Out S. 177
193 [E9] Garbo S. 177
194 [J8] Hangar S. 178
195 [F10] Asincotto S. 178
•196 [J7] Green Line Tours S. 179
•197 [C7] Sindacato Nazionale delle Guide Turistiche S. 179
•198 [I8] Centro Guide CAST S. 179
200 [F8] Teatro Argentinia S. 180
201 [J7] Teatro dell'Opera di Roma S. 180
202 [E2] Teatro Polietnico S. 181
203 [G7] Teatro Quirino S. 181
204 [A2] Cavalieri Hilton S. 181
205 [H7] Hotel Fontana S. 181
206 [C7] Residenza Paolo VI. S. 182
207 [J7] Raffaello S. 182
208 [F8] Teatro di Pompeo S. 182
209 [E9] Cisterna S. 182
210 [H6] Pension Suisse S. 182
211 [F7] Primavera S. 182
212 [F7] TeatroPace33 S. 182
213 [H6] Trinità dei Monti S. 182
214 [F8] Albergo Pomezia S. 182
216 [D8] La Casa internazionale delle donne S. 182
217 [E9] Pensione Manara S. 183
218 [J7] Giglio dell'opera S. 183
219 [F8] Sole S. 183
220 [D11] Villa Maria S. 183
221 [F9] Casa di San Francesca Romana S. 183
222 [D6] Pilgerzentrum Don Antonio Tedesco S. 183
223 [F6] Fraterna Domus S. 183
224 [E8] Casa di Santa Brigida S. 183
225 [N4] The Home in Rome S. 186
226 [B4] B&B Susy S. 186
227 [M7] Casa della Palma S. 186
228 [I8] Kerouac Bed and Breakfast S. 186
229 [F7] Navona Suite S. 186
230 [E7] Pie' di Marmo S. 186
231 [K6] Hotel des Artistes S. 187
232 [E9] Dar Poeta S. 39
•233 [I4] Kinderhaus S. 53
@234 [L7] Internet Cafè S. 170
@235 [E9] Studio5web S. 170

Hier nicht aufgeführte Nummern liegen außerhalb der abgebildeten Karten.
Sie können aber wie alle im Buch vorkommenden Ortsmarken mithilfe des Kartenservice Google Maps™ lokalisiert werden (s. Umschlagklappe).

1 [G8] Piazza Venezia, Altar des Vaterlandes S. 76
2 [G8] Palazzo Venezia S. 77
3 [G8] Kapitol (Monte Capitolino) S. 60, 78
4 [H8] Die Kaiserforen (Foro di Cesare) S. 79
5 [I9] Kolosseum (Colosseo) S. 80
6 [I9] Domus Aurea S. 82
7 [I9] Konstantinsbogen (Arco di Costantino) S. 84
8 [H9] Palatin (Monte Palatino) S. 84
9 [H9] Forum Romanum (Foro Romano) S. 87
11 [G12] Pyramide und FAO-Gebäude S. 90
12 [J9] San Clemente S. 90
13 [K9] Museum des italienischen Widerstandskampfes S. 91
14 [K10] San Giovanni in Laterano S. 91
15 [M9] Porta Maggiore S. 93
16 [M8] San Lorenzo S. 93
17 [M7] Campo Verano S. 94
18 [G9] Bocca della Verità und Santa Maria in Cosmedin S. 95
19 [H10] Circus Maximus (Circo Massimo) S. 96
20 [G11] Piazza dei Cavalieri di Malta S. 97
21 [G12] Die Aurelianische Mauer S. 97
22 [G12] Der Fremdenfriedhof (Cimitero Protestante) S. 98
23 [F12] Monte Testaccio S. 99
24 [F9] Ehemaliges Getto S. 102
25 [G9] Synagoge S. 102
26 [G9] Archäologiepark zwischen Getto und Kapitol S. 103
27 [G7] Via del Corso S. 104
28 [G7] Palazzo Doria Pamphilj S. 105
29 [G7] Piazza Colonna S. 105
30 [G5] Goethemuseum S. 105
31 [G7] Palazzo Montecitorio S. 106
32 [F5] Grabmal des Augustus S. 106
33 [F5] Ara Pacis S. 106
34 [F7] Piazza Maddalena S. 107
35 [F7] Pantheon S. 107
36 [G7] Piazza della Minerva S. 109
37 [F7] Palazzo Madama S. 109
38 [F7] Piazza Navona S. 109
39 [F7] Museo di Roma S. 110
40 [F7] Palazzo Altemps S. 111
41 [F8] Campo de' Fiori S. 111
42 [E8] Palazzo Farnese, Via Giulia S. 115
43 [F4] Piazza del Popolo S. 118
44 [F4] Santa Maria del Popolo S. 118

45 [G4] Pincio S. 119
46 [I4] Villa Borghese S. 119
47 [H6] Via Veneto S. 120
48 [H6] Piazza Barberini S. 120
49 [I6] Santa Maria della Vittoria S. 121
50 [H7] Fontana di Trevi S. 121
51 [H7] Palazzo del Quirinale S. 122
52 [J7] Santa Maria Maggiore S. 122
53 [G6] Piazza di Spagna, Spanische Treppe S. 123
54 [F10] Trödelmarkt in Porta Portese S. 126
55 [F10] Santa Cecilia in Trastevere S. 126
56 [E8] Villa Farnesina S. 127
57 [D9] Botanischer Garten (Orto Botanico) S. 127
58 [E9] Santa Maria in Trastevere S. 128
59 [E9] Folkloremuseum (Museo del Folklore) S. 129
60 [D8] Monte Gianicolo S. 129
61 [E6] Engelsburg (Castel Sant' Angelo) S. 130
62 [D6] Via della Conciliazione S. 131
63 [C6] Petersplatz S. 131
64 [C6] Petersdom (Basilica di San Pietro) S. 133
65 [C6] Vatikanische Museen (Musei Vaticani) S. 136
66 [I11] Caracalla-Thermen (Therme de Caracalla) S. 144
67 [J12] Via di Porta San Sebastiano S. 145

ZEICHENERKLÄRUNG

- Hauptsehenswürdigkeit
- Bar, Bistro, Treffpunkt
- Café, Eiscafé
- Denkmal
- Fischrestaurant
- Galerie
- Geschäft, Kaufhaus, Markt
- Hotel, Unterkunft
- Informationsstelle
- Internetcafé
- Kino
- Kirche
- Krankenhaus
- Museum
- Musikszene, Disco
- Pension, Bed & Breakfast
- Pizzeria
- Postamt
- Restaurant
- Sehenswertes
- Synagoge
- Theater, Zirkus
- Vegetarisches Lokal
- Weinstube
- U-Bahn

BEWERTUNG DER SEHENSWÜRDIGKEITEN

★★★ auf keinen Fall verpassen
★★ besonders sehenswert
★ wichtige Sehenswürdigkeit für speziell interessierte Besucher

**Diesem CityGuide-Band wurde hier ein herausnehmbarer Faltplan beigefügt.
Sollte er beim Erwerb des Buches nicht mehr vorhanden sein, fragen Sie bitte bei Ihrem Buchhändler nach.**